DAS GROSSE BUCH DER
ZIMMER PFLANZEN

DAS GROSSE BUCH DER ZIMMER PFLANZEN

ÜBER 330 PFLANZEN – AUSWÄHLEN, GESTALTEN, PFLEGEN

DK

INHALT

EINFÜHRUNG

Die Wissenschaft weiß: Zimmerpflanzen machen uns glücklicher und gesünder. Sie reinigen die Luft, heben unsere Stimmung und lindern Stress. Wir haben also allen Grund, unsere Wohnungen mit diesen wundersamen Glücksspendern in allen Formen, Größen und Farben zu füllen.

Unter den unzähligen Arten und Sorten gibt es sicher auch für Ihren Bedarf eine oder viele passende Pflanzen, ob elegante, blühende Orchideen, niedliche kleine Kakteen und Sukkulenten, zarte Hängepflanzen, Palmen für Bodengefäße oder Blattschmuckgewächse. Oft widersteht man nur schwer dem Drang, jeden verfügbaren Platz mit Grün zu füllen. Die besten Arrangements aber sind sorgfältig durchdacht und verbreiten eine ganz bestimmte Atmosphäre. Sie können beispielsweise eine gemütliche kleine Oase schaffen oder mit einer spektakulären, architektonischen Pflanze Akzente setzen.

Nicht jedes Heim lässt sich in einen botanischen Garten verwandeln, so sehr wir es auch möchten. Mit etwas Erfindungsreichtum aber kommt man dem Ideal trotzdem nahe. Wenig Licht? Halten Sie Ausschau nach unkomplizierten Blattschmuckpflanzen wie Schusterpalmen oder Bogenhanf. Kein Platz? Richten Sie eine Miniaturlandschaft im Glasterrarium ein oder komponieren Sie aus Makramee-Gefäßen und Kokedama hängende Gärten.

Wie aber hält man, sobald die Wohnung stilvoll mit Pflanzen aufgewertet wurde, seine grünen Schätze optimal in Schuss? Mit diesem Buch lernen Sie, all Ihre Zöglinge bestens zu pflegen, gesund und kräftig zu halten und sogar Stecklinge zu schneiden, um sie mit anderen zu teilen oder Ihren eigenen Bestand zu erweitern. Behandeln Sie Ihre Zimmerpflanzen gut und Sie werden mit einem Indoor-Garten belohnt, der Ihnen jahrelang viel Freude bereitet, ganz gleich, wie groß oder klein er ist.

GESTALTEN MIT ZIMMERPFLANZEN

GRUNDREGELN DER GESTALTUNG

Von Ihrem Stil, Ihrer Fantasie und dem verfügbaren Wohnraum hängt ab, welches Arrangement Sie wählen. Angesichts der vielen Variablen sind dem Gestaltungsreichtum fast keine Grenzen gesetzt. Damit eine Gruppierung gut aussieht, sollte man aber folgende Grundsätze beachten.

1 GESUNDHEIT KOMMT VOR STIL

Eine gesunde Pflanze ist eine schöne Pflanze. Wenn Sie einen bestimmten Bereich gestalten, verwenden Sie stets Gewächse, die Licht, Temperatur und Luftfeuchtigkeit dort gut vertragen. Es hat keinen Sinn, Zeit auf ein perfektes Arrangement zu verwenden, nur um dann zuzusehen, wie dessen Protagonisten langsam verkümmern, weil sie mit den Bedingungen nicht zurechtkommen.

2 DENKEN SIE WIE DIE NATUR

Lassen Sie sich von der Natur inspirieren. Fragen Sie sich: Wo und wie würde eine Pflanze in freier Wildbahn wachsen? Ist ein feuchter, halbschattiger Waldboden ihre Heimat, weisen Sie ihr einen Platz zu, der ähnliche Bedingungen bietet. Hängt sie von hohen Ästen herab, ist sie in einer Blumenampel am besten aufgehoben. Bildet sie Luftwurzeln, ohne Erde zu brauchen, berücksichtigt man auch das in seinem Arrangement.

3 HARMONIE UND KONTRAST

Streben Sie ein ausgewogenes Verhältnis zwischen harmonierenden und kontrastierenden Elementen an. Machen Sie sich mit den drei Gestaltungskriterien (siehe S. 12–17) vertraut und stimmen Sie sie entsprechend aufeinander ab – je nachdem, welche Wirkung Sie erzielen möchten. Harmonie schafft ein ausgewogenes, einheitliches Ambiente, Kontraste dagegen bringen Abwechslung und Spannung ins Spiel.

GESTALTEN MIT **GRÖSSE**

Beim Arbeiten mit der Größe von Pflanzen steht die Gegenüberstellung der Dimensionen im Mittelpunkt. Eine Pflanze kann groß oder klein sein, aber über ihre relative Größe entscheidet das Zusammenspiel mit benachbarten Pflanzen und Objekten. Ausgewogene Größenverhältnisse sind die Basis jeder gelungenen Gestaltung. Ein winziger Kaktus und eine Birkenfeige etwa stehen in einem völlig unpassenden Größenverhältnis. Stimmt zwischen den Elementen hingegen die Beziehung der Dimensionen, entsteht ein interessantes Wechselspiel.

KURZ ERKLÄRT: GRÖSSE

Beim Gestalten mit Größe spielt vor allem die Größenbeziehung der Pflanzen eine Rolle. Sie ist eng mit der Proportionalität verwandt, bei der es um die Größe einer Pflanze innerhalb eines Gesamtarrangements geht. Pflanzen ähnlicher Größe harmonieren, solche unterschiedlicher Höhe kontrastieren miteinander. Dabei ist die Größe relativ: Zwei beliebige Pflanzen können auch dann konstrastieren, wenn sie die gleichen Proportionen haben.

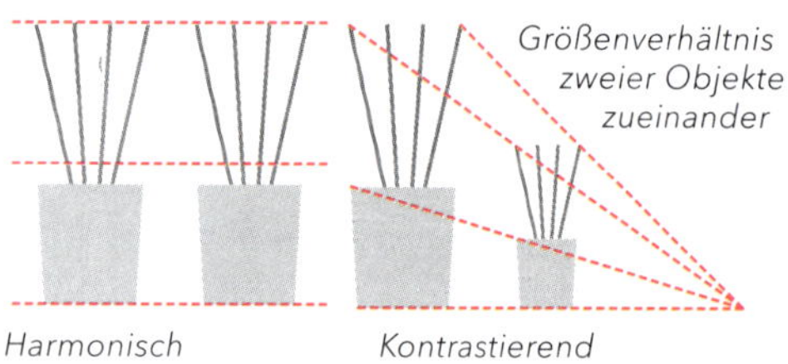

GESTALTEN MIT HARMONISCHEN GRÖSSENVERHÄLTNISSEN

Harmonie kann einen Rhythmus unterstreichen. Verwenden Sie also gleich große Pflanzen und betonen Sie so bestehende Formen in Ihrem Wohnraum, etwa die Symmetrie einer Fensterbank oder die gestaffelten Flächen einer Treppe. Indem man durchweg die gleiche Größe einsetzt, aber andere Elemente variiert, entsteht ein Gleichklang, der die Pflanzen verbindet.

1 Mit den drei gleich großen Kentia-Palmen wird der Rhythmus der Stufen aufgegriffen.

2 Dieses Ensemble aus drei sehr unterschiedlichen Hängepflanzen wird durch die harmonischen Größenverhältnisse zusammengehalten. Von links nach rechts: Schlangen-Fetthenne, Erbsenpflanze und Binsenkaktus.

GESTALTEN MIT KONTRASTIERENDEN GRÖSSENVERHÄLTNISSEN

Die Gruppierung von Pflanzen gleicher Größe manipuliert das Auge und lässt ein Gefühl der Bewegung entstehen. Man kann den Blick damit eine Fensterbank oder einen Tisch entlangführen, den Eindruck von Höhe vermitteln oder das Auge zu einem bestimmten Bereich lenken. Über Größenkontraste errichten Sie Sichtlinien zwischen Pflanzen und lenken die Aufmerksamkeit auf ein zentrales Element.

1 Diese Abfolge immer größerer Bromelien zieht entlang der Fensterbank eine optisch ansprechende Linie. Das kleinere Exemplar an einem Ende konterkariert die Ordnung spielerisch.

2 Der extreme Größenkontrast zwischen dem kleinen Chinesischen Geldbaum und dem imposanten Fensterblatt wird abgemildert durch die mittelgroße Geigen-Feige, die das Arrangement eint und harmonisch austariert.

1

2

3

4

GESTALTEN MIT FARBE

In der Natur gibt es viele Farben, Töne und Schattierungen, mit denen Sie arbeiten können. Farben verkörpern Gefühle. Grün etwa, die bei der Gestaltung mit Pflanzen stets dominierende Farbe, wirkt beruhigend. Rot und Orange suggerieren Wärme und Energie, Weiß Reinheit und Ruhe. Das kann man nutzen, um eine gewisse Stimmung zu schaffen.

1

ERKLÄRT: FARBE

Farben wirken isoliert anders als in Kombination. Der Farbkreis zeigt, welche Kombinationen funktionieren. Zwischen den Primärfarben Rot, Blau und Gelb stehen die Mischfarben. Grün etwa ist zwischen Blau und Gelb angesiedelt – beide zusammen ergeben Grün. Zur Mitte hin werden die Farben immer heller, zum Rand hin dagegen dunkler.

Der Farbkreis stellt alle Farben mit Ton, Tönung, Tonwert und Schattierung dar.

Benachbarte Farben harmonieren, da sie ähnliche Töne und Tönungen haben.

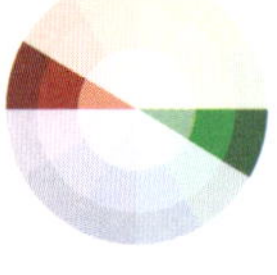

Komplementäre Farben im Kreis bilden Kontraste und sorgen für Spannung.

GESTALTEN MIT HARMONISCHEN FARBEN

Für ein ruhiges, geordnetes Arrangement müssen die Farben sanft ineinander übergehen. Eine rein grüne Palette wirkt raffiniert, doch sollte man dann andere Elemente variieren, um Eintönigkeit zu vermeiden. Durch Ausweitung der Palette auf benachbarte Farben vergrößert sich auch das Repertoire an Stimmungen, ohne dass die Atmosphäre der Gelassenheit und Ordnung verloren geht.

1 Violette Blüten und Blätter harmonieren in dieser Gruppe, sodass eine sanfte, aber ansprechende Stimmung entsteht.

2 Die grün panaschierten Blätter der *Calathea lancifolia* (links) bringen Schwung in das Duett mit der Geigen-Feige.

2

1

2

3

GESTALTEN MIT FARBKONTRASTEN

Warme Farben können eine intime Stimmung verbreiten. Da sie direkt mit Grün kontrastieren, entsteht gleichzeitig eine gewisse Spannung. Nutzen Sie Farben, um die Blicke auf das Arrangement zu lenken oder kraftvolle, lebendige Beziehungen zwischen den Pflanzen zu knüpfen.

1 Die lebhaft orange Schmetterlingsorchidee greift die Farbe der Tontöpfe auf und ist der Blickfang.

2 Mit nicht grünen Tillandsien wird dieser Kasten zum Hingucker.

3 Rosa und Grün stehen sich in diesem dezenten, aber farbenfrohen Ensemble gegenüber.

GESTALTEN MIT **TEXTUR**

Die Textur ist zwar ein relativ subtiles Gestaltungsmerkmal, kann aber eine wichtige Rolle als sensorisches Element spielen. Die Oberfläche einer Pflanze bestimmt ihre Interaktion mit Licht und Schatten, wodurch das Gewächs eine besondere Präsenz bekommt. Samtige Blätter etwa wirken weich und matt, glatte und glänzende dagegen frisch, hell und klar gezeichnet.

ERKLÄRT: TEXTUR

Als Textur wird die Laubstruktur und ihre Wirkung im Zusammenspiel mit Licht und Schatten bezeichnet. Zwar spielt auch die taktile Wahrnehmung eine Rolle, in erster Linie aber ist die Textur ein visuelles Gestaltungselement: Manche Gewächse wie *Opuntia microdasys* sehen weich aus, sind es aber keineswegs.

GESTALTEN MIT HARMONISCHER TEXTUR

Wenn Pflanzen einer Gruppe gleichermaßen mit Licht interagieren, es also absorbieren oder reflektieren und damit ähnliche texturale Licht-Schatten-Muster bieten, bekommt die Komposition als Ganzes eine Einheit. Eine überlegte Zusammenstellung ähnlicher Texturen mit kontrastierenden Elementen schafft Abwechslung, zu viel Wiederholung allerdings Monotonie.

1 Bringt man zwei glänzende Pflanzen wie die Zamie (links) mit der Peperomie (rechts) zusammen, entsteht trotz unterschiedlicher Struktur eine enge Beziehung, die von den ebenfalls glänzenden Töpfen betont wird.

2 *Myrtillocactus* (links) und Peitschenkaktus (rechts) kontrastieren in fast jeder Beziehung, haben aber eine strahlige Struktur gemein.

3 Die scheinbar wahllose Tillandsiengruppe vereint eine ähnliche Textur.

4 Textur kann kontrastierende Farben in harmonische Beziehung bringen. Hier verbindet sie zwei violette Samtpflanzen mit einer *Echeveria* (links) und einer *Kalanchoe* (rechts).

GESTALTEN MIT TEXTURKONTRASTEN

Die Kombination ungleicher Texturen erzeugt Spannung, denn jede bringt eine andere Stimmung mit ein. Die Beziehung zwischen den verschiedenen Texturen muss jedoch sorgfältig austariert werden, damit das Ganze nicht in Chaos ausartet. Licht und Schatten sollten quer durch das Arrangement so eingesetzt werden, dass das Auge auf die Kontraste gelenkt wird, aber ein Rhythmus erkennbar bleibt.

1 Fleischige, dicke Sukkulenten stehen in diesem Kranz in einem interessanten Widerstreit mit den hübschen Moospolstern. Die Üppigkeit der Sukkulenten wird von der filigranen Textur der Moose und Rentierflechten akzentuiert.

2 Der glänzende Goldtüpfelfarn mit seiner dominanten, gröberen Textur wird hier flankiert vom weicheren, eleganteren Schwertfarn (links) und dem feingliedrigen Frauenhaarfarn (rechts).

1

2

3

4

1

2

AUSWAHL VON **GEFÄSSEN**

Für ein gelungenes Arrangement ist die Auswahl der Gefäße ebenso wichtig wie die der Pflanzen. Wenn Sie Ihre Gewächse in Kunststofftöpfen mit vielen Abzugslöchern (siehe S. 320) ziehen, können Sie beliebig viele Übertöpfe ausprobieren, bis Sie den optimal passenden gefunden haben. Das kann ein Übertopf sein, der in Farbe oder Textur mit der Pflanze harmoniert oder einen Kontrapunkt dazu setzt, aber auch einer, der die Silhouette verändert und eine völlig andere Komponente ins Spiel bringt.

1

2

DAS IDEALE PAAR

Um eine gelungene Kombination aus Topf und Pflanze zu finden, braucht man Übung. Nur so lernt man, was funktioniert. Werden Pflanzgefäße neutral gehalten, können sie als harmonierende Elemente eine Gruppe zusammenhalten. Sind sie dagegen dominant, heben sie eine oder mehrere der drei Gestaltungselemente Größe, Farbe und Textur hervor und werden selbst zu Blickfängen, die zugleich die hervorstechenden Eigenschaften der Pflanzen betonen und sie mit der Umgebung verknüpfen.

3

EINE PFLANZE, DREI TÖPFE

Wie die *Kalanchoe* links veranschaulicht, prägt das Gefäß die optische Wirkung einer Pflanze entscheidend.

1 Der hohe, glatte Topf gibt der Pflanze eine architektonische Silhouette, während die helle Farbe sich von den lebhaft panaschierten (zweifarbigen) Blättern abhebt.

2 Das texturierte Gefäß kontrastiert mit dem glatten Laub. Der Ton dagegen greift das warme Rot der Pflanze auf.

3 Der Metalltopf unterstreicht das eigentümliche, fast bizarre Laub.

GESTALTEN MIT GEFÄSSEN

Zeigen Sie Mut bei der Auswahl von Pflanzgefäßen. Fast alles kann als Topf oder zumindest Übertopf verwendet werden. Zweckentfremdete alte Haushaltsgegenstände sorgen für Gesprächsstoff.

1 Diese rustikale weiße Schale harmoniert mit der bereiften Oberfläche der Tillandsien.

2 Ein Glasterrarium bietet einem kompletten Minigarten Platz, der sich von jeder Seite aus bewundern lässt.

3 Die Glaskugeln dienen als winzige Hängeterrarien für Farne und Kletterpflanzen.

4 Pflanzt man Frühlingszwiebelblumen in Gläser, wird ihr Wurzelsystem sichtbar.

5 Gereinigte Lebensmitteldosen mit Abzugslöchern sind originelle Kakteengefäße.

6 Ein alter Krug wird als ungewöhnliches Pflanzgefäß für eine Orchidee selbst zum Hingucker.

7 In Wandgefäßen avancieren diese beiden Geweihfarne zu lebenden Kunstwerken.

8 Dreierwiederholungen sind ein bewährter Gestaltungskniff. Diese geometrischen Gefäße tun sich zu einem ansprechenden, symmetrischen Arrangement zusammen.

1

2

3

4

5

6

7

8

GESTALTEN MIT VIEL LICHT

Wer zu den Glücklichen mit einer sehr hellen Wohnung zählt (siehe S. 308–309), sollte diesen Vorteil nutzen und virtuose Arrangements aus Pflanzen mit hohem Lichtbedarf zaubern. So können Sie beispielsweise ein leeres Fenster von oben bis unten mit üppigem Grün füllen oder unter einem Oberlicht einen hängenden Garten anlegen. Nie vergessen sollte man dabei aber, dass die ausgewählten Pflanzen mit der geballten Lichtdosis zurechtkommen müssen (siehe Pflanzenporträts auf S. 132–301).

1

4

1 Bringen Sie einen Mix mehrerer Sonnenanbeter unterschiedlicher Größe und Form auf einer Fensterbank zusammen. So wird das üppige Lichtangebot bestens genutzt.

2 Wurzelnde Stecklinge (siehe S. 124–125) sind ein ebenso hübsches wie praktisches Dekor für helle Plätze ohne direkte Sonne.

3 Hängen Sie Vanda-Orchideen (siehe S. 147) vor ein Fenster, um ihre Wurzeln zu zeigen, die nicht unbedingt in Erde stecken müssen.

4 In freier Natur hängen viele Orchideen von den Ästen hoher Bäume. Diesen Lebensraum kann man nachempfinden, indem man die Schönheiten unter ein Oberlicht ohne direkte Sonne hängt.

5 Ein solches farbenfrohes Arrangement auf mehreren Ebenen füllt das ganze Fenster mit Blüten.

6 Mit einem hängenden Kräutergarten aus Töpfen ist dieses Küchenfenster ausgezeichnet besetzt.

2

3

5

6

GESTALTEN MIT WENIG LICHT

Ihre Wohnung bekommt wenig Tageslicht ab? Nicht verzweifeln – viele Pflanzen bevorzugen gedämpftes Sonnenlicht. Manche gedeihen sogar im lichten Schatten (siehe S. 308–309), da ihr natürlicher Lebensraum der düstere Waldboden unter Baumkronen ist. Davon sollte man sich inspirieren lassen, wenn man seinen Wohnraum mit Pflanzen gestaltet. Mit Akzenten aus üppigem Grün beschwören Sie eine Waldatmosphäre herauf.

1

1 Große, glänzende Blätter und Kletterpflanzen an den Wänden bringen Dschungelflair in Stadtwohnungen.

2 Gut geeignet für dunkle Winkel sind Orchideen, die in freier Natur unter einem dichten Laubdach wachsen, etwa diese Schmetterlingsorchidee.

3 Dieses Trio aus Waldpflanzen gedeiht in gedämpftem Licht bzw. lichtem Schatten. Von links nach rechts: Goldtüpfelfarn, Bubiköpfchen, Kretischer Saumfarn.

4 Stellen Sie eine Schüssel mit nassen Kieseln in die Nähe eines Arrangements aus Waldfarnen, damit die Pflanzen feucht und frisch wirken. Von links nach rechts: *Microsorum musifolium*, *Nephrolepis exaltata*.

5 Mit Blütengewächsen und panaschiertem Laub (hier in der Mitte eine Forellenbegonie) zaubert man Farbtupfer in Zusammenstellungen mit Lichtasketen.

2

3

4

5

GESTALTEN MIT FEUCHTEM MILIEU

Feuchtigtkeit liebende Pflanzen muss man regelmäßig besprühen und pflegen. Ideal ist ein schon von Haus aus feuchtes Milieu, in dem sie praktisch von selbst gedeihen. Machen Sie aus der Not eine Tugend und setzen Sie auf ungewöhnliche Arrangements, etwa indem Sie eine Küche in einen Dschungel verwandeln oder das Badezimmer mit grünen Wänden und Arrangements aufwerten. Dort feuchtet die wassergesättigte Luft Pflanzen wie Farne, Bromelien und Tillandsien ohne weiteres Zutun an.

1

4

1 Balancieren Sie das leuchtende Laub von Bromelien optisch mit einem feuchtigkeitsliebenden Pfeilblatt aus.

2 In feuchten Zimmern ist ein schwebender Kokedama-Garten (siehe S. 80–83) gut aufgehoben. Von links nach rechts: *Nephrolepis exaltata*, Grünlilie, Kretischer Saumfarn.

3 Die hängend wachsende Leuchterblume verbreitet auf einem Badezimmerschrank ihr Flair.

4 Wo es feucht ist, bleibt feingliedriges Laub üppig und frisch. Von links nach rechts: Bubiköpfchen, Dreieckiger Frauenhaarfarn, Erbsenpflanze.

5 Tillandsien holen sich Wasser aus der Luft. Deshalb kann man sie in feuchten Zimmern getrost in einem Drahtgeflecht oder auf einem Sockel platzieren (siehe S. 44–47).

6 Fleischfressende Pflanzen mögen es nass und sumpfig. Feuchte Luft behagt ihnen also.

2

3

5

6

GESTALTEN MIT **RAUM**

Jede Wohnung, ob groß oder klein, bietet reichlich Gelegenheiten für kreatives Gestalten mit Pflanzen. Wer keine Stellflächen mehr frei hat, weist seinen Pflanzen eben den Raum hoch über den Köpfen zu. Nackte Wände lassen sich statt mit Bildern auch mit architektonischen Pflanzenarrangements auf Regalen füllen. Mit etwas Fantasie entdecken Sie immer mehr Winkel, die Sie in eine grüne Zimmeroase verwandeln können.

1

1 Wer nicht hängende Pflanzen von der Decke wachsen lassen möchte, verwendet dekorative Gefäße, die von unten gut aussehen. Kletterpflanzen kann man, falls vorhanden, an Dachsparren befestigen und senkrecht nach oben oder horizontal wachsen lassen.

2 Kletterpflanzen sind nicht nur etwas für den Garten. Man kann mit ihnen auch leere Zimmerwände begrünen.

3 Richten Sie sich mit einer sorgfältigen Auswahl von Pflanzenschönheiten eine grüne »Bibliothek« auf hohen Regalen ein.

4 Ein üppiges Ensemble aus Hängepflanzen bildet einen lebenden Laubvorhang.

5 In beengten Räumen empfiehlt sich ein Miniaturgarten in einem Terrarium (siehe S. 60-63 und 96-99). Hängen Sie ihn auf Augenhöhe, sodass Sie jedes Detail genießen können.

6 Wenn es um das Gestalten mit Pflanzen geht, bietet sich fast jeder freie Platz an. Eine Treppe etwa hebt Ihre Lieblinge auf Augenhöhe oder zeigt sie, wenn Sie von oben nach unten gehen, aus der ungewöhnlichen Vogelperspektive.

4

2

3

5

6

GESTALTEN FÜR DAS WOHL-BEFINDEN

Beim Gestalten mit Zimmerpflanzen geht es um wesentlich mehr als nur um ein optisch ansprechendes Layout. Pflanzen sind nicht nur dekorative Objekte: Sie können Stress lindern, die Wohnung mit Düften füllen und sogar die Luft von Schadstoffen reinigen. Wenn Sie die folgenden Ratschläge beachten, nutzen Sie ihre Vorteile optimal.

WIE ZIMMERPFLANZEN HELFEN

Viele wissenschaftliche Studien haben gezeigt: Das Kultivieren von Pflanzen in Privaträumen und Büros hat spürbar positive Auswirkungen auf das psychische Wohlbefinden. Lebten oder arbeiteten die Probanden mit Pflanzen im Zimmer,

- verbesserte sich ihre Stimmung
- fühlten sie sich weniger gestresst
- fühlten sie sich leistungsfähiger
- verlängerte sich ihre Aufmerksamkeitsspanne (bei manchen Studien)

GESTALTEN FÜR ACHTSAMKEIT

Wir haben heute nicht immer genug Gelegenheit, die Natur zu genießen. Das gilt vor allem für jene, die in einer stark versiegelten städtischen Umgebung wohnen, in der man nicht jeden Tag Zugang zu Parks und Wäldern hat. Untersuchungen zufolge verbessert das Leben und Arbeiten mit Pflanzen das psychische Wohlbefinden spürbar (siehe unten links). Durch das Kultivieren von Zimmerpflanzen in Räumen, in denen man viel Zeit verbringt, schafft man eine beruhigende Atmosphäre. Wichtig ist, Pflanzen nahe Fenstern zu positionieren, die auf dicht bebautes Gebiet hinausgehen, damit man die Natur im Blickfeld hat.

1 Eine Wohnung mit reichlich Pflanzen kann für die Psyche sehr wichtig sein, wenn ansonsten keine direkte Möglichkeit vorhanden ist, die Natur zu genießen. Volle Wirkung entfaltet das private Pflanzenparadies, wenn man sein Heim bis unters Dach mit Pflanzen bestückt, um den Geist zu stimulieren und die Stimmung zu heben.

GESTALTEN FÜR DIE SINNE

Duftende Pflanzen bringen eine zusätzliche sinnliche Dimension in ein Pflanzendesign. Während der dunkelsten Monate des Jahres holen wir uns oft Zwiebelblumen und andere wohlriechende Schönheiten in unser Heim, weil wir gern an den Anblick und die Gerüche des Frühlings erinnert werden. Man stellt diese Boten neben eine Eingangstür oder in den Flur, damit jeder Eintretende sogleich davon begrüßt wird.

1 Die Blüten von 'Nelly Isler' (links) und *Brassia*-Orchideen begeistern mit intensivem Duft.

2 *Stephanotis* ist ein Klassiker, wenn man Düfte als Gestaltungselement mit einbezieht.

3 Thymianbüsche verströmen einen betörenden Duft, wenn man sie streift.

4 Kombinieren Sie duftende und nicht duftende Pflanzen, damit der Duft nicht zu überwältigend wird. Von links nach rechts: Scheidenblatt, duftende Hoya, duftendes Alpenveilchen.

5 Treiben Sie Traubenhyazinthen als Duft- und Farbgeber im Winter vor (siehe S. 328–329).

1

1

2

3

4

5

Alles in Einklang bringen
Je häufiger Sie mit Zimmerpflanzen gestalten, desto kühner und kreativer werden Ihre Arrangements. Berücksichtigen Sie dabei immer Größe, Farbe und Form und verwenden Sie zudem Gefäße, die zu den Pflanzen, aber auch zum Interieur passen. Diese Zimmeroase vermittelt durch das rein grüne Farbthema mit Variationen viel Harmonie, lebt aber zugleich vom Kontrast zwischen der zotteligen Textur der Gewächse und den klaren Linien der Wohnung.

ZIMMERPFLANZEN-PROJEKTE

WÜSTENLANDSCHAFT

Indem man Kakteen und Sukkulenten in einem einzigen Pflanzgefäß vereint, hebt man ihre Besonderheiten wirkungsvoll hervor. Das Gefäß braucht nicht hoch zu sein, denn Kakteen haben ein flaches Wurzelsystem. Umso wichtiger ist aber eine ausreichende Dränage. Daher bedeckt man den Boden von Töpfen ohne Abzugslöcher mit einer Lage Kies, um Staunässe zu vermeiden.

SIE BRAUCHEN

PFLANZEN

- eine Auswahl von Kakteen, Sukkulenten und Pflanzen mit ähnlichen Ansprüchen, etwa Opuntia-Kakteen, Goldkugelkakteen und *Sansevieria cylindrica*

SONSTIGE MATERIALIEN

- flaches, dekoratives Pflanzgefäß, möglichst mit Abzugslöchern
- feiner Kies
- Aktivkohle
- Torffreie Kakteenerde
- Kiesel und kleine Steine als Dekor

WERKZEUG

- kleine Schale zum Wässern
- Löffel oder kleine Handschaufel
- Pflanzholz
- Schutzhandschuhe
- kleiner Pinsel zum Abstauben

1 Kakteen und übrige Pflanzen in eine wassergefüllte Schale stellen, um sie gründlich zu wässern. So können die Wurzeln gut in das frische Substrat vordringen und einwurzeln.

2 Den Boden des Pflanzgefäßes mit einer 2-3 cm dicken Schicht Kies bedecken. Ein paar Löffel Aktivkohle dazumischen, um Pilzbefall zu vermeiden. Darüber eine 5-8 cm dicke Schicht Kakteenerde geben.

3 Die Pflanzen noch in ihren Töpfen auf das Substrat stellen und so arrangieren, dass ein ansprechendes Ensemble entsteht. Dazwischen Platz lassen, damit die Pflanzen wachsen können. Pflanzen beiseitestellen, aber die Anordnung nicht vergessen und ggf. notieren.

4 Erste Pflanze auswählen. Mit dem Pflanzholz ein Loch in das Substrat stechen, das groß genug für den Wurzelballen der Pflanze ist. Mit Handschuhen Pflanze aus ihrem alten Topf ziehen, Wurzeln lockern, überschüssige Erde lösen und einpflanzen. Mit allen anderen Pflanzen ebenso verfahren.

5 Mit einem Löffel die Lücken zwischen den Pflanzen sorgfältig mit Substrat füllen. Substrat mit dem Rücken des Löffels, einem Pflanzholz oder der Hand (Handschuh tragen) festdrücken.

6 Die Substratoberfläche mit Kieseln und kleinen Steinen dekorieren.

PFLEGE

TEMPERATUR 10–25 °C
LICHTBEDARF Sonne, im Sommer gefilterte Sonne
LUFTFEUCHTIGKEIT Niedrig
PFLEGEAUFWAND Gering

WÄSSERN Gießen Sie erst, wenn das Substrat völlig ausgetrocknet ist. Je nach den Bedingungen in Ihrer Wohnung dauert das in der Regel 3–4 Wochen. Weichen Sie die Erde gründlich ein, ohne Staunässe zu verursachen, die vor allem bei fehlenden Abzugslöchern droht und die Wurzeln faulen lässt. Zwischen Oktober und März wird überhaupt nicht gewässert.

ALLGEMEINE PFLEGE Bürsten Sie Erdreste zwischen den Dornen mit einem weichen Pinsel weg. Das Arrangement wird vom Herbst bis zum Frühjahr in ein sonniges Fenster gestellt. Vermeiden Sie im Winter aber Zugluft. Wird im Sommer die Hitze zu groß, rückt man das Gefäß etwas weiter nach drinnen.

SUKKULENTENKUGEL

Sie scheint der Schwerkraft zu trotzen, diese lebende Pflanzenkugel mit einem Drahtgerüst aus zwei substratgefüllten Hängekörben. Für das Projekt eignen sich niedrige, rosettenförmige Pflanzen am besten, da durch sie die runde Form nicht beeinträchtigt wird. Man kann aber auch am unteren Ende der Kugel mit ein paar hängenden Formen experimentieren, sodass eine Art Wasserfalleffekt entsteht.

SIE BRAUCHEN

PFLANZEN

- eine Auswahl kleiner Sukkulenten, etwa *Echeveria* und *Sempervivum*
- 2-3 Hängepflanzen wie *Curio rowleyanus* (nach Belieben)
- Dekomoos aus nachhaltiger Quelle

SONSTIGE MATERIALIEN

- 2 Kokosfasermatten zum Ausschlagen
- 2 halbkreisförmige Hängekörbe aus Draht mit je 25 cm Durchmesser
- Torffreie Kakteenerde
- Blumendraht
- kräftige Schnur oder Kette
- Blumensteckdraht

AUSRÜSTUNG

- Blech oder Holzbrett
- Drahtschneider
- Schere
- Pflanzholz (nach Belieben)
- Untersetzer mit hohem Rand
- Kunststofftrichter zum Wässern
- Krug

1 Eine auf die Korbform zugeschnittene Kokosfasermatte in jeden Korb legen. Korb bis obenhin mit Substrat füllen. So fest andrücken wie möglich, da die Kokosmatten sonst durch Lufteinschlüsse verrutschen können.

2 Das Blech auf einen der Körbe pressen, dann Korb rasch und vorsichtig mitsamt Blech umdrehen und direkt über den zweiten Korb legen. Das Blech so herausziehen, dass kein Substrat herausrieselt.

3 Die Ränder der Körbe in regelmäßigen Abständen mit Blumendraht zusammenbinden. Es muss eine feste Kugel entstehen. An eine Strebe eine kräftige Schnur binden, an der die Kugel später aufgehängt wird.

4 An dem der Schnur gegenüberliegenden Ende der Kugel ein Loch in die Matte schneiden. Erste Pflanze austopfen und überschüssige Erde behutsam abschütteln. Ballen leicht zusammenpressen und in das Loch stecken.

5 Kokosmatte wieder zurückklappen, dann mit einem Blumensteckdraht festpinnen. Die übrigen Pflanzen wie in Schritt 4 und 5 beschrieben einsetzen und gleichmäßig verteilen. Abstand halten, damit sie Platz zum Wachsen haben.

6 Ist die Kugel zum Großteil mit Pflanzen bestückt, umdrehen und an einem Haken aufhängen. Die noch freie Fläche, auf der die Kugel vorher gelegen hat, bepflanzen. Ist die Kugel ganz bepflanzt, auf noch kahle Stellen Moos stecken.

PFLEGE

TEMPERATUR 10–25 °C
LICHTBEDARF Sonne, im Sommer etwas Schatten
LUFTFEUCHTIGKEIT Gering

WÄSSERN Eine tiefe Schale unter die Kugel stellen, damit Tropfwasser aufgefangen wird. Zum Wässern ggf. auf eine Trittleiter steigen, den Trichter am oberen Ende der Kugel in die Fasermatte stecken und Wasser in den Trichter gießen. Überschüssiges Wasser komplett abtropfen lassen, dann Schale entfernen. Substrat zwischen dem Wässern austrocknen lassen – man erkennt am Gewicht der Kugel, wenn es trocken ist.

ALLGEMEINE PFLEGE Kugel an einen hellen Platz mit indirektem Licht hängen. Zwischen dem Wässern drehen, damit alle Pflanzen genug Licht bekommen. Die Kugel ist vor allem nach dem Wässern ziemlich schwer, daher sollte der Haken, an dem sie hängt, ein ordentliches Gewicht tragen können.

AST MIT TILLANDSIEN

Wurzellose Pflanzen brauchen kein Erdreich zum Überleben. In freier Natur wachsen sie auf Felsen oder hängen von Baumästen. Man kann ihren natürlichen Lebensraum nachempfinden, indem man sie auf einer hölzernen Unterlage wie diesem Ast zieht. Er bietet Platz für eine kleine Auswahl von Tillandsien, die nicht einmal mit Klebstoff oder Draht fixiert werden muss, um zu halten.

SIE BRAUCHEN

PFLANZEN

- dekorative Moose und Flechten aus nachhaltiger Quelle
- eine Auswahl von Tillandsien in verschiedenen Formen, Farben und Größen (siehe S. 300–301)

SONSTIGE MATERIALIEN

- ein unbehandeltes Stück Holz mit Rissen und Löchern, etwa Treibholz, Rebholz, Rindenstücke von Korkeichen oder Stämme von Baumfarnen
- kleiner Zweig
- Blumendraht

WERKZEUG

- große Schüssel zum Einweichen
- Seitenschneider
- ggf. Heißklebepistole

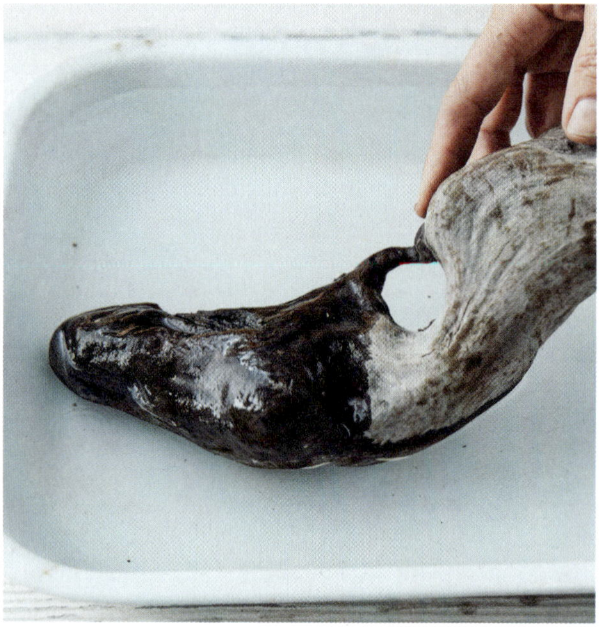

1 Treibholz aus dem Meer gründlich einweichen, damit sich Salzreste lösen. Selbst gesammeltes Treibholz mehrere Wochen lang in Leitungs- oder Regenwasser legen, dabei Wasser gelegentlich wechseln.

2 Moosstückchen auf den kleinen Zweig flechten und den Zweig auf das größere Holz legen. Er dient als Dekorelement und zusätzliche Halterung für kleinere Tillandsien.

3 Den kleinen Zweig mit Draht am Holzstück befestigen. Mehrmals umwickeln, damit er fest sitzt und nicht herunterrutschen kann.

4 Moos- und Flechtenstücke mit Draht oder Heißkleber auf dem großen Holzstück befestigen. Bei Verwendung von Kleber den Klebstoff erst komplett abkühlen lassen, bevor die Tillandsien befestigt werden.

5 Die Tillandsien in die Furchen und Vertiefungen des Holzes setzen, dabei auf eine natürliche Verteilung achten. Leichtere, zartere Tillandsien können auf dem Zweig befestigt werden. Tillandsien nicht festkleben (siehe rechts).

PFLEGE

TEMPERATUR 15–24 °C
LICHTBEDARF Gefiltertes Sonnenlicht
LUFTFEUCHTIGKEIT Hoch
PFLEGEAUFWAND Gering

WÄSSERN Tillandsien einmal wöchentlich mit Regenwasser oder destilliertem Wasser befeuchten (siehe S. 313). Es sollte lauwarm sein oder Zimmertemperatur haben, denn kaltes Wasser schockt die Pflanzen. Zum Wässern die Tillandsien auf ein Geschirrtuch legen. Vor dem Wiedereinsetzen trocknen lassen. Sie können auch 2- bis 3-mal wöchentlich besprüht werden.

ALLGEMEINE PFLEGE Arrangement in gefiltertes (gedämpftes) Sonnenlicht stellen. Jungpflanzen brauchen Platz zum Wachsen; werden sie zu groß, siedelt man sie an eine andere Stelle um.

Tillandsien nie mit Kleber oder Draht fixieren. Das würde nicht nur das Wässern sehr erschweren, die Chemikalien im Kleber könnten sie auch ernsthaft schädigen.

FENSTERKASTEN FÜR DRINNEN

Mit einem Fensterkasten für Innenräume lassen sich die hellsten Fensterplätze in Ihrer Wohnung gut nutzen. Sie bieten zudem Idealbedingungen für Kakteen und Sukkulenten. Aus neuen oder alten Brettern kann man sich ganz einfach einen eigenen Kasten maßschneidern, der die Fensterbank passgenau füllt.

SIE BRAUCHEN

PFLANZEN

- eine Auswahl mittelgroßer Kakteen und Sukkulenten

SONSTIGE MATERIALIEN

- neue oder gebrauchte Holzbretter
- Schrauben oder Nägel
- Holzfarbe oder -beize (nach Belieben)
- Kunststofffolie, wiederverwertet oder aus Recyclingmaterial gefertigt
- Fein- oder Zierkies (Körnung 4 mm)
- Torffreie Kakteenerde
- kleine Kiesel

WERKZEUG

- Maßband
- Säge
- Schraubenzieher oder Hammer
- großer Malerpinsel
- Heftmaschine/Tacker
- Handschaufel
- Pflanzholz
- Kakteenhandschuhe
- Löffel
- feinborstiger Malpinsel zum Reinigen der Pflanzen
- Gießkanne mit dünner Tülle

1 Die Breite der Fensterbank ausmessen (siehe auch »Allgemeine Pflege« gegenüber). Drei gleich lange Bretter so zusägen, dass sie etwas kürzer als die Fensterbank breit sind – sie dienen als Seiten und Boden des Kastens. Zwei kurze Endstücke zusägen. Seitenbretter an das Bodenbrett schrauben oder nageln, dann Enden am Kasten befestigen.

2 Gegebenenfalls die Außenseite des Kastens mit 1–2 Schichten Holzlack oder -beize streichen; dazu die Gebrauchsanleitung des Herstellers auf der Dose beachten. Gut trocknen lassen.

3 Nach dem Trocknen der Farbe bzw. Beize die Innenseite des Kastens mit Folie ausschlagen und festtackern, damit der Kasten so wasserdicht wie möglich ist.

4 Den Kastenboden mit einer etwa 2 cm dicken Lage Kies mit 4 mm Körnung bedecken. Den Kasten bis 5 cm unter den Rand mit einer lockeren Lage Kakteenerde füllen.

5 Erste Pflanze auswählen. Mit dem Pflanzholz ein Loch in das Substrat im Kasten drücken, in das der Wurzelballen der Pflanze passt. Pflanze mit Kakteenhandschuhen aus dem Topf holen, Wurzeln lockern und in das Loch setzen. Substrat um die Pflanze gut festdrücken.

6 Die anderen Gewächse ebenso einpflanzen; dabei auf gleichmäßige Abstände achten. Zwischen den Pflanzen außerdem genug Platz lassen, damit sie wachsen können und eine gute Luftzirkulation gewährleistet ist, die das Fäulnisrisiko verringert.

7 Sobald alle Pflanzen eingesetzt sind, das Substrat mit kleinen Kieseln bedecken. Dann mit einem weichen Malpinsel Erdreste von den Pflanzen bürsten.

PFLEGE

TEMPERATUR 10–25 °C
LICHTBEDARF Indirekte Sonne
LUFTFEUCHTIGKEIT Gering

WÄSSERN Das Substrat erst dann wässern, wenn es komplett trocken ist. Nicht zu stark wässern. Vom Spätherbst bis zum zeitigen Frühjahr weniger wässern. Eine Gießkanne mit dünner Tülle verwenden.

ALLGEMEINE PFLEGE Eine Fensterbank mit gefiltertem bzw. indirektem Sonnenlicht wählen, denn pralle Sonne kann die Pflanzen im Sommer versengen. Zudem zugige Standorte vermeiden. Ungünstig ist auch ein Platz über Heizkörpern, da die Wärme die Pflanzen austrocknen kann.

MAKRAMEE-AMPEL

Makramee ist die Kunst des dekorativen Knüpfens von Schnüren und Seilen. Man fertigt damit einfache Blumenampeln, um die schönsten Zimmerpflanzen würdig zu präsentieren. Aus Holzperlen und Baumwollschnüren lassen sich schlichte, moderne Halterungen basteln, wie hier zu sehen. Doch man kann zum Knüpfen origineller Hängegefäße auch andere Materialien ausprobieren, etwa Metallkugeln oder nicht gebleichte Seile.

SIE BRAUCHEN

PFLANZEN

- geeignete Pflanze in einem 15 cm breiten Topf, etwa einen Dreieckigen Frauenhaarfarn

SONSTIGE MATERIALIEN

- 10 m kräftige reckarme Schnur, etwa aus Baumwolle. Reckarme Schnüre zeichnen sich dadurch aus, dass sie nicht länger werden, wenn man an ihnen zieht.
- Holzring
- S-Haken
- 8 Holzperlen (4 kleine, 4 große)
- dekorativer Übertopf für 15-cm-Töpfe

WERKZEUG

- Lineal oder Maßband
- Schere

1 4 Schnüre auf jeweils 220 cm Länge und 2 Stücke auf je 50 cm Länge zurechtschneiden. Die 4 langen Schnüre durch den Holzring fädeln und in der Hälfte falten. Alle Schnüre knapp unter dem Ring in eine Hand nehmen und die Enden nach unten hängen lassen.

2 Eine der kürzeren Schnüre nehmen und an einem Ende zu einer Schlinge falten. Schlinge über den hängenden Schnüren mit der rechten Hand fixieren, sodass das kurze und lange Ende der Schlinge über dem Holzring liegt.

3 Das lange Ende fest 5-mal so um die Schlinge und die hängenden Schnüre winden, dass die Windungen immer weiter vom Holzring entfernt sind. Nach 5 Windungen den Rest des langen Endes durch die Schlinge fädeln.

4 Das kurze Ende so ziehen, dass die Schlinge nach und nach in die 5 Windungen gleitet. Beide Enden knapp über der Windung abschneiden und nach innen schieben. Dann ist der sogenannte Wickelknoten fertig.

5 Den Ring an den Haken hängen. Die 8 Schnurenden müssen gleich lang sein und nach unten hängen. Jeweils ein Schnurpaar nehmen und je 1 kleine und 1 große Holzperle auf jedes Paar fädeln. Sie sollten etwa 30 cm unterhalb des Rings sitzen.

6 Je 1 Schnur von 2 benachbarten Paaren nehmen und die beiden etwa 8 cm unterhalb der Perlen verknoten. 3-mal wiederholen, bis alle Schnüre verbunden sind. Das Ganze etwa 6 cm unterhalb der Knoten wiederholen, also erneut je 2 benachbarte Schnüre mit einem Knoten verbinden, sodass eine Art Netz entsteht.

7 Unter den unteren Knoten alle Schnüre zusammenraffen. Mit dem 2. kurzen Schnurende das Bündel mit einem weiteren Wickelknoten zusammenbinden – er sollte so fest wie möglich geschnürt sein. Dann alle Schnüre auf die gleiche Länge schneiden.

8 Zum Schluss den Übertopf fest in den Hänger stecken. Nun die Pflanze hineinsetzen.

PFLEGE

WÄSSERN Zum Wässern die Pflanze (mit Topf) aus der Makramee-Ampel holen, damit die Schnüre nicht fleckig werden oder in der Nässe faulen.

ALLGEMEINE PFLEGE Bevor Sie die Pflanze aufhängen, prüfen Sie erst ihr Gewicht in der Ampel, indem Sie sie vorsichtig am Haken heben. Die Wickelknoten sollten fest geschnürt sein. Sitzt der Topf in der Ampel zu locker, nimmt man ihn heraus und knotet die Schnüre neu, bis man das Gefühl hat, dass sie den Topf gut fixieren.

Die Pflanze wird mit der Zeit schön über die Ränder des Topfs wachsen und hängen. Falls sie zu groß wird und umgetopft werden muss, ersetzt man sie besser durch ein neues Exemplar in einem 15-cm-Topf, statt die alte Pflanze in einem größeren Gefäß in die Ampel zu zwängen.

DER ZERBROCHENE TOPF

Hauchen Sie einem zerbrochenen Tontopf neues Leben ein, indem Sie Sukkulenten darin gestaffelt anordnen. Die offene Seite des großen Gefäßes dient dabei als Fenster, in dem kleinere Tonscherben drapiert werden. Bei durchdachter Bepflanzung entsteht ein beeindruckender, mehrschichtiger Pflanzenturm. Vorsicht beim Umgang mit den Scherben: Die Kanten sind scharf!

SIE BRAUCHEN

PFLANZEN

- eine Auswahl an Sukkulenten unterschiedlicher Größe, Farbe und Textur, etwa *Aeonium, Crassula, Sedum* und *Echeveria*

SONSTIGE MATERIALIEN

- großer zerbrochener Tontopf mit Abzugsloch und ein dazu passender Untersetzer
- Torffreie Kakteenerde
- 2–3 kleinere Tontöpfe, zerbrochen oder ganz
- einige Tonscherben
- kleine Kiesel

WERKZEUG

- Handschaufel
- Pflanzholz
- weicher Malerpinsel zum Abstauben
- Löffel
- Gießkanne mit dünner Tülle

1 Den großen Topf zu einem Drittel mit Substrat füllen. Erde festdrücken. Die kleineren Töpfe im großen Topf in unterschiedlichen Winkeln zueinander arrangieren und ebenfalls mit Substrat füllen.

2 Die Zwischenräume zwischen den kleinen Töpfen mit Substrat auffüllen. Mit Tonscherben ggf. so verkeilen, dass sie gut festsitzen. Es muss zum Schluss noch genug freies Substrat und Platz für die Bepflanzung sein.

3 Erste Pflanze aus dem Topf holen und Wurzeln vorsichtig lockern. Eine Vertiefung in das Substrat drücken, die so groß ist wie der Wurzelballen. Pflanze hineinsetzen. Mit dem Pflanzholz das Substrat um den Ansatz festdrücken.

4 Mit den kleineren Pflanzen ebenso verfahren. Zwischen den Gewächsen Abstände lassen, damit sie Platz zum Wachsen haben. Die Pflanzen ggf. mit Tonscherben stützen.

5 Auch kleinere Zwischenräume füllen. Dazu den Ballen kompakter Gewächse vorsichtig teilen, um 2–3 kleine Exemplare zu erhalten. Diese Pflanzen in die Lücken setzen.

6 Wenn Sie mit der Zusammenstellung zufrieden sind, Erdreste von den Pflanzen pinseln und exponiertes Substrat mit Kies bedecken.

PFLEGE

TEMPERATUR 10–25 °C
LICHTBEDARF Gefilterte Sonne
LUFTFEUCHTIGKEIT Gering

WÄSSERN Eine Gießkanne mit dünner Tülle verwenden, damit um die Pflanzen herum gewässert werden kann und alle Bereiche genug Flüssigkeit abbekommen. Warten, bis das Substrat völlig ausgetrocknet ist, erst dann wieder gießen.

ALLGEMEINE PFLEGE In helles, indirektes Licht stellen und gelegentlich drehen, damit alle Pflanzen gleichmäßig viel Licht bekommen.

OFFENES GLASTERRARIUM

Ein Terrarium ist ein halb geschlossenes Glasgefäß, in dem ein warmes Klima mit hoher Luftfeuchtigkeit herrscht. Für diesen offenen Glasbehälter wählt man Blattschmuckpflanzen mit unterschiedlichen Blattformen und -farben aus. Ein großes Exemplar dient als »Leitpflanze«, das sich von den übrigen abhebt. Vorsicht: Das Glas darf nicht zu voll sein, damit die Pflanzen Platz zum Wachsen haben.

SIE BRAUCHEN

PFLANZEN

- mehrere Pflanzen, die es feucht mögen (darunter 1 etwas größere Leitpflanze), z. B. kleine Farne, Peperomien und ein Silbernetzblatt
- ggf. Dekomoose

SONSTIGE MATERIALIEN

- breites, schweres, oben offenes Glasgefäß
- feiner Kies
- Aktivkohle
- Torffreie Universalerde
- ggf. Dekokiesel

WERKZEUG

- Pflanzholz
- kleine Gießkanne mit Brausemundstück

1 Eine etwa 2–3 cm dicke Lage Kies als Dränageschicht in das Glas geben. Ein paar Löffel Aktivkohle daruntermischen, damit sich kein Schimmel bildet.

2 Eine gleichmäßig 5–8 cm dicke Schicht Erde auf die Kies-Kohle-Mischung geben. Ein Loch in die Erde drücken, das so groß wie der Ballen der Leitpflanze ist.

3 Leitpflanze aus dem Topf ziehen und Wurzeln lockern, damit ein gleichmäßiges Wurzelsystem entsteht. Pflanze vorsichtig in das Loch setzen.

4 Erde um die Pflanze herum mit dem Pflanzholz festdrücken. Die übrigen Pflanzen ebenfalls wie in Schritt 3–4 beschrieben einpflanzen.

5 Wer will, kann die Oberfläche der Erde mit Moos oder Kieselsteinen bedecken. Zum Schluss die Innenseite des Glases vorsichtig sauberwischen.

PFLEGE

WÄSSERN Zum Wässern verwendet man am besten eine Gießkanne mit feiner Brause. Durch die eng sitzenden Pflanzen im halb geschlossenen Milieu entsteht eine feuchtwarme Atmosphäre, weshalb man nicht zu viel gießen darf. Erst wenn die Erde trocken ist, wird für Nachschub gesorgt.

ALLGEMEINE PFLEGE Stellen Sie das Terrarium an einen hellen Platz ohne direkte Sonne, da sonst die Blätter durch das Glas hindurch versengt werden können.

WEIDEN-KLETTERGERÜST

Dieses einfache Klettergerüst ist schnell und ohne großen Aufwand zusammengebastelt. Es sieht schon dekorativ aus, bevor Pflanzen es überwuchern. Wenn man diese rudimentäre Kletterhilfe gemeistert hat, kann man sich an ehrgeizigere Projekte wagen, um Pflanzen beispielsweise an Raumteilern und Treppen hochklettern zu lassen oder fächerförmig an einer Wand zu ziehen.

SIE BRAUCHEN

PFLANZEN

- Kletterpflanze, etwa Philodendron, Porzellanblume, Jasmin oder Kranzschlinge

SONSTIGE MATERIALIEN

- Topf mit schwerem Boden und Abzugslöchern
- Zimmerpflanzen- oder Universalerde
- 7 biegsame, mindestens 1 m lange Weidenruten
- Bindfaden

WERKZEUG

- Gartenschere

1 Topf mit Erde füllen. 6 Weidenruten in gleichmäßigen Abständen entlang des Rands in die Erde drücken.

2 Ruten oben auf passender Höhe direkt über der Topfmitte mit dem Bindfaden zusammenbinden. Oberes Ende der Ruten auf die gleiche Höhe zuschneiden.

3 Die 7. Rute auf etwa einem Drittel der Höhe durch die stehenden Ruten flechten. Mit dem Bindfaden befestigen, damit sie nicht verrutscht. Dann das gesamte Klettergerüst aus dem Topf ziehen und beiseitestellen.

4 Ein Loch von der Größe des Wurzelballens der Pflanze in die Erde graben und Pflanze einsetzen – sie muss genauso hoch stehen wie zuvor in ihrem alten Topf. Eventuelle Lücken mit Erde füllen und diese festdrücken.

5 Die Triebe der Kletterpflanze um den Topf herum fächerförmig auslegen. Kletterhilfe zwischen den Trieben hindurch wieder in die Erde im Topf stecken.

6 Die langen Triebe der Kletterpflanze einen nach dem anderen um die Ruten wickeln. Dickere bzw. schwerere Triebe müssen angebunden werden. Dabei darf man die Schnur aber nicht zu fest anziehen.

PFLEGE

WÄSSERN Die Topferde wird vom Frühjahr bis zum Herbst feucht gehalten. Im Winter wässert man erst, wenn sich die Oberfläche des Substrats trocken anfühlt. Besprühen Sie die Pflanze im Sommer ggf. alle paar Tage.

ALLGEMEINE PFLEGE Die Triebe werden mit zunehmendem Wachstum immer wieder um die Ruten geflochten und ggf. festgebunden. Wachsen sie über das obere Ende der Ruten hinaus, schneidet man sie zurück, damit die Pflanze nicht zu groß wird.

Eine andere Möglichkeit ist, die zu groß gewordene Pflanze neben ein Rankgitter zu stellen und die Triebe dort einzuflechten oder festzubinden.

SANDTERRARIUM

Dieses Terrarium bietet einer Reihe von Wüstenkakteen und -sukkulenten den perfekten gemeinsamen Lebensraum. Die geschichteten Lagen Sand werden vom Substrat getrennt gehalten, indem man eine zweite kleinere Vase in die größere stellt – ein cleverer Kunstgriff, der den Wüstencharakter der Gruppe unterstreicht.

SIE BRAUCHEN

PFLANZEN

- Auswahl unterschiedlich geformter und strukturierter Kakteen und Sukkulenten, die Wüstenbedingungen bevorzugen

SONSTIGE MATERIALIEN

- kleine Kiesel oder Kies
- 17-cm-Glasvase
- Torffreie Kakteenerde
- 20-cm-Glasvase
- Dekosand in 2–3 kontrastierenden Farben

WERKZEUG

- Handschaufel
- Pflanzholz
- Kakteenhandschuhe
- Bogen Karton oder festes Papier
- kleiner Malpinsel zum Säubern
- Gießkanne mit dünner Tülle
- Feuchtigkeitsmesser

1 Eine 5 cm dicke Schicht aus Kies oder kleinen Kieseln in die kleinere Vase geben, dann bis fast zum Rand mit Substrat füllen.

2 Eine Pflanze als zentralen Blickfang auswählen. Pflanze aus ihrem Topf nehmen und Wurzeln vorsichtig lockern. Mit dem Pflanzholz ein Loch in das Substrat drücken, das groß genug für den Wurzelballen ist. Pflanze hineinsetzen.

3 Substrat um die Pflanze mit dem Pflanzholz andrücken. Die übrigen Pflanzen einsetzen, beim Anfassen der Kakteen aber Kakteenhandschuhe tragen.

4 Eine Lage Kiesel oder Kies in die größere Vase geben. Die bepflanzte kleinere Vase in die größere stellen. Die Ränder beider Vasen müssen auf gleicher Höhe sein.

5 Aus dem Karton oder festen Papier einen Trichter bilden und die erste Lage Sand in ungleichmäßigen Wellen zwischen die beiden Vasen streuen. Mehrere Schichten Sand unterschiedlicher Farbe einfüllen, bis die innere Vase nicht mehr zu sehen ist.

6 Vor dem Aufstellen des Sandterrariums Substratreste von den Pflanzen pinseln.

PFLEGE

TEMPERATUR 10–25 °C
LICHTBEDARF Gefilterte Sonne
LUFTFEUCHTIGKEIT Gering

WÄSSERN Mit der Gießkanne eine geringe Menge Wasser um die Pflanzen herum auf das Substrat träufeln. Da das Terrarium keine Abzugslöcher hat, dürfen die Pflanzen keinesfalls zu stark gewässert werden. Ggf. hin und wieder einen Feuchtigkeitsmesser in das Substrat stecken, um zu prüfen, ob der Feuchtigkeitsgehalt optimal ist. Kakteen und Sukkulenten bevorzugen Böden im roten Bereich des Feuchtigkeitsmessers.

ALLGEMEINE PFLEGE Wählen Sie für das Terrarium einen hellen, sonnigen Platz. Rücken Sie es im Sommer etwas vom Fenster weg, da die Pflanzen bei direkter Sonneneinstrahlung eventuell versengt werden.

HYPERTUFA-TOPF

Hypertufa ist eine tonartige Mischung, aus der sich Pflanztöpfe gießen lassen. Dafür reichen drei Zutaten plus Wasser. Hypertufa-Gefäße sind nicht nur sehr dekorativ, sondern auch porös und leicht, weshalb sie sich vorzüglich für Wüstenkakteen und Sukkulenten eignen. Für das Projekt müssen Sie etwa einen Monat veranschlagen, doch das Ergebnis lohnt das Warten.

SIE BRAUCHEN

MATERIALIEN

- Portlandzement
- Kokosfaser
- Perlit oder Vermiculit

WERKZEUG

- Karton oder Plastikfolie zum Schutz von Oberflächen
- Gummihandschuhe
- Eimer zum Mischen
- Trennspray
- 2 Kunststofftöpfe als Formen, einer etwas größer als der andere
- Gummihammer
- großer Plastikbeutel
- Drahtbürste
- Plastikschale

1 Arbeitsfläche abdecken. In einem Eimer Zement, Kokosfasern und Perlit zu gleichen Teilen vermengen; bei der Wahl der Menge die Größe des Topfs berücksichtigen. Gummihandschuhe anziehen, die Mischung durchkneten und währenddessen nach und nach 1 Teil Wasser hinzufügen, bis ein dicker Brei entsteht. 5–10 Minuten ziehen lassen.

2 Das Innere des größeren Topfs und das Äußere des kleineren Topfs mit Trennspray (Öl) besprühen. Mit einem Teil der Mischung den Boden des größeren Gefäßes bedecken und an den Rändern andrücken. Nach und nach mehr hinzufügen und eine gleichmäßige, dicke Lage an die Seiten kleben.

3 Den kleineren Topf in den mit der Mischung ausgekleideten größeren stellen und fest hineindrücken. Zwischen die beiden Töpfe weiter die Mischung einfüllen, bis sie sich fest anfühlt. Das Hypertufa-Gemisch darf nur bis höchstens 2–3 cm unter den Rand beider Töpfe reichen.

4 Mit einem Gummihammer von außen an den Topf klopfen, damit Luftbläschen an die Oberfläche wandern. Mit den Fingern ggf. Klumpen am oberen Ende glätten. Das Ganze in einen großen Plastikbeutel stellen und gut verschließen, dann 24–36 Stunden trocknen und härten lassen.

5 Topf aus dem Beutel holen. Mit einem Fingernagel an der Mischung kratzen, um zu sehen, ob sie ausgehärtet ist. Ist sie weich, noch ein paar Stunden stehen lassen. Kann man dem Hypertufa-Gemisch nur noch mit einem Schraubenzieher einen Kratzer zufügen, Töpfe entfernen. Töpfe ggf. durch Klopfen mit einem Hammer vom Hypertufa lösen.

6 An einem trockenen Ort 2–3 Wochen völlig austrocknen lassen. Der Hypertufa-Topf sollte sich hellgrau färben und zudem wesentlich leichter werden. Das obere Ende mit einer Drahtbürste bürsten, um scharfe Kanten zu glätten. Aber nicht zu stark glätten – der Topf sollte nach wie vor rustikal aussehen und eine raue Oberfläche haben.

7 Topf in eine Plastikschale stellen, dann Schale und Topf mit Wasser füllen. Ein paar Tage einweichen lassen, dann Wasser weggießen und wiederholen. So werden alkalische Bestandteile weggewaschen, die den Pflanzen schaden könnten. Nach 10 Tagen kein Wasser mehr einfüllen, sondern gut trocknen lassen. Jetzt kann der Topf bepflanzt werden.

PFLEGE

ALLGEMEINE PFLEGE Damit Böden und Möbel durch den Topf keine Kratzer bekommen können, evt. Filz auf die Unterseite kleben. Da Hypertufa relativ porös ist, kann man die Pflanzen direkt hineinpflanzen, statt sie in einem Kunststofftopf hineinzustellen. Bei direkter Bepflanzung aber gut aufpassen, nicht zu stark zu wässern.

SUKKULENTENKRANZ

Setzen Sie eine facettenreiche Crew aus kleinen Sukkulenten in einen Kranz aus Moos. So entsteht ein einnehmender, origineller Pflanzenreigen, der kaum Pflege braucht, wenn er drinnen unter optimalen Bedingungen wachsen kann. Man kombiniert die Sukkulenten dabei immer mit mehreren unterschiedlichen Moosen, damit der Kranz möglichst abwechslungsreich ist.

SIE BRAUCHEN

PFLANZEN

- Moos aus nachhaltiger Quelle
- ca. 12 Minisukkulenten, jede aus einem 5-cm-Topf, z. B. *Echeveria*, *Sempervivum*, *Aeonium* oder *Crassula*
- Rentierflechte

SONSTIGE MATERIALIEN

- Kranz aus Blumendraht mit 30 cm Durchmesser
- Torffreie Blumenerde
- Steckklammern
- Blumendraht

WERKZEUG

- Schale zum Einweichen
- Seitenschneider
- ggf. Sprühflasche

1 Moose in eine wassergefüllte Schale legen, damit man besser mit ihnen arbeiten kann.

2 Das Moos in den Drahtkranz flechten. Boden und Seiten des Rahmens müssen bedeckt sein. Man braucht genug Moos, um auch die Wurzelballen der Pflanzen zu bedecken.

3 Pflanzen aus ihren Töpfen holen und Wurzeln lockern. Moos auseinanderklappen und Pflanzen so in den Rahmen stecken, dass sie noch genug Platz zum Wachsen haben. Den leeren Raum dazwischen mit Erde füllen.

4 Moos wieder zurückklappen, sodass die Wurzelballen der Pflanzen und die Erde bedeckt sind.

5 Das Moos mit Klammern um die Pflanzen herum gut fixieren. Klammern bis zum Anschlag hineindrücken, sodass das Moos nicht abfallen kann.

6 Zusätzlich Blumendraht um den Kranz wickeln, damit der Mooskranz nicht zerfällt.

7 Zum Schluss etwaige Stellen, an denen man noch Draht oder Erde sieht, mit Rentierflechte bedecken. Flechte mit Klammern festpinnen.

PFLEGE

WÄSSERN Je nach Luftfeuchtigkeit und Zimmertemperatur wässert man wöchentlich, indem man den Kranz in ein mit Wasser gefülltes Becken legt. Vor dem erneuten Einweichen lässt man ihn austrocknen. Bei sehr trockener Luft wird er ab und zu besprüht.

ALLGEMEINE PFLEGE Legen Sie den Kranz nicht in die pralle Sonne. Lassen Sie ihn 1–2 Monate flach liegen, bis die Pflanzen eingewurzelt sind. Dann kann man ihn, wenn man will, aufhängen.

KOKEDAMA-FARN

Kokedama ist eine Bonsai-Variante. Man packt den Wurzelballen einer Pflanze in einen Erdballen, bedeckt ihn mit weichem grünem Moos und hängt ihn auf. So lassen sich ansprechende »schwebende« Skulpturen aus lebenden Pflanzen schaffen. Mehrere Kokedama-Pflanzen kann man zu einem »Schnurgarten« kombinieren.

SIE BRAUCHEN

PFLANZEN

- größerer Farn, etwa ein Kretischer Saumfarn, Spargel- oder Geweihfarn
- eine Lage Moos aus nachhaltiger Quelle

SONSTIGE MATERIALIEN

- Torffreie Topferde
- Akadama-Erde (Lehmgranulat für die Bonsai-Kultur)
- Bindfaden

WERKZEUG

- Eimer
- Schere
- Sprühflasche

1 Im Eimer eine Mischung aus Topferde und Akadama im Verhältnis 2:1 mischen. Wasser dazugeben, bis eine klebrige Masse entsteht. Das Akadama verwandelt die Erde in einen Schlammkuchen, in den die Wurzeln gepackt werden.

2 Farn aus dem Topf holen und einen Teil der alten Erde vorsichtig aus dem Wurzelballen schütteln.

3 Den Wurzelballen in eine 2-3 cm dicke Lage der Akadama-Mischung packen. Die Kugel sollte ungefähr so groß sein wie der Topf, aus dem die Pflanze stammt.

4 Wurzelballen in Moos packen und das Moos bis zum Ansatz der Pflanze hochziehen.

5 Überschüssiges Moos mit der Schere abschneiden, an der Pflanzenbasis aber etwas weniger entfernen.

6 Den Hals des Moosballens mit Schnur umwickeln, damit das Moos zusammenhält. Schnur verknoten. Ein weiteres Stück Schnur als Schlinge um den Hals der Pflanze legen und die Pflanze daran aufhängen.

PFLEGE

TEMPERATUR 13–24 °C
LICHTBEDARF Gefiltertes Sonnenlicht/lichter Schatten
LUFTFEUCHTIGKEIT Mäßig
PFLEGEAUFWAND Relativ gering

WÄSSERN Ob die Pflanze gewässert werden muss, erkennt man, indem man das Gewicht prüft. Fühlt sich die Kugel leicht an, legt man sie 10–25 Min. so in Wasser, dass das Laub trocken bleibt. Hat sie sich vollgesaugt, holt man sie heraus und drückt sie ganz leicht, um überschüssiges Wasser herauszupressen.

ALLGEMEINE PFLEGE Hängen Sie die Mooskugel an einen Platz mit indirektem Licht und hoher Luftfeuchtigkeit. Regelmäßiges Besprühen mit der Sprühflasche ist sinnvoll.

STILLLEBEN MIT RINDE

Ein lebendiges Zusammenspiel aus Farben und Texturen gelingt mit einem Stück Rinde oder Treibholz, auf dem eine vielgestaltige Sukkulentenschar angesiedelt werden kann. Diese Pflanzengruppe eignet sich besonders dafür, da sie flach wurzelt und daher wenig Wurzelraum braucht. Wenn Sie Treibholz verwenden, weichen Sie es zwei Wochen in Seifenlauge ein, um es zu entsalzen.

SIE BRAUCHEN

PFLANZEN

- Eine Auswahl niedriger Sukkulenten unterschiedlicher Größe, Farbe und Textur, etwa *Sempervivum* und *Echeveria*

SONSTIGE MATERIALIEN

- frei stehendes Rindenstück oder entsalztes Treibholz
- Dekomoos aus nachhaltiger Quelle
- Torffreie Kakteenerde

WERKZEUG

- evtl. Bohrmaschine mit Flachbohrer
- Malpinsel mit steifen Borsten
- Blumendraht
- Drahtschneider
- Malpinsel mit weichen Borsten zum Säubern
- Löffel
- Gießkanne mit dünner Tülle

1 Mit einer Bohrmaschine mit Flachbohrer über das Holz verteilt Pflanzlöcher bohren, falls nötig. Mit einem steifborstigen Pinsel Schmutz und Bruchstücke von der Oberfläche des Holzes bürsten.

2 Lücken und Löcher in der Borke bzw. im Holz mit etwas Moos auskleiden, dann Kakteenerde einfüllen.

3 Wurzeln der ersten Pflanze lockern und am Rand eines der Pflanzlöcher fest in die Erde drücken; die Wurzeln müssen komplett von Erde bedeckt sein.

4 Schritt 3 mit den übrigen Pflanzen wiederholen. Dicht an dicht pflanzen, damit die Gruppe möglichst natürlich wirkt. Exponierte Erde mit Moos bedecken, damit die Pflanzen gut festsitzen.

5 Pflanzen und Moose, die in flachen Spalten sitzen, mit Blumendraht feststecken, bis die Wurzeln von selbst genügend Halt haben.

6 Mit dem weichen Malpinsel Erd- oder Moosreste von den Pflanzen streichen.

PFLEGE

TEMPERATUR 10–25 °C
LICHTBEDARF Indirekte Sonne
LUFTFEUCHTIGKEIT Gering

WÄSSERN Pflanzen an der Basis wässern, damit die Wurzeln gut einwachsen und sich ausbreiten, sodass die Pflanzen festen Halt haben. Erde vor dem Wässern immer komplett austrocknen lassen. Im Winter weniger wässern.

ALLGEMEINE PFLEGE Bepflanztes Rinden- bzw. Treibholzstück an einen hellen Platz mit indirektem Licht stellen. Pflanzen teilen, falls sie zu groß werden. Dazu Pflanze vorsichtig aus der Erde holen und in 2–3 kleinere Teile trennen. Eines der Teile wieder an den ursprünglichen Platz setzen, die restlichen in einen anderen Topf pflanzen.

STILLLEBEN MIT MOOS

Lebende Wände und vertikale Gärten stehen in Stadtwohnungen zurzeit hoch im Kurs. Man kann sie problemlos selbst aus Moosen und moosartigen Pflanzen – oder auch aus Tillandsien – anlegen. Bei einem »Bild« aus Moos steht vor allem die Kombination aus verschiedensten Texturen und Farben im Vordergrund. Damit wird eine Landschaft nachempfunden.

SIE BRAUCHEN

PFLANZEN

- verschiedene Moose aus nachhaltiger Quelle, etwa Polstermoos für Hügel und Täler oder dekorativere Formen wie Rentierflechten und hängendes Spanisches Moos
- moosartige Pflanzen wie Bubiköpfchen (siehe S. 172)

SONSTIGE MATERIALIEN

- ausgemusterter flacher Holzbehälter, etwa eine ca. 10 cm hohe Wein- oder Obstkiste
- Plastikfolie zum Auskleiden, gebraucht oder aus Recyclingkunststoff
- Steckklammern
- dekorative, etwa mit Flechten bewachsene Zweige oder kleine Treibholzstücke
- Blumendraht

WERKZEUG

- Tacker oder Klammergerät
- Seitenschneider
- Gießkanne mit Brausemundstück oder Sprühflasche

1 Den Boden der Holzkiste mit Plastikfolie auskleiden und festtackern. So kann keine Feuchtigkeit heraussickern.

2 Kiste auf eine ebene Fläche legen und eine dünne Lage Moos auf den Boden tackern oder pinnen, damit die Folie komplett bedeckt ist.

3 Kugelmoosstücke in der Kiste verteilen – sie sorgen für Textur und Abwechslung. Mit Steckklammern an das Moos pinnen. Weitere dekorative Moosstücke nach Belieben hinzufügen und befestigen.

4 Die moosähnlichen Pflanzen aus ihrem Topf holen und die Wurzeln lockern. Pflanzen zwischen den Moosstücken platzieren.

5 Mit Draht Moos an Zweigen befestigen. Zweige harmonisch in die Mooslandschaft integrieren. Zwischen die Seiten der Kiste klemmen, damit sie gut festsitzen.

6 Die letzten Moosstücke platzieren; dabei unterschiedliche Farben und Texturen kombinieren, um eine natürliche Landschaft nachzuempfinden. Mit Drähten so an den Zweigen fixieren, dass die Drähte nicht zu sehen sind.

PFLEGE

WÄSSERN Die Kiste wird alle paar Tage leicht gewässert oder besprüht. Wenn trockene Luft oder die Zentralheizung die Pflanzen stark austrocknen, kann man das Moos auch komplett einweichen.

ALLGEMEINE PFLEGE Kiste 1–2 Monate eben stehen lassen, damit das Moos und die Wurzelpflanzen gut festwachsen können. Danach kann man sie an die Wand hängen.

Moos bevorzugt hohe Luftfeuchtigkeit und indirektes Licht. Ein Badezimmer wäre daher der ideale Lebensraum.

HÄNGENDE TERRARIENGÄRTEN

Mit »schwebenden« Terrarien lässt sich vorhandener Platz optimal nutzen. Man hängt die Mini-Lebensräume am besten in ein helles Fenster mit gefiltertem Licht. Besonders gut eignen sich dafür Glaskugeln mit großer Öffnung, da die Luft darin gut zirkulieren kann.

SIE BRAUCHEN

PFLANZEN

- eine Auswahl kleiner, niedriger Kakteen und *Sukkulenten*, etwa *Echeveria*, *Crassula*, *Kalanchoe* und *Mammillaria*

SONSTIGE MATERIALIEN

- evtl. Ast oder Stange
- evtl. 2 Halterungen für Vorhangschienen
- evtl. Schrauben
- Kies mit 4 mm Körnung
- einige kleine und mittelgroße Kugelterrarien zum Aufhängen
- Torffreie Kakteenerde
- kleine Kiesel
- Schnur aus Hanf oder durchsichtigem Kunststoff

WERKZEUG

- evtl. Schraubenzieher
- evtl. Wasserwaage
- Löffel oder Handschaufel
- Pflanzholz
- Gießkanne mit dünner Tülle

1 Einen rustikalen Ast oder eine Vorhangstange am Fenster anbringen. Dazu auf beiden Seiten des Fensters eine Halterung so anschrauben, dass der Ast oder die Stange exakt waagrecht darauf liegt.

2 Erstes Terrarium aussuchen. Mit dem Löffel eine Lage Kies als Bodenschicht einfüllen. Darüber eine 2–3 cm dicke, lockere Schicht Kakteenerde geben.

3 Erste Pflanze aus dem Topf nehmen und Wurzeln vorsichtig lockern. Im hinteren Teil der Glaskugel mit dem Pflanzholz ein Loch in die Erde drücken und Pflanze hineinsetzen. Erde um den Ansatz der Pflanze mit dem Pflanzholz behutsam festdrücken.

4 Weitere 1–2 Pflanzen einsetzen; dabei sollte genug Abstand zwischen ihnen bleiben, damit sie Platz zum Wachsen haben und die Luft zirkulieren kann. Eventuelle Hängepflanzen ganz vorn platzieren, damit sie durch die Öffnung wachsen können.

5 Kleine Kiesel auf sichtbarer Erde verteilen. Weitere Kugelterrarien wie in Schritt 2–5 beschrieben bepflanzen.

6 Durch die Öse am oberen Ende jeder Kugel eine Schnur fädeln und die Terrarien gut an der Stange festbinden. Die Länge der Schnüre variieren, damit die Terrarien in unterschiedlicher Höhe vor dem Fenster »schweben«.

PFLEGE

TEMPERATUR 8–25 °C
LICHTBEDARF Indirekte Sonne
LUFTFEUCHTIGKEIT Gering

WÄSSERN Pflanzen mit einer Gießkanne mit dünner Tülle wässern. Weil Abzugslöcher fehlen und die Pflanzen in einer Glashülle eingeschlossen sind, hält sich im Inneren die Feuchtigkeit länger als üblich, weshalb die Pflanzen sehr leicht faulen können. Daher nur selten wässern und auch nur dann, wenn die Erde völlig ausgetrocknet ist.

ALLGEMEINE PFLEGE Man hängt die Terrarien am besten in ein Fenster, in dem sie einige Stunden am Tag gefiltertes Licht abbekommen. Zu viel pralle Sonne kann sie unter dem Glas der Kugeln versengen.

TROCKENTERRARIUM

Im Gegensatz zu den feuchtigkeitsliebenden Pflanzen im Glasterrarium (siehe S. 60–63) bevorzugen die hier vorgeschlagenen Gewächse trockene Wüstenbedingungen. Für ein abwechslungsreiches Arrangement benötigen Sie verschiedene Kakteen und Sukkulenten in unterschiedlicher Höhe und in verschiedenen Formen. Dieses offene Terrarium bewässert sich nicht selbst und muss daher gelegentlich gewässert werden.

SIE BRAUCHEN

PFLANZEN

- eine Auswahl von Pflanzen wie *Crassula, Haworthia* und *Echeveria*

SONSTIGE MATERIALIEN

- Glasterrarium mit einer mindestens 18 cm großen Öffnung
- Kies oder kleine Kiesel
- Aktivkohle
- Torffreie Kakteenerde
- Dekokiesel

WERKZEUG

- Handschaufel oder Löffel
- Pflanzholz
- Gießkanne

1 Eine etwa 2–3 cm dicke Lage Kies auf dem Boden des Terrariums verteilen. Eine Handvoll Aktivkohle daruntermischen.

2 Eine ungefähr 5–7 cm dicke Lage Kakteenerde auf der Kies-Kohle-Schicht verteilen.

3 Leitpflanze auswählen und aus dem Topf nehmen. Wurzeln lockern, damit sie gut einwächst.

4 Ein Loch von der Größe des Wurzelballens in die Erde graben und Pflanze vorsichtig hineinsetzen. Mit dem Pflanzholz die Erde um die Pflanze festdrücken.

5 2–3 weitere kleinere Pflanzen auf die gleiche Weise einpflanzen. Dazwischen etwas Platz lassen, damit sie wachsen können und eine gute Durchlüftung gewährleistet ist. So vermeidet man zu viel Luftfeuchtigkeit und damit Fäule.

6 Sobald alle Gewächse eingepflanzt sind, die Kiesel mit einem Löffel vorsichtig auf der Erde verteilen.

PFLEGE

WÄSSERN Das Arrangement sollte nur gewässert werden, wenn das Substrat völlig trocken ist. Es darf aber nicht zu viel gegossen werden, denn der halb offene Aufbau mindert die Verdunstung etwas und erhöht die Luftfeuchtigkeit im Innern.

ALLGEMEINE PFLEGE Stellen Sie das Terrarium an einen hellen Platz, aber nicht in die pralle Sonne, da das Glas die Pflanzen wie ein Brennglas versengen und austrocknen kann.

KRANZ AUS TÖPFEN

Mit einer Auswahl neuer und alter Tontöpfe in unterschiedlichen Größen lässt sich der klassische Blumenkranz nicht nur originell neuinterpretieren, sondern auch mit lebenden statt abgeschnittenen Pflanzen gestalten. Zum Einsatz kommen Gewächse in warmen Farben, die gut zu denen der Töpfe passen (siehe S. 14–15). Möglich ist aber auch eine eher kühle Kombination aus weißen Töpfen mit blau getönten Pflanzen.

SIE BRAUCHEN

PFLANZEN

- eine Auswahl niedriger Sukkulenten, z.B. *Crassula, Echeveria, Sedum* und *Sempervivum*
- Dekomoos aus nachhaltiger Quelle

SONSTIGE MATERIALIEN

- Blumendraht
- mehrere 6- und 12-cm-Tontöpfe mit Abzugslöchern
- Kranzrohling aus Draht oder Weidenruten
- Torffreie Kakteenerde
- kräftiger Draht oder Schnur

WERKZEUG

- Drahtschneider
- Heißklebepistole
- Löffel oder kleine Handschaufel
- Gießkanne mit dünner Tülle
- große Schale zum Wässern

1 Blumendraht durch das Abzugsloch eines der größeren Töpfe fädeln. Die Drahtenden an der Außenseite des Topfs zusammenführen und wie gezeigt zusammendrehen.

2 Den Topf schräg an den Kranzrahmen flechten. Dazu die Drahtenden um den Rahmen winden und zusammendrehen, um den Topf zu fixieren. Die übrigen großen Töpfe ebenso in gleichen Abständen fixieren.

3 Die kleineren Töpfe wie in Schritt 1 und 2 beschrieben zwischen die größeren Töpfe an den Rahmen flechten. Den Winkel der Töpfe variieren.

4 Sobald Sie mit dem Gesamteindruck der Töpfe am Rahmen zufrieden sind, Töpfe mit einer Klebepistole befestigen und mit Erde füllen.

5 In jeden Topf eine Pflanze setzen und gut in Erde festdrücken. Bei nach unten gedrehten Töpfen 1-2 Drähte zwischen Erde und Pflanze über den Topfrand spannen, damit die Pflanzen nicht herausrutschen.

6 Die Oberfläche der Erde und die sichtbaren Teile des Kranzrahmens mit Moos bedecken. Das Moos mit Blumendraht fixieren, ohne dass man den Draht sieht.

7 Den Kranz bis zu einen Monat lang flach liegen lassen, damit die Pflanzen in ihren Töpfen festwachsen können. Zum Aufhängen eine kräftige Schnur an den Kranz binden und mit einem festen Knoten fixieren.

PFLEGE

TEMPERATUR 5–25 °C
LICHTBEDARF Indirekte Sonne
LUFTFEUCHTIGKEIT Gering

WÄSSERN Den Kranz flach in eine große Schale legen, dann jede Pflanze einzeln mit einer Gießkanne mit dünner Tülle wässern. Kranz noch eine Weile liegen lassen, damit das Wasser ablaufen kann, dann wieder aufhängen. Die Erde zwischen den Wassergaben ganz austrocknen lassen.

ALLGEMEINE PFLEGE Den Kranz an einen hellen Platz mit indirektem Licht hängen. Wird eine der Sukkulenten zu groß für ihren Topf, den Kranz abnehmen und Topf mit einem frischen, kleineren Exemplar neu bepflanzen.

HÄNGEKORB

Mit einem Korb als Blumenampel für Sukkulenten bringen Sie eine vertikale Komponente in einen Raum. Hängekakteen wie *Rhipsalis* und *Epiphyllum* wachsen epiphytisch, sitzen in freier Natur also im Geäst von Regenwaldbäumen. Wenn sie von einem mit Moos ausgeschlagenen Korb herabhängen und zum Teil an den Seiten herauswachsen, sieht das einfach großartig aus.

SIE BRAUCHEN

PFLANZEN

- 3–5 hängende Kakteen und Sukkulenten, etwa *Ceropegia, Epiphyllum* und *Rhipsalis*

SONSTIGE MATERIALIEN

- 2 m kräftiger Draht oder Schnur
- Drahtkorb
- S-Haken
- 1,5 cm dicke Moosmatten aus nachhaltiger Quelle
- Torffreie Orchideenerde (siehe S. 318–319)

WERKZEUG

- Handschaufel
- Drahtschneider
- Schere
- kleines scharfes Messer
- Gießkanne mit dünner Tülle
- Untersetzer (zum Wässern)

1 Draht oder Schnur in vier etwa 50 cm lange Stücke schneiden. Das erste Stück so an den Korbrand binden, dass sich zwei gleich lange Enden ergeben. Die übrigen drei Stücke in gleichen Abständen an den Rand binden.

2 Den Korb an den Innenseiten und am Boden mit Moos ausschlagen. Es hält das Substrat im Korb, weshalb keine Lücken bleiben dürfen, durch die Substrat herausrieseln könnte.

3 Den Korb zu drei Vierteln mit Substrat füllen. Draht bzw. Schnüre zusammenraffen und am oberen Ende fest zu einem Aufhänger zusammenbinden.

4 Mit dem Drahtschneider 2–3 Löcher in gleichmäßigen Abständen in den Korbrand schneiden, um Platz für die heraushängenden Pflanzen zu schaffen.

5 Erste Pflanze nehmen, den Wurzelballen etwas zusammenpressen und vorsichtig durch das Moos in eines der Löcher drücken. Die übrigen Pflanzlöcher an den Seiten ebenso füllen.

6 Die Oberseite des Korbs mit den übrigen Kakteen und Sukkulenten bepflanzen. Substrat um alle Pflanzen herum andrücken. Korb an einem S-Haken aufhängen.

PFLEGE

TEMPERATUR 10–25 °C
LICHTBEDARF Lichter Schatten
LUFTFEUCHTIGKEIT Mittel

WÄSSERN Korb heben, um festzustellen, ob er Wasser braucht: Je leichter er wirkt, desto trockener ist das Substrat. Die Korbgröße ist proportional zum Wasserfassungsvermögen, d. h. kleine Körbe müssen häufiger gewässert werden. Vor dem Wässern eine Schale unter den Korb legen, der herabtropfendes Wasser auffängt, dann mit der Gießkanne exponiertes Substrat gut einweichen. Korb gelegentlich besprühen, da die Pflanzen eine hohe Luftfeuchtigkeit bevorzugen.

ALLGEMEINE PFLEGE Korb an einen hellen Platz ohne direkte Sonneneinstrahlung hängen.

ORCHIDEE AUF HOLZ

Eine Orchidee auf dekorativem Holz zieht alle Blicke auf sich. Der Platz auf dem Holz kann sogar der Gesundheit der Orchidee zuträglich sein, denn er ähnelt dem natürlichen Lebensraum der Pflanze mit starker Dränage und Durchlüftung des Wurzelraums. Das lässt die exotische Schönheit besonders gedeihen und verhindert obendrein Krankheiten.

SIE BRAUCHEN

PFLANZEN

- kleine Orchidee, etwa Schmetterlingsorchidee oder *Dendrobium*
- Weiß- oder Kugelmoos aus nachhaltiger Quelle

SONSTIGE MATERIALIEN

- dekorativer Holzstock, etwa Treibholz, ein Birkenstamm oder Rinde von heimischen Bäumen und Korkeichen
- Blumendraht

WERKZEUG

- Seitenschneider

1 Die Orchidee aus ihrem Topf ziehen und das Substrat von den Wurzeln lösen.

2 Moos gleichmäßig zwischen und um die Wurzeln packen, dabei aber einige äußere Wurzeln herausstehen lassen. Moos mit etwas Draht fixieren.

3 Orchidee so auf den Holzstock setzen, dass der Ansatz der Pflanze schräg nach unten zeigt, und mit einem Draht um Ansatz und Wurzeln auf dem Holz befestigen.

4 Den Draht nicht zu eng ziehen, um die Pflanze nicht zu verletzen. Sitzt die Orchidee gut fest, die beiden Drahtenden zusammendrehen und überschüssigen Draht mit dem Seitenschneider abzwicken.

5 Den restlichen Holzstock mit weiteren Moosstücken dekorieren. Moos ebenfalls mit Draht fixieren.

PFLEGE

TEMPERATUR 16–27 °C
LICHTBEDARF Gefiltertes Sonnenlicht/lichter Schatten
LUFTFEUCHTIGKEIT Mäßig bis hoch
PFLEGEAUFWAND Gering

WÄSSERN Auf Holz aufgebundene Orchideen trocknen recht schnell aus und müssen daher mindestens dreimal wöchentlich gewässert werden. Dazu taucht man sie mitsamt dem Objekt, auf dem sie sitzen, 20 Min. lang in eine große Wasserschale.

ALLGEMEINE PFLEGE Stellen Sie den Stock an einen Platz mit hoher Luftfeuchtigkeit und besprühen Sie die Orchidee täglich. Nehmen Sie den Draht nicht ab, auch wenn die Orchideenwurzeln sich bereits am Holz festkrallen. Das Moos um die Wurzeln fällt irgendwann ab. Mit der Zeit entwickelt die Pflanze eine elegante, flache Form, wie sie für wilde Orchideen typisch ist.

BEPFLANZTER KERZENSTÄNDER

Dieser ansprechende Tischschmuck ist schnell gemacht und sieht das ganze Jahr gut aus. Wer mag, kann die Kerze auch je nach Jahreszeit oder Stimmung durch ein Exemplar in einer anderen Farbe austauschen. Nehmen Sie eine langsam abbrennende, nicht tropfende Kerze, deren Flamme mindestens 10 cm über den Pflanzen brennt, damit das Laub nicht durch Hitze oder heißes Wachs in Mitleidenschaft gezogen wird.

SIE BRAUCHEN

PFLANZEN

- einige niedrige Sukkulenten, etwa *Sedum, Echeveria* und *Crassula*
- eine Hängepflanze wie *Curio rowleyanus*
- Dekomoos aus nachhaltiger Quelle

SONSTIGE MATERIALIEN

- feinkörniger Kies
- Tontopf, 20 cm breit, evtl. mit Abzugsloch
- Untersetzer für den großen Topf, falls dieser ein Abzugsloch hat
- Tontopf, 12 cm breit
- Torffreie Kakteenerde
- 16 cm hohe Stumpenkerze, tropffrei

WERKZEUG

- Handschaufel
- Pflanzholz
- Löffel
- weicher Malpinsel zum Abbürsten der Pflanzen
- Gießkanne mit dünner Tülle

1 Boden des größeren Topfs mit einer Lage Kies bedecken. Den kleineren Topf so in den größeren stellen, dass sich ihre Ränder auf gleicher Höhe befinden.

2 Den Zwischenraum zwischen beiden Töpfen mit Erde füllen, aber nur bis 2 cm unterhalb des Rands. Erde gut festdrücken, damit der Topf in der Mitte festsitzt.

3 Die erste Pflanze aus ihrem Topf nehmen und ihren Wurzelballen lockern. Mit dem Pflanzholz ein Loch in die Erde drücken. Pflanze hineinsetzen und Erde um sie herum festdrücken.

4 Schritt 3 mit den restlichen Pflanzen wiederholen. Da der Abstand zwischen beiden Töpfen recht schmal ist, müssen die Pflanzen ggf. durch Teilen verkleinert werden (siehe S. 59).

5 Kerze in den kleineren Topf stellen und mit Moos fixieren. Mit dem Pinsel Erd- und Moosreste sowie sonstigen Schmutz von den Pflanzen streifen.

PFLEGE

TEMPERATUR 10–25 °C
LICHTBEDARF Indirekte Sonne
LUFTFEUCHTIGKEIT Gering

WÄSSERN Wasser mit einer Gießkanne mit dünner Tülle direkt auf die Erde zwischen den beiden Töpfen gießen. Der Kies am Boden und ein Topf mit Abzugsloch verhindern Staunässe. Erde zwischen den Wassergaben komplett austrocknen lassen.

ALLGEMEINE PFLEGE An einen hellen Platz ohne direkte Sonne stellen. Ist die Kerze heruntergebrannt, durch eine neue ersetzen und wieder mit frischem Moos fixieren.

LEBENDER RAUMTEILER

Ein verschiebbarer Raumteiler aus Pflanzen lässt sich zum zeitweiligen Untergliedern eines Raums oder als lebender Sichtschutz einsetzen. Je buschiger die Pflanzen, desto dichter der grüne Wall. Aufpeppen kann man den Raumteiler sogar mit Makramee-Ampeln (siehe S. 52–55), in denen dekorative Gefäße stecken.

SIE BRAUCHEN

PFLANZEN

- Hängepflanzen, die viel Helligkeit ohne direkte Sonne bevorzugen, etwa Erbsenpflanzen, Leuchterblumen und Binsenkakteen
- hohe, mittelgroße Blattschmuckpflanzen mit ähnlichen Ansprüchen, etwa Geigen-Feigen, Grünlilien und die meisten Farne

SONSTIGE MATERIALIEN

- frei stehender Kleiderständer, idealerweise mit einem Regalbrett im unteren Teil
- Schnur
- S-Haken
- dekorative Übertöpfe in den passenden Größen
- Makramee-Ampeln
- großer Topf oder Eimer

WERKZEUG

- Schere
- Gießkanne

1 Die erste Hängepflanze nehmen. Ist der Topf von Laub bedeckt, mit der Schere 3 Löcher in gleichmäßigen Abständen in den Rand des Topfs bohren. Durch jedes Loch eine Schnur fädeln und mit einem Knoten befestigen.

2 Die 3 Schnüre über der Mitte der Pflanze auf der passenden Höhe zum Aufhängen des Topfs zusammennehmen und zu einem Knoten binden. Ein kurzes Schnurstück nach oben überstehen lassen.

3 Aus der überstehenden Schnur eine Schlinge formen und so fest wie möglich an den bestehenden Knoten darunter binden. Das eventuell noch überstehende Schnurende mit der Schere abschneiden.

4 Die Schlinge an einen S-Haken hängen und die Pflanze daran hochheben; alle Knoten müssen fest sein. Den Haken an die Kleiderstange hängen. Mit den restlichen Pflanzen ebenso verfahren.

5 Soll ein Plastiktopf nicht sichtbar sein, stellt man ihn in einen Übertopf und steckt diesen in eine Makramee-Ampel. Die Ampel gut an der Kleiderstange festbinden oder mit einem S-Haken daran aufhängen.

6 Sobald die Stange komplett behängt ist, den unteren Bereich mit einer Auswahl an Pflanzen füllen, die man auf das Regalbrett stellt. Diverse Kombinationen und Übertöpfe ausprobieren, bis der Raumteiler gut aussieht.

PFLEGE

WÄSSERN Alle Pflanzen werden nach Bedarf gewässert und besprüht. Die Exemplare in den Makramee-Ampeln nimmt man zum Gießen am besten heraus, damit die Schnüre nicht nass werden und faulen.

ALLGEMEINE PFLEGE Stellen Sie Raumteiler an einen zugluftfreien Platz. Die Pflanzen werden bei Bedarf zurückgeschnitten oder durch kleinere ersetzt, wenn sie zu groß werden.

ZIMMER-STEINGARTEN

In ihrer südafrikanischen Heimat schützen sich Lebende Steine (*Lithops*) durch geschicktes Mimikry davor, verspeist zu werden. Sehr schön zur Geltung bringen kann man sie, indem man sie in einer steinigen Mini-Landschaft mit anderen niedrigen Sukkulenten kombiniert. Da sie einen beengten Wurzelraum bevorzugen, setzt man sie mitsamt ihrem ursprünglichen Topf in das größere Gefäß.

SIE BRAUCHEN

PFLANZEN

- kieselähnliche Pflanzen wie *Lithops* und *Pachyphytum*

SONSTIGE MATERIALIEN

- Kies (4 mm Körnung)
- flaches Ziergefäß, idealerweise mit Abzugslöchern
- Torffreie Kakteenerde
- Kiesel und andere Dekosteine

WERKZEUG

- Löffel oder Handschaufel
- Pflanzholz
- weicher Malpinsel zum Säubern
- Gießkanne mit schmaler Tülle

1 Boden des Gefäßes etwa 2–3 cm dick mit Kies bedecken. Auf den Kies eine ebenso dicke, gleichmäßige Schicht Kakteenerde geben.

2 Die Pflanzen in ihren Originaltöpfen auf der Kakteenerde arrangieren. Dazwischen etwas Platz für die Steine lassen – sie kommen später dazu.

3 Die Zwischenräume zwischen den Plastiktöpfchen mit Erde füllen, bis die Topfränder nicht mehr zu sehen sind. Erde mit einem Löffel oder Pflanzholz festdrücken.

4 Erde mit einer dekorativen Mischung aus Steinen bedecken, bis sie nicht mehr zu sehen ist.

5 Mit einem weichen Malpinsel Erdreste von den Pflanzen entfernen.

PFLEGE

TEMPERATUR 5–25 °C
LICHTBEDARF Volle Sonne, im Sommer etwas Schatten
LUFTFEUCHTIGKEIT Gering

WÄSSERN Zwischen Frühjahr und frühem Herbst, nachdem das alte Laub der Lebenden Steine verwelkt ist, immer dann wässern, wenn sich die Oberfläche der Erde trocken anfühlt. Von Spätherbst bis Spätwinter Erde fast ganz trocken halten, nur gelegentlich die *Pachyphytum*-Pflanzen wässern, damit ihre Blätter nicht runzelig werden. Nie zu stark wässern, da die Pflanzen in nasser Erde faulen und die Lebenden Steine aufplatzen.

ALLGEMEINE PFLEGE Den Zimmer-Steingarten an einen hellen Fensterplatz stellen. Im Hochsommer für lichten Schatten sorgen, damit die Pflanzen keinen Sonnenbrand bekommen.

STECKLINGSREGAL

Stecklinge, die man zum Einwurzeln in ein dekoratives wassergefülltes Glasgefäß auf einem Regal oder Beistelltisch stellt, haben einen ganz eigenen Zierwert. Man kann sie als zeitweiliges Arrangement nutzen, bis sie eingepflanzt werden (siehe S. 340) oder auf Dauer als »Wassergarten« stehen lassen. Das ist kinderleicht, aber nicht bei allen Pflanzen möglich. Deshalb müssen die Stecklinge sorgsam ausgewählt werden.

SIE BRAUCHEN

PFLANZEN

- Stecklinge älterer, gesunder Pflanzen, etwa von *Tradescantia*, *Philodendron*, *Crassula*, *Pilea*, *Epiphyllum*, *Begonia* oder *Chlorophytum*

SONSTIGE MATERIALIEN

- Gläser, Fläschchen oder Vasen unterschiedlicher Höhe und Form; kolbenförmige Gläser mit schmalem Hals und breitem Bauch sind ideal
- Quell-, Mineral- oder Regenwasser

WERKZEUG

- kleine Haushalts- oder Gartenschere

PFLEGE

WÄSSERN Füllen Sie bei Bedarf Wasser in die Glasbehälter nach.

ALLGEMEINE PFLEGE Nach einigen Wochen bilden die Stecklinge Wurzeln. Wenn Sie sie nun einpflanzen wollen, gehen Sie wie auf S. 340 beschrieben vor.

Sie können die Stecklinge auch dauerhaft im Wasser stehen lassen. In diesem Fall wechselt man aber das Wasser gelegentlich und stutzt die Wurzeln nach einem Jahr zurück.

1 Einen Steckling auswählen. Neben das Glas halten, in dem er stehen soll, und Blätter von dem unteren Triebteil abzupfen, der im Wasser stehen soll.

2 Nimmt man einen Ableger als Steckling, etwa von einer Grünlilie (siehe S. 167), den Schnitt knapp neben dem Ableger am Trieb ansetzen, da hier die Konzentration von Bewurzelungshormon am höchsten ist.

3 Glas zur Hälfte mit Regen- oder destilliertem Wasser füllen (nicht mit Leitungswasser). Ein Glas mit reichlich Fassungsvermögen verwenden, damit die Wurzeln viel Licht und Raum zum Ausbreiten haben.

4 Stecklinge in die Behälter stecken und auf die ausgewählte Fläche stellen. Alle weiteren Stecklinge ebenso vorbereiten und in einem passenden Glasbehälter dazustellen, bis das Arrangement komplett ist.

BLÄTTERREIGEN

Die Vermehrung durch Blattstecklinge (siehe S. 330–331) gehört zu den einfachsten Methoden, um eine Pflanzensammlung zu vergrößern. Während man darauf wartet, dass aus den Blättern neue Pflänzchen wachsen, kann man sie zu einem dekorativen Muster arrangieren. Das Projekt eignet sich vor allem für das Frühjahr oder den Sommer, da in dieser Zeit die Chancen auf einen Austrieb größer sind.

SIE BRAUCHEN

PFLANZEN

- verschiedene Sukkulenten mit Blättern in unterschiedlichen Größen und Farben, etwa *Echeveria*, *Sedum* und *Crassula*

SONSTIGE MATERIALIEN

- Kies mit 4 mm Körnung
- breite, flache Dekoschale, idealerweise mit Abzugslöchern
- Torffreie Kakteenerde

WERKZEUG

- flache Schälchen zum Trocknen
- Handschaufel
- Tablett zum Sortieren
- Zerstäuber oder Gießkanne mit Brauseaufsatz

1 Anhand der auf S. 330 beschriebenen Methode Blätter von den Sukkulenten abnehmen. Ganze Blätter abtrennen, da neue Pflänzchen aus der Basis austreiben.

2 Blätter in ein flaches Schälchen legen und ein paar Tage lang an einem trockenen Platz ohne direkte Sonne trocknen lassen, damit sich am Ansatz ein Kallus bildet.

3 Boden der Dekoschale mit einer 2–3 cm dicken Lage Kies bedecken. Den Kies mit einer gleichmäßigen Schicht Kakteenerde derselben Dicke bedecken.

4 Blätter auf einem Tablett nach Größe und Farbe ordnen. Zunächst die größten Blätter entlang des Rands auf die Erde legen. Der Ansatz mit dem Kallus darf auf der Erde nur aufliegen, aber nicht in ihr stecken.

5 Blätter weiter ringförmig auf der Erde anordnen. Verschiedene Farben- und Formenmuster ausprobieren, aber die Blattrichtung so variieren, dass sich nie zwei Blattansätze direkt nebeneinander befinden, damit jedes Blatt so viel Wurzelraum wie möglich zur Verfügung hat.

6 Falls gewünscht, zum Schluss einen Triebsteckling einer der entblätterten Pflanzen (siehe S. 339) in die Mitte stecken. Er muss, wie die Blätter, einen Kallus gebildet haben. Steckling vorsichtig in die Erde stecken.

PFLEGE

TEMPERATUR 10–25 °C
LICHTBEDARF Indirekte Sonne
LUFTFEUCHTIGKEIT Gering

WÄSSERN Die Blätter ein paar Wochen lang nicht wässern. Erst wenn sich Wurzeln zu bilden beginnen, das Ganze gelegentlich besprühen oder leicht mit einer Gießkanne mit Brauseaufsatz wässern.

ALLGEMEINE PFLEGE Die Schale an einen hellen, trockenen Platz ohne direkte Sonne stellen. Bei diesem Projekt wird mit der Blattvermehrungsmethode wie auf S. 332–335 beschrieben gearbeitet, doch ist die Schale auch eine dekorativere Alternative zur simplen Vermehrung mit Blättern auf einem Küchentuch. Sobald sich Wurzeln gebildet haben, kann man die Blätter in einen eigenen Topf pflanzen oder vorsichtig in die Erde der Schale drücken, damit sie dort weiterwachsen können. Vertrocknet das eine oder andere Blatt, ohne Wurzeln zu bilden, entfernt man es und ersetzt es durch ein frisches Blatt.

PFLANZEN-PORTRÄTS

BROMELIEN

Diese farbenfrohen Gäste aus der Neuen Welt blühen monatelang und bringen einen Hauch von Tropen in jedes helle Zimmer. Sie wachsen in ihrem natürlichen Lebensraum auf Bäumen und holen sich Wasser und Nährstoffe aus der Luft statt aus dem Boden, brauchen aber nicht viel Luftfeuchtigkeit und sind auch sonst recht anspruchslos. Nach der Blüte ziehen sie ein, doch bilden die meisten Arten Ableger (siehe S. 342–343), die sich zur Anzucht neuer Pflanzen nutzen lassen.

AECHMEA CHANTINII

Aechmea chantinii

TEMPERATUR 15–27 °C
LICHT Gefilterte Sonne/Halbschatten
LUFTFEUCHTIGKEIT Mäßig
PFLEGE Ziemlich leicht
HÖHE UND BREITE 60 × 60 cm

Die hohen Blütenstände dieser Exotin mit dunkelgrünen, silbrig gestreiften Blättern erscheinen vom späten Frühjahr bis in den Herbst. Sie setzen sich aus roten, orangen und gelben Hochblättern und kleinen roten Blüten zusammen.

WÄSSERN Den Trichter in der Mitte der Blattrosette mit Regenwasser oder destilliertem Wasser füllen; alle 4–8 Wochen nachfüllen. Substrat feucht halten, im Winter aber zwischen den Wassergaben austrocknen lassen. Blätter bei heißer Witterung alle 1–2 Tage besprühen.

DÜNGEN Vom Frühjahr bis zum Spätsommer alle 2 Wochen einen Dünger in halber Dosis in den Trichter geben.

PFLANZUNG & PFLEGE In eine 1:1:1-Mischung aus Orchideenerde, Feinkies und Kokoserde (bzw. eine 50:50-Mischung aus Orchideen- und Universalerde) in einen Topf mit 12–15 cm Durchmesser pflanzen. Jungpflanzen in den nächstgrößeren Topf setzen.

LANZENROSETTE

Aechmea fasciata

TEMPERATUR 15–27 °C
LICHT Gefilterte Sonne/Halbschatten
LUFTFEUCHTIGKEIT Mäßig
PFLEGE Ziemlich leicht
HÖHE UND BREITE 60 × 60 cm

Die elegant übergebogenen, silbrig-grünen Blätter sind Grund genug, diese Schönheit im Haus zu haben. Im Sommer erscheint ein hoher Blütenstand mit zarten rosa Hochblättern und kleinen violetten Blüten, die die Lanzenrosette noch mehr in den Mittelpunkt rücken.

WÄSSERN Blatttrichter mit weichem Wasser füllen; alle 4–8 Wochen nachfüllen. Substrat feucht halten, im Winter aber zwischen dem Gießen austrocknen lassen. Alle 1–2 Tage besprühen.

DÜNGEN Von Frühjahr bis Spätsommer alle 2 Wochen einen Flüssigdünger in der halben Dosis in den Blatttrichter geben.

PFLANZUNG & PFLEGE In einen Topf mit 12–15 cm Durchmesser mit gleichen Teilen Orchideenerde, Feinkies und Kokoserde (oder einem 50:50-Mix aus Orchideen- und Universalerde) pflanzen. Jungpflanzen in einen um eine Nummer größeren Topf umsetzen.

PANASCHIERTE ANANAS

Ananas comosus var. variegatus

TEMPERATUR 16–29 °C
LICHT Sonne
LUFTFEUCHTIGKEIT Mäßig
PFLEGE Ziemlich leicht
HÖHE UND BREITE Mindestens 60 × 90 cm

Die ungewöhnliche Zimmerpflanze trägt stachelrandiges, grün und cremegelb gezeichnetes Laub und hübsche gelbe oder violette Blüten, die darüber hinwegtrösten, dass diese roten Ananasfrüchte bitter schmecken und nicht essbar sind. Sie spielt sich in jedem sonnigen Raum in den Mittelpunkt, braucht aber viel Platz für ihre ausladenden Blätter

WÄSSERN Im Frühjahr und Sommer häufig wässern, im Winter Substrat nur leicht feucht halten. Täglich besprühen oder auf eine Schale mit feuchten Kieseln stellen.

DÜNGEN Vom Frühjahr bis in den Herbst alle 2 Wochen, im Winter einmal monatlich die halbe empfohlene Düngerdosis verabreichen.

PFLANZUNG & PFLEGE In eine 1:1:1-Mischung aus gleichen Teilen Orchideenerde, Feinkies und Kokoserde (oder eine 50:50-Mischung aus Orchideen- und Universalerde) pflanzen. Topfgröße: 12–15 cm Durchmesser. Jungpflanzen beim Umtopfen in ein um eine Nummer größeres Gefäß setzen.

ZIMMERHAFER

Billbergia nutans

TEMPERATUR 16–27 °C
LICHT Gefilterte Sonne/Halbschatten
LUFTFEUCHTIGKEIT Hoch
PFLEGE Ziemlich leicht
HÖHE UND BREITE 60 × 60 cm

Stellen Sie diese Bromelie auf einen Sockel oder in eine Blumenampel, damit die eleganten Blüten über die Ränder des Topfs hängen können. Die rosa Hochblätter (blütenblattähnliche Blätter) und kleinen rosa bis violetten Blüten öffnen sich zwischen den graugrünen bandförmigen Laubblättern.

WÄSSERN Substrat mit Regenwasser oder destilliertem Wasser dauerhaft feucht halten. Im Winter die Substratoberfläche zwischendurch auch austrocknen lassen. Im Sommer Pflanze täglich besprühen, im Winter nur alle paar Tage.

DÜNGEN Im zeitigen Frühjahr einen Teelöffel Bittersalz in das Gießwasser geben, um die Blüte zu fördern. Im Frühjahr und Sommer tut dem Zimmerhafer monatlich ein Flüssigvolldünger in der halben empfohlenen Dosis gut.

PFLANZUNG & PFLEGE Ideal ist ein Mix aus gleichen Teilen Orchideenerde, Quarzsand bzw. -kies und Kokoserde (oder eine 50:50-Mischung aus Orchideen- und Universalerde). Einen Topf mit 12-15 cm Durchmesser verwenden. Jungpflanzen im März in einen um eine Nummer größeren Topf umsetzen.

ERDSTERN

Cryptanthus bivittatus

TEMPERATUR 16–27 °C
LICHT Sonne/Gefilterte Sonne
LUFTFEUCHTIGKEIT Mäßig
PFLEGE Ziemlich leicht
HÖHE UND BREITE 15 × 15 cm

Diese zarte kleine Bromelie wird wegen ihrer gewellten Blätter mit gezähntem Rand geschätzt. Sie eignet sich bestens als Dekor für eine sonnige Fensterbank in einem kleinen Zimmer. Das rote, orange, violette, rosa oder grüne Laub ist ein unübersehbarer Farbtupfer.

WÄSSERN Im Frühjahr und Sommer mit Regenwasser oder destilliertem Wasser gießen – das Substrat sollte feucht, aber nie nass sein. Im Winter nur leicht feucht halten. Laub regelmäßig mit lauwarmem Wasser besprühen.

DÜNGEN Vom Frühjahr bis zum Spätsommer alle 2–3 Monate einen Flüssigvolldünger in der halben empfohlenen Verdünnung verabreichen.

PFLANZUNG & PFLEGE In einen Topf mit 10-cm-Durchmesser in eine Mischung aus gleichen Teilen Orchideenerde, Quarzsand bzw. -kies und Kokoserde (oder Orchideen- und Universalerde) pflanzen. Alle 2–3 Jahre im Frühjahr umtopfen.

ZEBRA-ERDSTERN

Cryptanthus zonatus

TEMPERATUR 16–27 °C
LICHT Sonne/Gefilterte Sonne
LUFTFEUCHTIGKEIT Mäßig
PFLEGE Ziemlich leicht
HÖHE UND BREITE Bis 25 × 40 cm

Der Zebra-Erdstern fällt durch sein gestreiftes, spinnenartiges Laub in Dunkelrot und Cremeweiß ins Auge. Er setzt sich neben anderen kleinblättrigen Pflanzen, die ähnliche Bedingungen bevorzugen, dramatisch in Szene. Ältere Pflanzen tragen im Sommer bisweilen kleine weiße Blüten.

WÄSSERN Substrat vom Frühjahr bis zum Frühherbst mit Regenwasser oder destilliertem Wasser feucht halten; im Winter sollte es nur leicht feucht sein. Pflanze alle paar Tage besprühen.

DÜNGEN Dem Zebra-Erdstern vom Frühjahr bis zum Spätsommer alle 2–3 Monate einen Flüssigdünger in der halben empfohlenen Dosis geben.

PFLANZUNG & PFLEGE Pflanze in eine Mischung aus gleichen Teilen Orchideenerde, Feinkies und Kokoserde (oder Orchideen- und Universalerde) setzen – ein kleiner Topf mit 10–13 cm Durchmesser reicht ihr. In die Sonne oder in gefiltertes helles Licht stellen, da sie im Schatten ihre Panaschierung verliert. Alle 2–3 Jahre im Frühjahr umtopfen.

GUZMANIE
Guzmania lingulata

TEMPERATUR 18–27 °C
LICHT Gefilterte Sonne
LUFTFEUCHTIGKEIT Hoch
PFLEGE Schwierig
HÖHE UND BREITE 45 × 45 cm

Die auffälligen Blütenstände erheben sich aus der Mitte der grünen Blätter. Die eigentlichen Blüten sind klein und weiß oder gelb, werden aber von lange haltenden orangen oder roten Hochblättern geschützt.

WÄSSERN Das Substrat sollte zwischen dem Wässern austrocknen. Laubtrichter in der Pflanzenmitte alle 4–7 Tage mit destilliertem Wasser oder Regenwasser füllen. Blätter, Blüten und Luftwurzeln täglich besprühen.

DÜNGEN Monatlich Flüssigdünger in der halben empfohlenen Dosis in den Laubtrichter gießen, aber nach 4–5 Tagen wieder leeren und durch frisches Regenwasser ersetzen. In der Zeit, in der die Pflanze nicht blüht, monatlich den gleichen Dünger 1:4 verdünnt geben.

PFLANZUNG & PFLEGE Als Topferde eine Mischung aus gleichen Teilen Orchideenerde, Feinkiess und Kokoserde (oder Orchideen- und Universalerde) in einem Topf mit 10–12 cm Durchmesser verwenden. Jungpflanzen im Frühjahr umtopfen.

NESTANANAS
Neoregelia carolinae fo. tricolor

TEMPERATUR 18–27 °C
LICHT Gefilterte Sonne
LUFTFEUCHTIGKEIT Mäßig bis hoch
PFLEGE Ziemlich leicht
HÖHE UND BREITE 30 × 60 cm

Die Laubrosette aus grün und gelb gestreiften Blättern mit rot überlaufener Mitte erinnert an eine Ananaspflanze, daher der Name. Im Sommer öffnen sich violette Blüten mit hellroten Hochblättern.

WÄSSERN Blatttrichter mit destilliertem Wasser oder Regenwasser füllen; alle 4–6 Wochen nachfüllen. Das Substrat feucht, nicht jedoch nass halten. Blätter alle paar Tage besprühen.

DÜNGEN Blätter monatlich mit Flüssigdünger in der halben empfohlenen Dosis besprühen. Bei Überdüngung verblassen die Laubfarben.

PFLANZUNG & PFLEGE Pflanze in einen Topf mit 10–13 cm Durchmesser setzen, der mit einer Mischung aus gleichen Teilen Orchideenerde, Feinkies und Kokoserde (oder Orchideen- und Universalerde im 50:50-Mix) gefüllt ist. Jährlich in frisches Substrat umtopfen.

FLAMMENDES SCHWERT
Vriesea splendens

TEMPERATUR 18–26 °C
LICHT Gefilterte Sonne
LUFTFEUCHTIGKEIT Mäßig
PFLEGE Ziemlich leicht
HÖHE UND BREITE 60 × 45 cm

Die grün-braun gestreiften Blätter und lange haltenden Blütenschwerter bilden ein auffälliges Ensemble. In die scharlachroten Hochblätter sind kleine gelbe Blüten eingeschlagen, die ganzjährig erscheinen können. Eine relativ pflegeleichte Bromelie für Einsteiger.

WÄSSERN Laubtrichter alle 2–3 Wochen mit Regenwasser oder destilliertem Wasser füllen. Das Substrat wässern, wenn es sich trocken anfühlt; im Winter nur ganz leicht feucht halten. Ansonsten das Laub alle paar Tage besprühen.

DÜNGEN Blattdünger auf ein Viertel der empfohlenen Stärke verdünnen und die Blätter von Frühjahr bis Herbst monatlich besprühen.

PFLANZUNG & PFLEGE Pflanze in einen Topf mit 12–15 cm Durchmesser in einen 1:1:1-Mix aus feinem Rindenmulch oder Orchideenerde, Feinkies und Kokoserde (oder einer 1:1-Mischung aus Orchideen- und Universalerde) setzen. Jungpflanzen im Frühjahr umtopfen.

ZWIEBEL-PFLANZEN

Diese Blüher bringen saisonal Farbe und Duft in Ihr Heim, ganz gleich, ob sie aus tropischen Wäldern stammen oder als klassische Frühjahrsblumen auch bei uns heimisch sind. Man bringt sie zwar oft mit dem Frühjahr in Verbindung, doch gibt es auch Arten, die zu anderen Jahreszeiten und sogar im Winter blühen. Mit etwas Planung kann man sie drinnen also das ganze Jahr genießen. Nicht vergessen sollte man aber, dass sie Monate vor der Blüte gepflanzt werden müssen.

ZIMMER-KLIVIE

Clivia miniata

TEMPERATUR 10–23 °C
LICHT Gefilterte Sonne
LUFTFEUCHTIGKEIT Gering bis mäßig
PFLEGE Ziemlich leicht
HÖHE UND BREITE 45 × 30 cm
WARNUNG! Zwiebeln sind giftig

Bringen Sie im Frühjahr mit den orangen, gelben und apricotfarbenen Blüten dieser Klivie Farbe in Ihre Wohnung. Die trompetenförmigen Blüten halten bis in den Sommer. Ideal für die hübschen Waldpflanzen ist ein kühler, heller Platz.

WÄSSERN Substratoberfläche von Frühjahr bis Herbst zwischen den Wassergaben austrocknen lassen. Von Spätherbst bis Hochwinter ist eine Ruhephase nötig, in der man die Erde fast ganz trocken hält.

DÜNGEN Vom Frühjahr bis zum Herbst monatlich einen Flüssigvolldünger in halber Dosierung geben.

PFLANZUNG & PFLEGE Im Herbst in eine 1:1-Mischung aus tonhaltigem Substrat und Universalerde pflanzen; Zwiebelhals knapp aus dem Substrat ragen lassen. Topf mit 20-cm Durchmesser verwenden. Von November bis März an einen kühlen Platz (10 °C) stellen, dann in einen hellen Raum mit 16 °C, wo sie blühen können. Nicht umtopfen – blüht am besten in beengten Verhältnissen, daher nur oberste Substratschicht im Frühjahr austauschen.

MAIGLÖCKCHEN

Convallaria majalis

TEMPERATUR -20–24 °C
LICHT Gefilterte Sonne/Halbschatten
LUFTFEUCHTIGKEIT Gering
PFLEGE Ziemlich leicht
HÖHE UND BREITE Bis 25 × 20 cm
WARNUNG! Alle Teile sind giftig

Die weißen Glockenblüten des zarten Pflänzchens erfüllen die Wohnung im Frühjahr mit süßem Duft. Sie bilden einen schönen Kontrast zu den hellgrünen, lanzettförmigen Blättern.

WÄSSERN Substrat vom Spätwinter bis zum Frühsommer feucht halten, während der Ruhephase vom Spätsommer bis Frühwinter austrocknen lassen.

DÜNGEN Vom Spätwinter bis zum Frühsommer monatlich mit Flüssigdünger in halber Dosierung versorgen.

PFLANZUNG & PFLEGE Rhizome mit den Wurzeln nach unten so in einen 15–20 cm hohen Topf mit tonhaltigem Substrat setzen, dass sie knapp mit Erde bedeckt sind. (Zum Vortreiben drinnen siehe S. 199.) Erscheinen die Knospen, Pflanzen in einen 16–21 °C warmen Raum stellen, damit sie dort blühen. Nach dem Einziehen der Blätter nach draußen in den Schatten setzen, da sie eine Kälteperiode brauchen, um wieder zu blühen.

SAFRANWURZ

Curcuma alismatifolia

TEMPERATUR 18–24 °C
LICHT Gefilterte Sonne
LUFTFEUCHTIGKEIT Mäßig bis hoch
PFLEGE Ziemlich leicht
HÖHE UND BREITE 60 × 60 cm

Einen Hauch von Tropenflair bringt diese thailändische Schönheit im Sommer in Ihr Heim, wenn sich ihre tulpenförmigen rosa und violetten Blüten an hohen Stängeln zwischen dunkelgrünen Blättern zeigen. Sie gedeiht in einem warmen Zimmer mit viel Luftfeuchtigkeit, etwa dem Bad oder der Küche.

WÄSSERN Substrat vom späten Frühjahr bis zum Spätsommer feucht halten. Pflanze regelmäßig besprühen oder in eine mit Wasser und Kieseln gefüllte Schale stellen. Die Pflanze tritt von der Herbstmitte bis zum zeitigen Frühjahr in eine Ruhephase, in der die Blätter einziehen. In dieser Zeit kaum gießen.

DÜNGEN Von April bis September alle 2 Wochen einen Flüssigvolldünger geben.

PFLANZUNG & PFLEGE Im Frühjahr eine Lage Kies in einen 15-cm-Topf geben und Zwiebelpflanzenerde daraufgeben. Dann Zwiebeln 8 cm tief setzen. Topf an einen hellen Platz ohne direkte Sonne stellen. Alte Blütenstängel und welke Blätter im Herbst abschneiden. Jährlich im Frühjahr in frisches Substrat umsetzen.

AMARYLLIS

Hippeastrum-Hybriden

TEMPERATUR 13–21 °C
LICHT Gefilterte Sonne
LUFTFEUCHTIGKEIT Gering
PFLEGE Ziemlich leicht
HÖHE UND BREITE 60 × 30 cm
WARNUNG! Zwiebeln sind giftig

Diese auffällige Pflanze verdient einen besonderen Platz, wenn sie ihre Blüten im Winter und Frühjahr zu zeigen beginnt. Es gibt weiße, rosa, rote und orange Formen, aber auch solche mit zweifarbigen und gefleckten Blüten.

WÄSSERN Vom Frühwinter bis zum Austrieb kaum wässern, während der Blüte das Substrat aber feucht halten. In der Ruhephase vom Spätsommer bis zum Spätherbst nicht gießen.

DÜNGEN Nach der Blüte einen Flüssigdünger geben, bis das Laub einzieht.

PFLANZUNG & PFLEGE Im Winter in einen Topf mit Universalerde setzen, der etwas größer als die Zwiebel ist. Zwiebel ein Drittel aus der Erde ragen lassen. An einen hellen, warmen Platz stellen. 6–8 Wochen später erscheinen zuerst die Blätter, dann die Blüten. Sobald sich die Knospen zeigen, an einen kühleren Platz stellen, um die Blütezeit zu verlängern. Im Spätsommer Zwiebeln trocknen lassen, umtopfen und 2 Monate kühl, aber frostfrei stellen. Dann wieder nach drinnen bringen und mit dem Wässern beginnen.

HYAZINTHE

Hyacinthus orientalis

TEMPERATUR -15–20 °C
LICHT Gefilterte Sonne
LUFTFEUCHTIGKEIT Gering
PFLEGE Ziemlich leicht
HÖHE UND BREITE 25 × 20 cm
WARNUNG! Alle Teile sind giftig

Mit dem intensiven Duft und den satten Farben bietet sich diese Frühlingszwiebelblume als Zimmerschmuck förmlich an. Sie wird im Herbst gepflanzt, damit man die Trauben aus violetten, weißen, rosa und roten Blüten wenige Monate später genießen kann.

WÄSSERN Nach dem Setzen der Zwiebeln Substrat wässern und austrocknen lassen, den Winter über aber nur leicht feucht halten. Sobald die Triebe und Blüten erscheinen, stärker wässern.

DÜNGEN Ab dem Einziehen der Blätter alle 2 Wochen einen Flüssig-Seetangdünger verabreichen, wenn man die Zwiebeln wieder nutzen will.

PFLANZUNG & PFLEGE Zwiebeln im zeitigen Frühjahr in Töpfe mit einem 2:1-Mix aus tonhaltigem Substrat bzw. Gartenerde und Sand oder feinem Kies setzen. Das spitze Ende knapp aus der Oberfläche herausragen lassen. Bis kurz vor der Blüte im Frühjahr auf dem Balkon oder im Garten stehen lassen. Zum Vortreiben siehe S. 328–329.

TRAUBENHYAZINTHE

Muscari

TEMPERATUR -15–20 °C
LICHT Gefilterte Sonne
LUFTFEUCHTIGKEIT Gering
PFLEGE Ziemlich leicht
HÖHE UND BREITE 20 × 10 cm

Die unkomplizierte Zwiebelpflanze ist mit ihren zarten Kegeln aus leicht duftenden, blauen, violetten oder weißen Blüten und dem grasartigen Laub einer der besten Farbgeber für das Frühjahr. Treibt man sie vor, bringt sie schon früh im Jahr Frühlingsflair in die Wohnung.

WÄSSERN Zwiebeln nach dem Einpflanzen wässern. Substrat im Winter fast austrocknen lassen; sobald Triebe und Blüten erscheinen, Erde feucht halten.

DÜNGEN Während des Einziehens der Blätter nach der Blüte alle 2 Wochen einen Flüssigvolldünger geben.

PFLANZUNG & PFLEGE Einen mindestens 15 cm breiten und hohen Topf mit Erde füllen. Zwiebeln mit der Spitze knapp über der Erde eng aneinander pflanzen, aber ohne dass sie sich berühren. Geschützt nach draußen stellen, bis sie blühbereit sind, oder vortreiben, wenn sie früher blühen sollen (siehe S. 328–329). Nach der Blüte in den Schatten pflanzen; blüht im nächsten Jahr dort wieder.

NARZISSE

Narcissus

TEMPERATUR -15–20 °C
LICHT Gefilterte Sonne
LUFTFEUCHTIGKEIT Gering
PFLEGE Leicht
HÖHE UND BREITE 40 × 10 cm
WARNUNG! Alle Teile sind giftig

Zu den beliebtesten Narzissen gehört die leicht duftende Weihnachts-Narzisse, doch auch die stärker duftende Tazette oder die Sorte 'Tête-à-tête' blüht drinnen eifrig. Sollen sie im Frühjahr ihren Flor zeigen, pflanzt man sie im Herbst.

WÄSSERN Zwiebeln nach dem Pflanzen wässern. Substrat den Winter über leicht feucht halten. Sobald sich Triebe zeigen, alle paar Tage gießen.

DÜNGEN Während des Einziehens der Blätter nach der Blüte alle 2 Wochen einen Flüssigvolldünger verabreichen.

PFLANZUNG & PFLEGE Eine Lage Kies in einen breiten Topf geben und mit einer Mischung aus 2 Teilen tonhaltigem Substrat oder Gartenerde und 1 Teil Sand oder feinem Kies füllen. Zwiebeln mit dem spitzen Ende so in die Erde setzen, dass die Spitze sich knapp unter der Oberfläche befindet. In einen unbeheizten Raum in ein sonniges Fenster stellen.

DREIECKIGER GLÜCKSKLEE

Oxalis triangularis

TEMPERATUR 15–21 °C
LICHT Halbschatten
LUFTFEUCHTIGKEIT Gering
PFLEGE Leicht
HÖHE UND BREITE 30 × 30 cm
WARNUNG! Alle Teile sind giftig für Haustiere

Das grüne, violette oder panaschierte Laub dieser überaus dekorativen Pflanze erinnert an das des eigentlichen Klees. Ihre dreieckigen Blätter falten sich nachts zusammen und öffnen sich tagsüber wieder. Über dem Laub erscheinen im Frühjahr und Sommer viele kleine rosa oder weiße Sternblüten.

WÄSSERN Substratoberfläche zwischen den Wassergaben ganz austrocknen lassen. Während der Ruhephase der Pflanze im Herbst und Winter, wenn die Blätter eingezogen sind, nicht wässern. Die Pflanze sieht aus wie abgestorben, aber wenn man nach 4–6 Wochen zu gießen beginnt, treibt sie bald wieder aus.

DÜNGEN Während der aktiven Phase von Frühjahr bis Sommer monatlich einen Flüssigvolldünger geben. Während der Ruhephase nicht düngen.

PFLANZUNG & PFLEGE Rhizome im Herbst in einen 15–20 cm breiten Topf mit einer Mischung aus gleichen Teilen tonhaltigem Substrat (oder Gartenerde), Universalerde und Gartenkies setzen. 5 cm tief pflanzen. Der Glücksklee wird oft auch fertig als Topfpflanze verkauft. Im Frühjahr und Sommer an einen hellen Platz ohne direkte Sonne stellen, im Winter in ein kühles Zimmer bringen.

ZIMMERKALLA

Zantedeschia

TEMPERATUR 10–20 °C
LICHT Gefilterte Sonne
LUFTFEUCHTIGKEIT Mäßig
PFLEGE Ziemlich leicht
HÖHE UND BREITE Bis 60 × 60 cm
WARNUNG! Alle Teile sind giftig

Sowohl die weiß blühende Art *Zantedeschia aethiopica* als auch die kleineren, oft farbenfroheren *Z. elliottiana* und *Z. rehmannii* eignen sich als Zimmerpflanzen. Die beiden letztgenannten Arten tragen rein grüne oder gefleckte Blätter. Ihre gelbe, rosa, violette, dunkelrote oder fast schwarze Spatha – die scheidenartige Blatthülle – umhüllt einen Kolben mit winzigen Blüten. Die Pflanzen blühen vom Frühjahr bis in den Herbst.

WÄSSERN Substrat vom Frühjahrs- bis zum Sommerende feucht halten; im Winter fast ganz austrocknen lassen.

DÜNGEN Vom Frühjahr bis zum Welken der letzten Blüten alle 2 Wochen einen Flüssigvolldünger geben.

PFLANZUNG & PFLEGE Im Spätwinter so in einen breiten Topf mit Universalerde pflanzen, dass die Rhizome (unterirdische Speicherorgane) gerade noch an der Oberfläche sichtbar sind und ihre Augen nach oben zeigen. An einen warmen Platz mit gefiltertem Sonnenlicht stellen. Laub im Herbst einziehen lassen. Im Winter umtopfen, kühl stellen.

ORCHIDEEN

Orchideen stehen wegen ihrer exotischen Blüten hoch im Kurs. Es gibt sie in einer unglaublichen Vielfalt von Formen und Farben – manche warten sogar mit einnehmendem Duft auf. Setzen Sie sie solitär als Blickfang in einem hellen Zimmer ein oder nutzen Sie ihre natürliche Neigung, sich an Bäumen festzuhalten, indem Sie Arten mit Luftwurzeln auf Borken- oder Holzstücke (siehe S. 108–111) setzen. Manche dieser Diven fordern viel Aufmerksamkeit ein, andere hingegen – hier ist vor allem die überall erhältliche Schmetterlingsorchidee (*Phalaenopsis*) zu nennen – gedeihen auch ohne aufwendige Betreuung.

SPINNENORCHIDEE
Brassia

TEMPERATUR 12–24 °C
LICHT Gefilterte Sonne
LUFTFEUCHTIGKEIT Hoch
PFLEGE Ziemlich leicht
HÖHE UND BREITE Bis 1 × 1 m

Die ungewöhnlichen Blüten dieser Orchidee scheinen fast wie farbenfrohe Spinnen an den gebogenen Stängeln entlangzukriechen. Ihre dünnen gelben bzw. grünen Blütenblätter mit braunen bis rotbraunen Streifen oder Flecken gruppieren sich um eine rundliche Lippe in der Mitte. Die Blüten duften würzig und öffnen sich im späten Frühjahr und Sommer. Ihre Pseudobulben (verdickte Sprossachsen am Ansatz) bilden jeweils 2–3 lange, bandförmige grüne Blätter.

WÄSSERN Im Frühjahr und Sommer das Substrat zwischen dem Wässern austrocknen lassen. Gewässert wird, indem man den Topf eine halbe Stunde in eine Schale mit Regenwasser oder destilliertem Wasser stellt und anschließend abtropfen lässt. Im Winter braucht die Pflanze eine Ruhephase und sollte trockener gehalten werden, weshalb man nur gießt, damit die Pseudobulben nicht schrumpfen. Blätter im Frühjahr und Sommer täglich besprühen. Topf auf eine Schale mit feuchten Kieseln stellen oder einen Luftbefeuchter installieren.

DÜNGEN Ab dem Neuaustrieb in der Frühjahrsmitte bis zum Spätsommer bei jedem zweiten Wässern einen Orchideendünger verabreichen.

PFLANZUNG & PFLEGE Die Spinnenorchidee in einen 10–20 cm breiten, durchsichtigen Topf mit Orchideenerde (oder einem 6:1:1-Mix aus Rindenmulch, Perlit und Holzkohle) pflanzen. Licht an die Luftwurzeln lassen. An einen hellen Platz ohne direkte Sonne und ohne Luftzug stellen, aber für gute Durchlüftung sorgen. Blütenstängel nach der Blüte bis zum ersten Knoten (Verdickung am Stängel) zurückschneiden. Orchideen mögen es beengt, daher nur umtopfen, wenn der Wuchs zu leiden beginnt.

KAHNORCHIDEE
Cymbidium

TEMPERATUR 10–24 °C
LICHT Gefilterte Sonne
LUFTFEUCHTIGKEIT Mäßig
PFLEGE Ziemlich leicht
HÖHE UND BREITE Zwergformen 60 × 60 cm, normale Exemplare 0,75 × 1,2 m

Die reich blühende Orchidee bringt vom Spätherbst bis zum Frühjahr, wenn wenig andere Pflanzen blühen, ein Leuchten in die Wohnung. Die großen Blütenstände schieben sich zwischen bandförmigen grünen Blättern nach oben. Hybriden mit Sortennamen lassen sich leichter kultivieren als die Arten. Man unterscheidet zwischen den klassischen Formen, die bis zu 1,2 m hoch werden können, und den kleineren, beliebteren »Miniaturen«, die sich vorzüglich für Fensterbänke eignen.

WÄSSERN Im Frühjahr und Sommer Substratoberfläche zwischen dem Wässern austrocknen lassen. Mit Regenwasser oder destilliertem Wasser gießen, überschüssiges Wasser ablaufen lassen. Im Winter nur alle 2 Wochen gießen. In eine Schale mit Wasser und Kieseln stellen oder alle paar Tage besprühen.

DÜNGEN Bei jedem 3. Wässern einen Volldünger in der halben empfohlenen Dosis ins Gießwasser geben, im Sommer aber auf Orchideendünger umsteigen.

PFLANZUNG & PFLEGE In einen undurchsichtigen Topf mit 15–20 cm Durchmesser in Orchideenerde (oder einen 6:1:1-Mix aus Rindenmulch, Perlit und Holzkohle) setzen – Kahnorchideen wachsen auf dem Boden und haben daher weder Luftwurzeln noch brauchen sie durchsichtige Töpfe. Ganzjährig in gefiltertes Licht ohne direkte Sonne stellen. Im Sommer und Frühherbst möglichst auf einer halbschattigen Terrasse platzieren, da sie zum Blühen große Unterschiede zwischen Tag- und Nachttemperatur brauchen. Im Spätherbst kühl (unter 15 °C) stellen, zum Blühen aber in einen etwas wärmeren Raum bringen. Alle 1–2 Jahre im Frühjahr umtopfen.

Cymbidium-Hybriden

Hybriden mit Sortennamen sind die am häufigsten erhältlichen Formen. Sie brauchen wenig Pflege und sind in verschiedensten Blütenfarben und -mustern erhältlich.

Cymbidium-Miniaturen

Miniaturen sind kompakte Hybriden zwischen 30 und 60 cm Höhe. Wie alle Kahnorchideen brauchen sie einen kühlen Raum, um gut zu blühen.

TRAUBENORCHIDEE

Dendrobium-nobile-Hybriden

TEMPERATUR 5–24 °C
LICHT Gefilterte Sonne
LUFTFEUCHTIGKEIT Mäßig bis hoch
PFLEGE Schwierig
HÖHE UND BREITE 60 × 45 cm

Die aufrechten Stängel der duftenden Blüten erscheinen vom Herbst bis zum zeitigen Frühjahr. Am beliebtesten sind Formen mit rosa und weißen Blüten, doch ist die Palette viel größer. Traubenorchideen wollen verwöhnt werden, aber wenn sie im Winter ein paar Blätter verlieren, ist das kein Grund zur Sorge, denn sie sind halb immergrün.

WÄSSERN Im Frühjahr und Sommer 1- bis 2-mal wöchentlich morgens mit lauwarmem Regenwasser oder destilliertem Wasser gießen (Methode siehe *Brassia*, S. 143). Ab dem Frühherbst nur noch alle 2 Wochen wässern, damit sich Blütenknospen bilden. Im Winter nicht wässern, aber gelegentlich besprühen, damit die Pseudobulben (verdickte Sprossachsen am Ansatz der Pflanze) nicht schrumpfen. Vom zeitigen Frühjahr bis zum Spätsommer auf eine Schale mit Wasser und Kieseln stellen.

DÜNGEN Im Frühjahr und Sommer alle 2–3 Wochen Flüssigvolldünger in halber Dosierung verabreichen. Im Spätsommer einen Monat lang auf Kalidünger umsteigen (wieder nur die halbe Dosis), dann bis zum Frühjahr gar nicht mehr düngen.

PFLANZUNG & PFLEGE Orchidee in einen durchsichtigen Topf mit 15–20 cm Durchmesser in Orchideenerde (oder eine Mischung aus 6 Teilen Rindenmulch, 1 Teil Perlit und 1 Teil Holzkohle) pflanzen. Hell stellen, aber ohne direkte Sonne. Verträgt keinen Zug. Um zu blühen, braucht die Pflanze starke Tag-Nacht-Temperaturschwankungen, daher vom Sommer bis zum Frühherbst (aber noch vor dem ersten Frost wieder ins Haus holen) nach draußen in den Halbschatten stellen. Während der Blüte im Winter in einem unbeheizten Raum mit 10 °C Nachttemperatur oder noch leicht darunter stehen lassen. Jährlich im Frühjahr umtopfen.

Dendrobium nobile 'Star Class Akatsuki'

Diese Orchidee bildet Rispen mit leuchtenden pinkfarbenen Blüten mit weiß-gelber Mitte.

Dendrobium nobile 'Star Class Apollon'

Eine beliebte Hybride in Weiß. Sie besticht mit langen Rispen mit kleinen Blüten und einer langen Blütezeit.

MILTONIA

Miltoniopsis-Hybriden

TEMPERATUR 12–27 °C
LICHT Gefilterte Sonne/Halbschatten
LUFTFEUCHTIGKEIT Hoch
PFLEGE Ziemlich leicht
HÖHE UND BREITE 60 × 60 cm

Die als *Miltonia* (= *Miltoniopsis*-Hybriden) bezeichneten Formen tragen große, duftende Blüten mit stiefmütterchenartiger Zeichnung, weshalb sie gelegentlich auch Stiefmütterchenorchideen genannt werden. Sie blühen je nach Hybride im Frühjahr oder Herbst.

WÄSSERN Im Sommer alle 1–2 Tage mit Regen- oder destilliertem Wasser gießen; dazu die Pflanze einweichen und überschüssiges Wasser ablaufen lassen. Im Winter nur noch alle 2–3 Wochen wässern. Auf eine Schale mit feuchten Kieseln stellen und alle paar Tage besprühen.

DÜNGEN Alle 2 Wochen mit Orchideendünger versorgen, aber monatlich mit Regen- oder destilliertem Wasser ordentlich abduschen, damit die Salzkonzentration nicht zu hoch wird.

PFLANZUNG & PFLEGE In einen durchsichtigen Topf mit 15–20 cm Durchmesser in Orchideenerde (oder eine 6:1:1-Mischung aus Rindenmulch, Perlit und Holzkohle) pflanzen. Im Sommer reicht Halbschatten. Im Winter in ein helles Fenster stellen, direkte Sonne jedoch vermeiden. Jedes Frühjahr umtopfen.

NELLY-ISLER-ORCHIDEE

× *Oncidopsis* Nelly Isler grex

TEMPERATUR 16–24 °C
LICHT Gefilterte Sonne/Halbschatten
LUFTFEUCHTIGKEIT Hoch
PFLEGE Schwierig
HÖHE UND BREITE Bis 50 × 50 cm

Diese Hybride wird wegen ihrer hohen Stängel mit leuchtend roten Blüten geschätzt, die eine weiß gefleckte Lippe und ein gelbes Auge haben. Sie kann ganzjährig blühen, trägt aber vor allem im Herbst Flor. Die Blüten verströmen einen intensiven Zitronenduft.

WÄSSERN Mit Regen- oder destilliertem Wasser gießen, wenn sich das Substrat fast trocken anfühlt (siehe *Brassia*, S. 143). Im Winter kaum noch wässern. Auf eine Schale mit Wasser und Kieseln stellen und alle 1–2 Tage besprühen.

DÜNGEN Alle 2 Wochen Orchideendünger in halber Dosierung geben.

PFLANZUNG & PFLEGE In einen durchsichtigen Topf mit 15–20 cm Durchmesser in Orchideenerde pflanzen. Nicht in die pralle Sonne stellen. Nach der Blüte Stängel über dem untersten Knoten (eine Verdickung am Stängel) kappen, um die Pflanze zu einer zweiten Blüte anzuregen. Alle 1–2 Jahre im Frühjahr umtopfen.

TIGERORCHIDEE

Oncidium-Hybriden

TEMPERATUR 13–25 °C
LICHT Gefilterte Sonne
LUFTFEUCHTIGKEIT Mäßig
PFLEGE Ziemlich leicht
HÖHE UND BREITE Bis 60 × 60 cm

An den Stängeln dieser zarten Orchidee sitzen Dutzende kleiner Blüten, die wie Schmetterlinge aussehen. Sie öffnen sich meist im Herbst. Die Hybriden sind unkompliziert und lassen sich auch auf Borken oder einer Schieferplatte ziehen.

WÄSSERN Fühlt sich die Erde trocken an, mit Regen- oder destilliertem Wasser gießen. Im Winter monatlich wässern. Auf eine mit Wasser und Kieseln gefüllte Schale stellen und alle 1–2 Tage besprühen.

DÜNGEN Bei jeder 2. oder 3. Wassergabe Orchideendünger in einem Viertel der empfohlenen Menge verabreichen.

PFLANZUNG & PFLEGE Auf Borke oder in einem undurchsichtigen Topf mit 12–15 cm Durchmesser in Orchideenerde ziehen. Nur umtopfen, wenn der Topf zu klein wird – die Wurzeln mögen es eng.

VENUSSCHUH

Paphiopedilum 'Maudiae Femma'

TEMPERATUR 17–25 °C
LICHT Gefilterte Sonne/Halbschatten
LUFTFEUCHTIGKEIT Mäßig
PFLEGE Ziemlich leicht
HÖHE UND BREITE 30 × 20 cm

Die ausgesprochen verführerische Orchidee trägt große Prachtblüten in den verschiedensten Farben. Sie haben, wie der Name schon andeutet, eine Schuhform und zeigen sich vom Winter bis zum Frühsommer viele Wochen lang, doch gibt es auch Hybriden, die zu anderen Jahreszeiten blühen. Die langen grünen oder gefleckten Blätter sind fächerförmig angeordnet, weshalb die Pflanze auch dann noch einen Zierwert hat, wenn sie nicht blüht. Hybriden mit Sortennamen sind pflegeleichter als die Art.

WÄSSERN Mit Regenwasser oder destilliertem Wasser gießen. Erde vom Frühjahr bis zum Herbst feucht halten und 1- bis 2-mal wöchentlich wässern (siehe *Brassia*, S. 143). Im Winter weniger wässern, aber Substrat nicht ganz austrocknen lassen. Auf eine Schale mit Wasser und Kieseln stellen, um die Luftfeuchtigkeit zu erhöhen, aber nicht besprühen, da die Pflanze sonst fault.

DÜNGEN Von Frühjahr bis Herbst alle 2–3 Wochen einen Orchideendünger geben. Im Winter ebenso oft, aber nur mit halber Dosis düngen.

PFLANZUNG & PFLEGE
In einem undurchsichtigen Topf mit 15–20 cm Durchmesser in Orchideenerde (oder einer 4:1-Mischung aus feinem Rindenmulch und Perlit) ziehen. Die Orchidee wächst im Erdreich und braucht daher keinen durchsichtigen Topf, da sie keine Luftwurzeln bildet. Im Sommer im Halbschatten ohne direkte Sonne lassen, im Winter möglichst hell stellen. Formen mit rein grünen Blättern mögen es kühler, diejenigen mit panaschiertem Laub brauchen viel Wärme und nachts mindestens 17 °C. Jährlich nach der Blüte in den nächstgrößeren Topf umsetzen, ohne frischen Wuchs mit Erde zu bedecken.

SCHMETTERLINGS-ORCHIDEE

Phalaenopsis-Hybriden

TEMPERATUR 16–27 °C
LICHT Gefilterte Sonne/Halbschatten
LUFTFEUCHTIGKEIT Mäßig
PFLEGE Leicht
HÖHE UND BREITE Bis 90 × 60 cm

Sie gehört zu den am häufigsten erhältlichen und pflegeleichtesten Orchideen. An ihren hohen, gebogenen Stängeln sitzen große runde Blüten, die in den unterschiedlichsten Farben leuchten – manche sind auch gemustert – und die das ganze Jahr erscheinen können. Es gibt sogar Miniaturhybriden. Sie alle kommen gut mit hohen Wintertemperaturen und zentral beheizten Räumen zurecht.

WÄSSERN Substrat stets feucht halten und alle 5–7 Tage morgens wässern (in Gegenden mit hartem Wasser am besten mit Regenwasser oder destilliertem Wasser). Im Winter weniger gießen, aber Substrat nicht austrocknen lassen.

Phalaenopsis-Hybriden

Viele Orchideen haben keinen registrierten Sortennamen, die gängigsten aber sind pflegeleichte Hybriden. Wählen Sie einfach die Farbe, die am besten in Ihr Wohninterieur passt.

Auf eine Schale mit Wasser und Kieseln stellen. Morgens gelegentlich besprühen, damit überschüssiges Wasser bis zu den kälteren Nächten verdunsten kann.

DÜNGEN Beim Wässern stets einen Orchideendünger ins Gießwasser geben, einmal im Monat aber mit reinem Wasser duschen, um überschüssige Salze wegzuspülen. Im Winter nur noch monatlich düngen.

PFLANZUNG & PFLEGE In einen durchsichtigen Topf mit 15–20 cm Durchmesser in Orchideenerde oder einen 6:1:1-Mix aus Rindenmulch, Perlit und Holzkohle pflanzen. Die Luftwurzeln nicht eingraben. Im Sommer in den Halbschatten, im Winter in ein helles Fenster stellen. Zug und starke Temperaturschwankungen vermeiden. Diese Orchideen mögen es ganzjährig warm. Nach der Blüte Stängel bis über einen Knoten (Stängelverdickung) zurückschneiden, um die Pflanze zu neuerlicher Blüte anzuregen. Alle 2 Jahre in einen etwas größeren Topf setzen.

Phalaenopsis So-Petit-Serie

Diese Miniatur-Schmetterlingsorchideen gibt es in verschiedensten Farben von Rosa über Pfirsichgelb bis Weiß. Sie passen auf fast jede Fensterbank.

VANDA-ORCHIDEE

Vanda-Hybriden

TEMPERATUR 16–32 °C
LICHT Gefilterte Sonne
LUFTFEUCHTIGKEIT Hoch
PFLEGE Schwierig
HÖHE UND BREITE 1,2 × 0,6 m

Eine anspruchsvolle Orchidee, doch die großen, farbenprächtigen, oft gemusterten, bis zu 15 cm breiten Blüten im Frühjahr und Sommer lohnen den höheren Pflegeaufwand. Vanda-Orchideen brauchen sehr hohe Luftfeuchtigkeit und werden oft in einer Vase oder einem Flechtkorb ohne Substrat gezogen.

WÄSSERN Jeden Morgen die Wurzeln 15 Min. lang in einen Eimer mit lauwarmem Regenwasser oder destilliertem Wasser tauchen, bis sie sich grün färben. Dann gut abtropfen lassen. Im Winter nur alle 3–4 Tage wässern. Mehrmals täglich besprühen oder einen Luftbefeuchter aufstellen.

DÜNGEN Blätter und Wurzeln wöchentlich mit Orchideendünger besprühen. Im Winter nur alle 2 Monate düngen.

PFLANZUNG & PFLEGE In einem Korb oder einer großen durchsichtigen Vase ohne Substrat ziehen. An einen Platz ohne direkte Sommersonne stellen, im Winter aber sehr hell platzieren. Ideal ist ein beheizter, gut durchlüfteter Wintergarten oder ein Badezimmer. Sinken die Nachttemperaturen im Herbst merklich, fördert das die Blüte. Zum Umtopfen die Wurzeln einweichen und vom Rand des Korbs lösen, dann in einen etwas größeren Korb umsiedeln; sie wachsen dann ungestört weiter.

CAMBRIA-ORCHIDEE

× *Vuylstekeara Cambria* grex 'Plush'

TEMPERATUR 10–24 °C
LICHT Gefilterte Sonne
LUFTFEUCHTIGKEIT Hoch
PFLEGE Schwierig
HÖHE UND BREITE Bis 50 × 35 cm

Besonders häufig ist diese schöne Orchidee nicht im Handel zu finden, doch wer die Herausforderung liebt, sollte versuchen, sie aufzuspüren. Als Belohnung für die Mühe winken hohe, gebogene Stängel mit großen, dunkelroten, duftenden Blüten, die eine weiße gefleckte Lippe und ein gelbes Auge haben. Sie halten lange und können sich ganzjährig öffnen, zeigen sich aber meist im Winter oder Frühjahr.

WÄSSERN Wenn sich die Substratoberfläche leicht trocken anfühlt, mit Regen- oder destilliertem Wasser gießen (zur Methode siehe *Brassia*, S. 143. Vom Frühjahr bis zum Herbst alle 5–7 Tage wässern, im Winter alle 7–10 Tage. Auf eine Schale mit Kieseln und Wasser stellen und Blätter alle 1–2 Tage besprühen oder einen Luftbefeuchter aufstellen.

DÜNGEN Bei jedem 2. oder 3. Wässern einen Orchideendünger in halber Dosierung ins Gießwasser geben.

PFLANZUNG & PFLEGE In einen durchsichtigen Topf mit 10–20 cm Durchmesser in Orchideenerde. Um die Pflanze zur Blüte anzuregen, muss die Temperatur nachts um 6 °C sinken. Nach der Blüte Stängel über dem untersten Knoten kappen, um eine zweite Blüte zu erreichen. Nur umtopfen, wenn die Pseudobulben das Gefäß ausfüllen.

WEITERE BLÜTEN-PFLANZEN

Zwar setzen viele Zimmerpflanzen Blüten an, doch manche werden speziell wegen ihres einnehmenden Flors gezogen. Sie bringen je nach Jahreszeit Farbe in ein ansonsten grünes Ambiente aus Blattschmuckpflanzen. Hier finden Sie Arten, die zu unterschiedlichen Jahreszeiten blühen – manchmal sogar im tiefsten Winter.

SCHÖNMALVE

Abutilon × hybridum

TEMPERATUR 12–24 °C
LICHT Gefilterte Sonne
LUFTFEUCHTIGKEIT Gering
PFLEGE Ziemlich leicht
HÖHE UND BREITE Bis 90 × 60 cm

Werten Sie Ihr Heim mit den großen glockenförmigen Blüten dieses hohen Strauchs auf. Er blüht in einer Vielzahl von Farben – das Spektrum reicht von Rot, Gelb und Rosa bis Weiß. Das ahornartige grüne oder panaschierte Laub bildet die Kulisse für den lange haltenden Sommerflor.

WÄSSERN Substrat vom Frühjahr bis in den Herbst feucht halten. Im Winter Erdoberfläche austrocknen lassen.

DÜNGEN Im Frühjahr, Sommer und Herbst alle 2 Wochen düngen, im Sommer mit einem kalireichen Präparat.

PFLANZUNG & PFLEGE In einem Mix aus gleichen Teilen Universalerde und tonhaltigem Substrat ziehen. Topfgröße: 20–30 cm. Hell stellen. Im Winter in einen kühleren Raum mit Tagestemperaturen von 16–20 °C bringen. Triebe im Frühjahr kürzen und Triebspitzen ausknipsen, um einen buschigeren, kompakten Wuchs zu erreichen. Bei Bedarf im Herbst erneut schneiden. Alle 2 Jahre umtopfen.

GROSSE FLAMINGOBLUME

Anthurium andraeanum

TEMPERATUR 16–24 °C
LICHT Gefilterte Sonne
LUFTFEUCHTIGKEIT Mäßig
PFLEGE Ziemlich leicht
HÖHE UND BREITE 45 × 30 cm

Die sehr dankbare Zimmerpflanze trägt ungewöhnliche pfeilförmige, dunkelgrüne Blätter und elegante wächserne Blüten, die das ganze Jahr erscheinen. Man präsentiert sie am besten in schlichten, modernen Töpfen. Die weißen, rosa oder roten – auch weinroten – Blüten setzen sich aus einer tropfenförmigen Spatha (Hüllblatt) und einem langen Kolben (aus winzigen Blüten) zusammen. Obwohl die Pflanze ausgesprochen stilvoll wirkt, stellt sie keine besonderen Ansprüche.

WÄSSERN Substrat ganzjährig feucht halten, aber Staunässe vermeiden, da sonst die Wurzeln faulen können. Alle paar Tage besprühen, alternativ auf eine kiesel- und wassergefüllte Schale stellen.

DÜNGEN Im Frühjahr und Sommer alle 2 Wochen mit einem kalireichen Flüssigdünger in halber Dosierung düngen.

PFLANZUNG & PFLEGE Mit dem Wurzelballen knapp über der Substratoberfläche in einen Topf mit 12–15 cm Durchmesser in eine Mischung aus Universalerde und tonhaltigem Substrat im Verhältnis 1:1 pflanzen. Wurzelballen mit Moos aus nachhaltiger Quelle abdecken, um ein Austrocknen zu verhindern. Hell, aber in gefiltertes Licht stellen und ganzjährig für eine Temperatur von 20–24 °C sorgen. Nur umtopfen, wenn die Wurzeln zu dicht im Gefäß sitzen.

Anthurium andraeanum – weiße Form

Die meisten Flamingoblumen tragen hellrote Blüten, doch auch die kühleren, eleganten weißen Formen sind sehr beliebt und überall zu bekommen.

Anthurium andraeanum 'Black Queen'

Weil dunkle Blüten in Mode sind, haben Züchter Blüten in allerlei schweren Farben von Weinrot bis fast Schwarz sowie zweifarbene Formen entwickelt.

ENGELSTROMPETE

Brugmansia × candida

TEMPERATUR 16–25 °C
LICHT Sonne/Gefilterte Sonne
LUFTFEUCHTIGKEIT Mäßig
PFLEGE Ziemlich leicht
HÖHE UND BREITE 1,2 × 1 m
WARNUNG! Alle Teile sind giftig

Mit ihrem umwerfenden Abendduft und den großen, trompetenförmigen Prachtblüten in Gelb, Rosa, Weiß oder Rot ist die Engelstrompete zu einer der beliebtesten Pflanzen für Wintergärten oder große helle Räume geworden. Sie hat nur einen Haken: Alle Teile sind giftig. Für Haushalte mit Kindern oder Haustieren ist sie daher nicht unbedingt geeignet.

WÄSSERN Substrat vom Frühjahr bis zum Frühherbst feucht halten. Wenn im Winter die Temperaturen geringer sind, weniger wässern, sodass die Erde nur noch leicht feucht ist.

DÜNGEN Im Frühjahr monatlich einen Flüssigvolldünger geben; im Sommer auf einen Blühdünger umsteigen.

PFLANZUNG & PFLEGE In einen Topf mit 20–30 cm Durchmesser in tonhaltiges Substrat setzen. An einen sonnigen Platz und im Winter in ein kühles Zimmer stellen. Nach der Blüte Triebe kürzen, aber nur leicht, da sonst die Blüte ausbleibt; dabei Handschuhe tragen. Alle 2–3 Jahre umtopfen.

JAPANROSE

Eustoma grandiflorum

TEMPERATUR 12–24 °C
LICHT Sonne/Gefilterte Sonne
LUFTFEUCHTIGKEIT Gering
PFLEGE Ziemlich leicht
HÖHE UND BREITE 30 × 45 cm

Die hübsche Einjährige mit becherförmigen Blüten kommt oft in der Floristik zum Einsatz, hat sich aber auch als Zimmerpflanze bewährt. Sie bringt für kurze Zeit Farbe in ein gemischtes Frühjahrs- und Sommerarrangement. Die Auswahl an Blütenfarben ist groß – sie reicht von Violett über Rosa und Weiß bis hin zu zweifarbigen Varianten. Halten Sie Ausschau nach kompakten Sorten – sie werden bisweilen auch als Sommerblumen für draußen verkauft.

WÄSSERN Substrat von Frühjahr bis Herbst feucht halten, doch Staunässe meiden.

DÜNGEN Vom Frühjahr bis zum Herbst alle 2 Wochen einen kalireichen Dünger verabreichen.

PFLANZUNG & PFLEGE In einen Topf mit 15–20 cm Durchmesser in Universalerde setzen. Im Frühjahr gekaufte Jungpflanzen wachsen in der Sonne rasch, müssen aber im Sommer vor praller Mittagssonne geschützt werden. Im Frühjahr die Triebspitzen abzwicken, um einen buschigen Wuchs mit mehr Blüten zu erreichen. Welke Blüten regelmäßig entfernen. Pflanze jährlich neu kaufen.

BLAUES LIESCHEN

Exacum affine

TEMPERATUR 18–24 °C
LICHT Gefilterte Sonne
LUFTFEUCHTIGKEIT Mäßig bis hoch
PFLEGE Ziemlich leicht
HÖHE UND BREITE 20 × 20 cm

Die Pflanze ist nur etwas für ein paar Monate, doch ihre duftenden, veilchenblauen Blüten mit gelber Mitte, die fast ständig über einem Polster aus glänzend grünen Blättern erscheinen, lohnen die Anschaffung dennoch. Sie ist zweijährig, bildet also im ersten Jahr Blätter und im zweiten Blüten. Gekaufte Exemplare blühen aber noch im selben Jahr.

WÄSSERN Substrat feucht halten – die Blüten welken rasch, wenn die Wurzeln austrocknen. Alle 1–2 Tage mit lauwarmem Wasser besprühen oder auf eine Schale mit Wasser und Kieseln stellen.

DÜNGEN Von Frühjahr bis Spätsommer alle 2 Wochen mit einem Flüssigvolldünger in halber Dosierung versorgen.

PFLANZUNG & PFLEGE Ein Umtopfen ist vermutlich nicht nötig, falls der Wurzelballen aber zu sehr verdichtet ist (siehe S. 320–321), setzt man sie in einen etwas größeren Topf mit Universalerde. Auch ein Ansäen im Winter oder zeitigen Frühjahr ist möglich (siehe S. 344–345).

GARDENIE

Gardenia jasminoides

TEMPERATUR 16–24 °C
LICHT Gefilterte Sonne
LUFTFEUCHTIGKEIT Hoch
PFLEGE Ziemlich leicht
HÖHE UND BREITE 60 × 60 cm
WARNUNG! Alle Teile sind für Haustiere giftig

Das hervorstechendste Merkmal dieses Strauchs sind seine großen runden, süß duftenden weißen Blüten, die sich im Sommer und Herbst zwischen glänzenden, dunkelgrünen Blättern öffnen. Er kann in warmem, frostfreiem Klima recht groß werden, erreicht aber als Zimmerpflanze selten mehr als 60 cm Höhe.

WÄSSERN Von Frühjahr bis Herbst mit lauwarmem weichem Wasser gießen; Substrat stets feucht halten. Im Winter Substratoberfläche zwischen den Wassergaben austrocknen lassen. Blätter – nicht jedoch die Blüten – regelmäßig besprühen oder die Pflanze auf eine Schale mit Wasser und Kies stellen.

DÜNGEN Vom Frühjahr bis zum Spätsommer alle 2 Wochen mit einem Dünger für Kalkflieher (Säure liebende Pflanzen) in halber Dosis düngen.

PFLANZUNG & PFLEGE In einen Topf mit 20–30 cm Durchmesser in Moorbeeterde pflanzen. Hell, aber nicht in die pralle Sonne oder in Zugluft stellen. Um einen Knospenfall zu vermeiden, muss die Temperatur tagsüber 21–24 °C und nachts 15–18 °C betragen. Im Winter in ein sonniges Fenster stellen. Alle 2–3 Jahre im Frühjahr umtopfen.

BARBERTON-GERBERA

Gerbera jamesonii

TEMPERATUR 13–24 °C
LICHT Sonne/Gefilterte Sonne
LUFTFEUCHTIGKEIT Gering bis mäßig
PFLEGE Ziemlich leicht
HÖHE UND BREITE Bis 60 × 60 cm

Die oft für Blumensträuße verwendete Gerbera setzt mit ihren farbenfrohen Blütenkörben an hohen Stängeln und den dreieckigen, leicht gelappten, hellgrünen Laubblättern unübersehbar Zeichen. Die Blüten erscheinen vorwiegend im Sommer, können sich bei genug Wärme und Licht jedoch auch zwischendurch immer einmal wieder zeigen.

WÄSSERN Substrat vom Frühjahr bis zum Sommer feucht, aber nicht nass halten. Im Winter weniger wässern und Substratoberfläche dazwischen trocknen lassen.

DÜNGEN Vom Frühjahr bis zum Spätsommer alle 2 Wochen düngen.

PFLANZUNG & PFLEGE In einen Topf mit 12–15 cm Durchmesser in eine 1:1-Mischung aus Universalerde und tonhaltiges Substrat pflanzen. An einen hellen, kühlen, gut durchlüfteten Platz ohne pralle Mittagssommersonne setzen. Sinken die Nachttemperaturen nicht unter 10 °C, blühen Gerbera oft ganzjährig. Bei verdichtetem Wurzelballen umtopfen.

ZIMMER-HIBISKUS

Hibiscus rosa-sinensis

TEMPERATUR 10–26 °C
LICHT Sonne/Gefilterte Sonne
LUFTFEUCHTIGKEIT Mäßig
PFLEGE Leicht
HÖHE UND BREITE 1 × 2 m

In Topform ist dieser vasenförmige Strauch im Sommer, wenn seine großen Trichterblüten und üppig grünen Blätter eine farbenfrohe Schau abziehen. In warmen, hellen Zimmern blüht er bisweilen sogar zu anderen Jahreszeiten. Je nach Sorte sind die Blüten weiß, rot, gelb oder orange. Meist haben sie zudem einen dunkelroten Schlund.

WÄSSERN Substrat von Frühjahr bis Herbst feucht halten. Im Winter erst gießen, wenn es sich trocken anfühlt. Regelmäßig besprühen oder auf eine Schale mit Wasser und Kieseln stellen.

DÜNGEN Von Frühjahr bis Herbst alle 2 Wochen einen Volldünger geben.

PFLANZUNG & PFLEGE In Töpfe mit 20–25 cm Durchmesser in Zimmerpflanzenerde (oder einen 1:1-Mix aus tonhaltigem Substrat und Universalerde) setzen. An einen hellen Platz ohne direkte Sommersonne stellen und Zugluft vermeiden. Im Frühjahr kräftig zurückschneiden, um die Pflanze kompakt zu halten. Jedes Frühjahr die oberste Substratschicht austauschen und alle 2–3 Jahre umtopfen.

GARTEN-HORTENSIE

Hydrangea macrophylla

TEMPERATUR -10–21 °C
LICHT Gefilterte Sonne/Halbschatten
LUFTFEUCHTIGKEIT Mäßig
PFLEGE Ziemlich leicht
HÖHE UND BREITE 1 × 1 m
WARNUNG! Alle Teile sind giftig

Allzu wohl fühlt sich dieser große Strauch drinnen nicht, doch einige Jahre lang bringt er mit seinen apfelgrünen Blättern und großen Blütenständen im Sommer Schwung in jedes Ambiente.

WÄSSERN Substrat vom Frühjahr bis zum Herbst feucht, im Winter nur leicht feucht halten. Blaue Formen mit Regen- oder destilliertem Wasser gießen.

DÜNGEN Im Frühjahr und Sommer alle 2 Wochen Nährstoffe in Form eines Volldüngers in halber Dosierung zuschießen.

PFLANZUNG & PFLEGE In einen Topf mit 20–25 cm Durchmesser in Moorbeeterde pflanzen, falls man blaue Formen hat, ansonsten tonhaltiges Substrat verwenden. In ein kühles Zimmer oder einen Durchgang in helles, gefiltertes Licht stellen. Im Winter in einen Schuppen oder eine Garage bringen und im Frühjahr wieder in die Wohnung holen. Im zeitigen Frühjahr leicht schneiden. Nach 1–2 Jahren in den Garten oder ein großes Pflanzgefäß auf der Terrasse setzen.

FLEISSIGES LIESCHEN

Impatiens Neu-Guinea-Hybriden

TEMPERATUR 16–24 °C
LICHT Gefilterte Sonne/Halbschatten
LUFTFEUCHTIGKEIT Mäßig
PFLEGE Leicht
HÖHE UND BREITE 20 × 30 cm

Das dunkel- bis bronzegrüne Laub und das Meer rundlicher Blüten in Rosa, Lila, Rot, Weiß oder Orange dieser exotischen *Impatiens*-Form bilden eine unschlagbare Kombination. Man kann die Pflanze im Sommer nach draußen stellen, doch bewährt sie sich auch als Zimmerpflanze und bringt vom späten Frühjahr bis in den Herbst Farbe in ein Interieur.

WÄSSERN Substrat vom Frühjahr bis in den Herbst feucht halten, im Winter zwischen den Wassergaben die Substratoberfläche austrocknen lassen.

DÜNGEN Im Frühjahr, Sommer und Herbst alle 2 Wochen einen kalireichen Dünger verabreichen.

PFLANZUNG & PFLEGE In einen Topf mit 12–15 cm Durchmesser in Universalerde pflanzen. Fleißige Lieschen mögen es gern beengt, weshalb das Pflanzgefäß nicht allzu groß ausfallen sollte. Hell stellen, aber pralle Sonne meiden. Um die Blüte zu verlängern, welken Flor abzwicken. Im Herbst Triebstecklinge nehmen, aussäen oder gleich jedes Frühjahr neue Pflanzen kaufen.

ZIMMERHOPFEN

Justicia brandegeeana

TEMPERATUR 15–25 °C
LICHT Sonne/Gefilterte Sonne
LUFTFEUCHTIGKEIT Gering
PFLEGE Leicht
HÖHE UND BREITE 60 × 60 cm

Die ungewöhnliche mexikanische Schönheit sorgt mit ihren korallenroten und gelben Ähren, die tatsächlich an die des Hopfens erinnern, für Gesprächsstoff. Sie setzen sich aus kleinen weißen, in farbenfrohe Hochblätter gehüllten Blüten zusammen, die das ganze Jahr zwischen pfeilförmigen Blättern erscheinen.

WÄSSERN Substrat im Frühjahr und Sommer feucht halten, im Winter zwischen dem Wässern austrocknen lassen.

DÜNGEN Von der Frühjahrsmitte bis zum Frühherbst alle 2 Wochen mit einem Flüssigvolldünger nähren.

PFLANZUNG & PFLEGE In einen Topf mit 15–20 cm Durchmesser in tonhaltiges Substrat setzen. Hell stellen, aber im Sommer vor praller Mittagssonne schützen. Ein harter Rückschnitt im Frühjahr hält die Pflanze kompakt und buschig. Alle 2–3 Jahre im Frühjahr umpflanzen, falls der Wurzelballen verdichtet ist.

WANDEL-RÖSCHEN

Lantana camara

TEMPERATUR 10–25 °C
LICHT Sonne/gefiltertes Licht
LUFTFEUCHTIGKEIT Gering
PFLEGE Ziemlich leicht
HÖHE UND BREITE
Bis 1 × 1 m im Topf

Die kleinen rundlichen Blütenstände zieren diesen Strauch von Frühjahr bis Spätherbst. Die Pflanze erinnert an Urlaube am Mittelmeer, wo sie oft draußen in Töpfen gezogen wird. Es gibt Züchtungen in vielen Blütenfarben wie Rosa, Rot, Gelb und Cremeweiß. Große Exemplare kann man zu Hochstämmen ziehen, es gibt aber auch Zwergformen.

WÄSSERN Substrat von Frühjahr bis Herbst feucht, im Winter hingegen nur leicht feucht halten.

DÜNGEN Vom Frühjahr bis in den Herbst monatlich einen Volldünger geben.

PFLANZUNG & PFLEGE In einen Topf mit 20–30 cm Durchmesser pflanzen. Substrat aus 3 Teilen tonhaltigem Substrat und 1 Teil feinem Kies mischen. Vollsonnig stellen. Zu groß gewordene Exemplare im Winter zurückschneiden. Alle 2–3 Jahre umtopfen. Möglich ist auch Aussaat (siehe S. 344–345).

MEDINILLE

Medinilla magnifica

TEMPERATUR 17–25 °C
LICHT Gefilterte Sonne
LUFTFEUCHTIGKEIT Mäßig bis hoch
PFLEGE Schwierig
HÖHE UND BREITE Bis 1,2 × 1 m

Die in den philippinischen Tropenwäldern beheimatete Schönheit setzt im Sommer während der Blüte Zeichen in der Wohnung. An langen, übergebogenen Stängeln sitzen große, hängende Blüten aus rosa Hochblättern und kleinen violetten Blüten sowie Samen. Das ausladende dunkelgrüne, eiförmige, kräftig geäderte Laub macht ebenfalls etwas her. Man setzt die Pflanze in einen großen Topf oder stellt sie auf einen Sockel, wo die Blüten nach allen Seiten hängen können.

WÄSSERN Mäßig von unten wässern; dazu den Topf 20 Min. in lauwarmes Regen- oder destilliertem Wasser stellen, dann herausnehmen. Substratoberfläche zwischen dem Wässern austrocknen lassen. Im Winter noch weniger gießen, bis sich im zeitigen Frühjahr neue Blütenstängel bilden. Täglich besprühen oder auf eine wassergefüllte Kieselschale stellen.

DÜNGEN Von Frühjahr bis Spätsommer alle 2 Wochen einen Kalidünger in halber Dosierung geben.

PFLANZUNG & PFLEGE In einen Topf mit 20–25 cm Durchmesser in Orchideenerde setzen und hell, aber ohne direkte Sonne platzieren. Im Winter in ein sonniges Fenster stellen. Blütenstängel nach der Blüte abschneiden. Alle 2–3 Jahre umtopfen.

PELARGONIEN

Pelargonium (Arten und Hybriden)

TEMPERATUR 7–25 °C
LICHT Sonne/Gefilterte Sonne
LUFTFEUCHTIGKEIT Gering
PFLEGE Leicht
HÖHE UND BREITE Bis 40 × 25 cm

Die fälschlicherweise als »Geranien« bezeichneten Pelargonien sind beliebte Balkonblumen, haben sich aber auch als Garten- und Zimmerpflanzen mit langer Blüte bewährt. Halten Sie Ausschau nach Edelpelargonien, die Büschel aus großen Blüten tragen, oder Zonalpelargonien mit dunkler, runder Blattzeichnung. Geschätzt werden ferner die kleinblütigeren Duftpelargonien, deren Laub bei Berührung Zitronen-, Minze- oder Rosenduft verströmt.

WÄSSERN Im Frühjahr und Sommer Substratoberfläche zwischen dem Wässern austrocknen lassen. Darauf achten, dass Blätter und Blüten nicht nass werden. Im Winter fast völlig trocken halten.

DÜNGEN Im Frühjahr mit einem ausgewogenen Flüssigvolldünger versorgen, im Sommer aber auf einen Kalidünger umsteigen, etwa einen Tomatendünger.

PFLANZUNG & PFLEGE In einen Topf mit 12–15 cm Durchmesser in Universalerde oder tonhaltiges Substrat mit etwas Kies pflanzen. An einen hellen, gut durchlüfteten Platz ohne pralle Mittagssommersonne stellen. Triebe im zeitigen Frühjahr vor Wachstumsbeginn zurückschneiden. Jährlich in frisches Substrat und einen etwas größeren Topf umsiedeln.

GARTEN-ZINERARIE

Pericallis × hybrida Senetti-Serie

TEMPERATUR 5–21 °C
LICHT Gefilterte Sonne
LUFTFEUCHTIGKEIT Gering
PFLEGE Leicht
HÖHE UND BREITE 40 × 25 cm

Wenn es um maximale Wirkung im Frühjahr und Sommer geht, sind Garten-Zinerarien mit ihren magentarosa, blauen, violetten oder zweifarbigen Blütenkörben kaum zu toppen. Der Flor öffnet sich über dreieckigem, gewelltrandigem grünem Laub. Schneidet man die Einjährigen im Frühsommer zurück, blühen sie anschließend noch einmal.

WÄSSERN Substrat feucht, aber nie nass halten, da sonst die Wurzeln faulen.

DÜNGEN Vom Frühjahr bis zum Herbst monatlich einen Volldünger geben.

PFLANZUNG & PFLEGE In einen Topf mit 15-cm Durchmesser in Universalerde pflanzen und kühl, aber hell und nicht in die Nähe von Heizkörpern stellen. Nach dem Verblühen die Triebe auf 10–15 cm über dem Ansatz zurückschneiden, um später im Jahr eine zweite Blüte zu bekommen. Jedes Jahr neue Exemplare kaufen.

GRANATAPFEL

Punica granatum

TEMPERATUR -5–25 °C
LICHT Sonne/Gefilterte Sonne
LUFTFEUCHTIGKEIT Gering
PFLEGE Ziemlich leicht
HÖHE UND BREITE 2 × 2 m

Granatäpfel wachsen in ihrer Heimat zu großen Sträuchern heran, bei uns aber wird ihr Wachstum durch die Topfkultur zwangsläufig gedrosselt. Sie bilden sommergrüne, eiförmige grüne, nach dem Austrieb bronzebraune Blätter und trichterförmige rote Blüten, die sich im Spätsommer zeigen und von essbaren runden Früchten abgelöst werden. Die Zwergform *P. granatum* var. *nana* eignet sich gut für beengte Verhältnisse, ihre Früchte aber sind nicht essbar.

WÄSSERN Substrat vom Frühjahr bis zum Herbst feucht halten. Im Winter Substratoberfläche zwischen dem Wässern austrocknen lassen.

DÜNGEN Im Frühjahr und Sommer einmal im Monat einen Flüssigvolldünger geben, aber auf einen Kalidünger umsteigen, sobald sich Blütenknospen bilden.

PFLANZUNG & PFLEGE In einen Topf mit 20–30 cm Durchmesser in eine 3:1-Mischung aus tonhaltiger Erde und Kies setzen. Im Frühjahr an einem sonnigen Platz positionieren, im Winter nach dem Laubfall kühler stellen. Früchte bilden sich nur bei mindestens 13–16 °C. Im Frühjahr schneiden und alle 2–3 Jahre umtopfen.

ZIMMER-AZALEE

Rhododendron simsii

TEMPERATUR 10–24 °C
LICHT Halbschatten
LUFTFEUCHTIGKEIT Gering
PFLEGE Ziemlich leicht
HÖHE UND BREITE 45 × 45 cm
WARNUNG! Alle Teile sind giftig

Mit ihrer Mischung aus dunkelgrünen Blättern und frühen Blüten bringt die Zimmer-Azalee im Frühjahr Leben und Schwung in kühle Räume. Ihre einfachen oder gefüllten Blüten, die zum Teil gerüschte Blütenblätter tragen, können je nach Sorte rosa, rot, weiß oder zweifarbig sein. Sie halten viele Wochen. Selbst die Knospen haben einen hohen Zierwert.

WÄSSERN Substrat im zeitigen Frühjahr bis in den Herbst mit Regenwasser oder destilliertem Wasser feucht halten. Im Winter weniger wässern, Ballen aber nie austrocknen lassen.

DÜNGEN Vom Frühjahr bis zum Herbst monatlich einen Dünger für Kalkflieher verabreichen.

PFLANZUNG & PFLEGE In einen Topf mit 15–20 cm Durchmesser in Moorbeeterde setzen. Während der Blüte in einem kühlen Zimmer in den Halbschatten stellen; kann im Sommer auch draußen im Schatten stehen. Alle 2–3 Jahre umtopfen, wenn die Wurzeln zu dicht werden.

USAMBARAVEILCHEN

Saintpaulia (Sorten)

TEMPERATUR 16–24 °C
LICHT Gefilterte Sonne
LUFTFEUCHTIGKEIT Mäßig
PFLEGE Ziemlich leicht
HÖHE UND BREITE Bis 7,5 × 20 cm

Es gab einmal eine Zeit, da stand diese klassische Zimmerpflanze in fast jeder Wohnung. Inzwischen erlebt sie eine Renaissance. Ihre kleinen runden Blüten sind in vielerlei Farben von Rosa und Rot über Violett bis Weiß erhältlich. Mitunter findet man sogar Formen mit gerüschten oder gekräuselten Blütenblättern. Usambaraveilchen blühen ganzjährig über weichen, rundlichen, dunkelgrünen, unterseits gelegentlich kastanienbraunen Blättern.

WÄSSERN Von unten wässern; dazu Topf etwa 20 Min. in eine flache Schale mit Wasser stellen, dann abtropfen lassen, da die Wurzeln in nassem Substrat faulen. Substratoberfläche zwischen dem Wässern austrocknen lassen. Auf eine mit Kieseln und Wasser gefüllte Schale stellen, um die Luftfeuchtigkeit zu erhöhen.

DÜNGEN Monatlich zwischen Frühjahr und Spätsommer mit Volldünger versorgen.

PFLANZUNG & PFLEGE In einen Topf mit 7–10 cm Durchmesser in Zimmerpflanzenerde (oder einer 2:1-Mischung aus tonhaltigem Substrat und Universalerde) setzen. In gefiltertes Licht stellen, im Winter aber in die Sonne bringen. Verträgt keinen Zug. Welke Blüten abzwicken. Nur umtopfen, wenn der Ballen stark verdichtet ist.

KORALLENSTRAUCH

Solanum pseudocapsicum

TEMPERATUR 10–21 °C
LICHT Gefilterte Sonne
LUFTFEUCHTIGKEIT Gering
PFLEGE Ziemlich leicht
HÖHE UND BREITE 45 × 60 cm
WARNUNG! Alle Teile sind giftig

Einen Großteil des Jahres ist der Korallenstrauch relativ unscheinbar, doch im Herbst und Winter trumpft er plötzlich auf und zieht mit tomatenartigen, jedoch giftigen Früchten alle Blicke auf sich. Den Rest des Jahres sind die dunkelgrünen, gewelltrandigen Blätter und sternförmigen weißen Sommerblüten sein hervorstechendstes Merkmal.

WÄSSERN Substrat vom späten Frühjahr bis zum Hochwinter feucht halten. Nach dem Fruchten die Substratoberfläche zwischen dem Wässern austrocknen lassen.

DÜNGEN Vom späten Frühjahr bis zum Fruchtansatz monatlich mit einem Volldünger versorgen. Nach dem Fruchten ein paar düngerfreie Wochen einlegen.

PFLANZUNG & PFLEGE In einen Topf mit mindestens 10–15 cm Durchmesser in einen 1:1-Mix aus tonigem Substrat und Universalerde pflanzen. Von Herbst bis Frühjahr hell stellen. Nach dem letzten Frost nach draußen oder in einen kühlen hellen Raum bringen. Sind die Früchte vertrocknet, Triebe um die Hälfte kürzen, um einen buschigen Wuchs zu erreichen. Alle 2–3 Jahre im Frühjahr umtopfen.

SCHEIDENBLATT

Spathiphyllum wallisii

TEMPERATUR 12–24 °C
LICHT Gefilterte Sonne/Halbschatten
LUFTFEUCHTIGKEIT Mäßig
PFLEGE Leicht
HÖHE UND BREITE 60 × 60 cm
WARNUNG! Alle Teile sind giftig

Die Pflanze ist mit ihren glänzenden, dunkelgrünen Blättern und den weißen Blüten eine elegante Zimmerpflanze. Die Blüten setzen sich aus einem Kolben (Spadix) mit den eigentlichen kleinen Blüten und einer tropfenförmigen Spatha (Hüllblatt) zusammen. Sie erscheinen im Frühjahr, halten lange und werden mit der Zeit grün. Das Scheidenblatt eignet sich als Luftreiniger.

WÄSSERN Substrat stets feucht halten; im Winter Substratoberfläche zwischen dem Wässern austrocknen lassen. Regelmäßig besprühen oder auf eine mit Wasser und Kieseln gefüllte Schale stellen.

DÜNGEN Von März bis November alle zwei Wochen düngen.

PFLANZUNG & PFLEGE In einen Topf mit 15–20 cm Durchmesser in gleiche Teile Universalerde und tonhaltiges Substrat setzen. An einen hellen bis halbschattigen Platz ohne direkte Sonne stellen. Blütenstängel nach der Blüte abschneiden. Nur umtopfen, wenn der Ballen zu sehr durchwurzelt ist.

PARADIESVOGELBLUME

Strelitzia reginae

TEMPERATUR 12–24 °C
LICHT Sonne/Gefilterte Sonne
LUFTFEUCHTIGKEIT Mäßig
PFLEGE Schwierig
HÖHE UND BREITE 90 × 60 cm
WARNUNG! Alle Teile sind giftig

Die großen, blaugrauen, paddelförmigen Blätter unterstreichen die Blüten, die exotischen Vögeln ähneln. Die Pflanze blüht frühestens nach drei Jahren.

WÄSSERN Substrat im Frühjahr und Sommer feucht halten. Im Herbst und Winter weniger gießen. Täglich besprühen, auf eine wasser- und kieselgefüllte Schale stellen oder Luftbefeuchter einsetzen.

DÜNGEN Von Frühjahr bis Herbst alle 2 Wochen düngen.

PFLANZUNG & PFLEGE Einen Topf mit 20–30 cm Durchmesser in eine 3:1-Mischung aus tonigem Substrat und Kies setzen. Vollsonnig stellen und im Sommer für gute Durchlüftung sorgen. Oberste Substratschicht jährlich austauschen. Alle 2 Jahre im Frühjahr umtopfen.

DREHFRUCHT

Streptocarpus-Hybriden

TEMPERATUR 12–24 °C
LICHT Gefilterte Sonne/Halbschatten
LUFTFEUCHTIGKEIT Mäßig
PFLEGE Leicht
HÖHE UND BREITE 60 × 60 cm

Diese reich blühenden Schönheiten sind in einer Vielzahl von Farben von Weiß und Rosa über Rot und Blau bis Violett erhältlich, weshalb sich für jedes Dekor und Arrangement ein passendes Exemplar findet. Sogar zweifarbige und gemusterte Formen gibt es. Die Blüten öffnen sich vom Frühjahr bis zum Herbst an schlanken Stängeln über einer Rosette aus runzeligen, lanzettlichen grünen Blättern. Manche Formen, darunter die Crystal-Sorten, blühen sogar im Winter. Drehfrüchte sind recht unkompliziert und zieren Fensterbänke oder andere helle Plätze in der Wohnung viele Jahre lang.

WÄSSERN Von oben wässern oder den Topf 20 Min. in eine Schale mit Wasser stellen und danach abtropfen lassen. Von Frühjahr bis Herbst Substratoberfläche zwischen den Wassergaben austrocknen lassen, im Winter noch weniger gießen, sodass der Ballen fast trocken wird. Zu starkes Wässern führt zu Wurzelfäule.

DÜNGEN Vom Frühjahr bis zum Herbst monatlich einen Kalidünger geben.

PFLANZUNG & PFLEGE In einen Topf mit 10–15 cm Durchmesser in Universal- bzw. Zimmerpflanzenerde setzen. An einen halbschattigen Standort stellen, etwa in die Nähe eines Fensters, sodass die Pflanze den halben Tag direkte Sonne bekommt. Im Winter in einem Fenster mit direkter Sonne platzieren. Blütenstängel abschneiden, sobald die Blüten welken. Altes Laub im Frühjahr mit dem Neuaustrieb entfernen. Jedes Frühjahr in einen etwas größeren Topf umsetzen, die Wurzeln sollten aber etwas beengt wachsen.

Streptocarpus 'Polka-Dot Purple'

'Polka-Dot Purple', eine der ungewöhnlicheren Sorten, hat weiße Blüten mit feiner violetter, fast spitzenartiger Zeichnung zu bieten, die sie aus der Ferne fast gefleckt aussehen lässt.

Streptocarpus 'Falling Stars'

Diese preisgekrönte blaue Form trägt vom zeitigen Frühjahr bis in den Herbst hinein eine Vielzahl kleiner Blüten.

Streptocarpus 'Pink Leyla'

Es lohnt sich, die Blüten von 'Pink Leyla' genauer anzusehen, denn nur so erkennt man die reinweißen oberen Blütenblätter und die zart rosafarbenen Streifen auf den unteren Petalen.

Streptocarpus 'Targa'

Diese Züchtung ist auch unter der Bezeichnung 'Stella' in Umlauf, was aber nichts daran ändert, dass sie eine ausgezeichnete Zimmerpflanze mit einer Vielzahl samtiger Blüten in zwei satten Violetttönen ist.

FARNE

Mit ihren elegant übergebogenen, fein gefiederten oder gewelltrandigen Blättern, Wedel genannt, bieten sich Farne als Zimmerpflanzen für schattige Winkel an. Man setzt sie als Blickfang auf einem Tisch oder Ständer in Szene oder gruppiert mehrere zu einem Arrangement mit Waldflair. Farne tragen weder Blüten noch Samen, sondern haben Sporen, die sich in kleinen braunen Behältern, den Sporangien, auf der Unterseite der Wedel befinden.

DREIECKIGER FRAUENHAARFARN

Adiantum raddianum

TEMPERATUR 10–24 °C
LICHT Gefilterte Sonne/Halbschatten
LUFTFEUCHTIGKEIT Mäßig bis hoch
PFLEGE Ziemlich leicht
HÖHE UND BREITE 50 × 80 cm

Dieser Farn mit seinen kleinen rundlichen Blättchen an dunklen Stielen hat eine filigrane, baumartige Form und wird auf einem Tisch oder Pflanzenständer zum Blickpunkt. Da er hohe Luftfeuchtigkeit mag, eignet er sich auch als Terrarienpflanze.

WÄSSERN Substrat stets feucht, aber nicht nass halten und auf eine Schale mit feuchten Kieseln stellen oder täglich besprühen.

DÜNGEN Vom Frühjahr bis zum Herbst monatlich einen Volldünger geben.

PFLANZUNG & PFLEGE In einen Topf mit 15–20 cm Durchmesser in Universalerde pflanzen. In den Halbschatten ohne direkte Sonne und Zugluft stellen, also z. B. in ein feuchtes Badezimmer oder eine Küche. Alle 2 Jahre im Frühjahr umtopfen. Wird die Pflanze struppig, alle Wedel im Frühjahr bis zum Ansatz zurückschneiden – sie treibt bald wieder frisch aus.

ZIER-SPARGEL

Asparagus densiflorus

TEMPERATUR 13–24 °C
LICHT Gefilterte Sonne/Halbschatten
LUFTFEUCHTIGKEIT Gering bis mäßig
PFLEGE Leicht
HÖHE UND BREITE 60 × 60 cm

Auch wenn der Zier-Spargel empfindlich und feingliedrig aussieht, ist er sehr pflegeleicht. Besonders gut zur Geltung kommt er in einer Blumenampel oder einem hohen Pflanzgefäß, in dem seine Wedel über die Ränder hängen. Obwohl er kein Farn ist, wird er wegen seines geteilten Laubs und seines Aussehens oft als solcher verkauft.

WÄSSERN Substrat von Frühjahr bis Herbst feucht halten, im Winter weniger wässern und zwischen dem Gießen austrocknen lassen. Verträgt trockenere Luft als echte Farne, doch gelegentliches Besprühen hält ihn gesund.

DÜNGEN Von Frühjahr bis Herbst monatlich einen Flüssigdünger in halber Dosierung geben.

PFLANZUNG & PFLEGE In einen Topf mit 10–15 cm Durchmesser in tonhaltiges Substrat pflanzen und in helles gefiltertes Licht oder Halbschatten stellen. Braune oder zu lange Triebe im Frühjahr entfernen. Ist der Ballen zu dicht durchwurzelt, in einen um eine Nummer größeren Topf umsetzen.

NESTFARN

Asplenium nidus

TEMPERATUR 13–24 °C
LICHT Gefilterte Sonne/Halbschatten
LUFTFEUCHTIGKEIT Mäßig bis hoch
PFLEGE Ziemlich leicht
HÖHE UND BREITE Bis 60 × 40 cm

Im Gegensatz zu vielen anderen Farnen treibt diese Art breit riemenförmige, nicht gefiederte Wedel aus. Das ansehnliche hellgrüne Laub bildet eine kompakte Vasenform. Manche Formen, etwa 'Crispy Wave', tragen runzelige, gewelltrandige Blätter, die wie die Rüschen an einem Flamenco-Rock aussehen.

WÄSSERN Substrat ständig feucht halten, aber kein Wasser in die Rosette gießen, da die Pflanze sonst faulen kann. Alle 1–2 Tage mit Regenwasser oder destilliertem Wasser besprühen bzw. auf eine Schale mit Wasser und Kieseln stellen.

DÜNGEN Vom Frühjahr bis zum Frühherbst alle 2 Wochen einen Flüssigvolldünger in halber Dosierung verabreichen.

PFLANZUNG & PFLEGE In eine Substratmischung aus gleichen Teilen tonhaltiger Erde und Universalerde pflanzen; dabei einen Topf mit 15–20 cm Durchmesser verwenden. Zugluft und volle Sonne meiden – ideal ist ein Badezimmer. Jungpflanzen alle 2 Jahre im Frühjahr umtopfen.

SPINNENFARN

Humata tyermanii

TEMPERATUR 13–24 °C
LICHT Halbschatten
LUFTFEUCHTIGKEIT Mäßig bis hoch
PFLEGE Ziemlich leicht
HÖHE UND BREITE 30 × 50 cm

Die auch Tarantelfarn genannte Art zieht alle Blicke auf sich, wenn man ihre langen, pelzigen Rhizome (wurzelartigen Organe) über die Ränder des Topfs wachsen lässt. Man kann die Pflanze auch für Kokedama verwenden (siehe S. 80–83). Zusätzliche Attraktivität verleiht dem Farn sein sattgrünes, spitzenartiges Laub.

WÄSSERN Substrat vom Frühjahr bis zum Herbst feucht halten, im Winter Oberfläche zwischen den Wassergaben austrocknen lassen. Regelmäßig besprühen oder auf eine Schale mit feuchten Kieseln stellen.

DÜNGEN Vom Frühjahr bis zum Frühherbst alle 2 Wochen einen Flüssigvolldünger in halber Dosierung ins Gießwasser geben.

PFLANZUNG & PFLEGE In eine Mischung aus gleichen Teilen Universal- und Moorbeeterde pflanzen. Topfdurchmesser: 15–20 cm. Rhizome nicht mit Erde bedecken. Braucht viel Luftfeuchtigkeit. Im Frühjahr bei Bedarf umtopfen.

KROKODILFARN

Microsorum musifolium 'Crocodyllus'

TEMPERATUR 13–24 °C
LICHT Halbschatten
LUFTFEUCHTIGKEIT Mäßig
PFLEGE Ziemlich leicht
HÖHE UND BREITE
60 × 60 cm

Dieser ungewöhnliche Farn mit architektonischem Wuchs sollte dort platziert werden, wo man seine krokodilhautartigen Blätter von Nahem bewundern kann – ideal ist eine Blumenampel auf Augenhöhe. Er braucht hohe Luftfeuchtigkeit und gedeiht in einer Küche oder einem Badezimmer mit Platz für seine ausladenden Wedel.

WÄSSERN Von Frühjahr bis Frühherbst wässern, sobald sich die Substratoberfläche fast trocken anfühlt. Im Winter Oberfläche zwischen den Gaben ganz austrocknen lassen. Auf eine Schale mit feuchten Kieseln stellen; im Frühjahr und Sommer alle paar Tage besprühen.

DÜNGEN Monatlich von Frühjahr bis Frühherbst einen Volldünger in halber Dosierung geben.

PFLANZUNG & PFLEGE In einen Topf mit 15–20 cm Durchmesser in gleiche Teilen tonhaltiges Substrat und Universalerde pflanzen. Im Winter heller stellen. Alle 2 Jahre umtopfen, wenn der Ballen zu dicht durchwurzelt ist.

SCHWERTFARN

Nephrolepis exaltata

TEMPERATUR 12–24 °C
LICHT Gefilterte Sonne/Halbschatten
LUFTFEUCHTIGKEIT Mäßig
PFLEGE Ziemlich leicht
HÖHE UND BREITE 60 × 60 cm

Der beliebte Farn wird für seine strahlig kaskadierenden, fein gefiederten grünen Wedel geschätzt. Er kommt in einem Topf auf einem Sockel oder in einer Blumenampel gut zur Geltung. Die unkomplizierte Art verlangt lediglich viel Luftfeuchtigkeit – sie verhindert, dass die Blätter nicht braun werden.

WÄSSERN Substrat vom Frühjahr bis zum Herbst feucht halten, aber Nässe meiden. Im Winter darf die Substratoberfläche auch austrocknen. Regelmäßig besprühen oder auf eine Schale mit Wasser und Kieseln stellen.

DÜNGEN Vom Frühjahr bis Frühherbst monatlich einen Flüssigvolldünger in halber Dosis geben.

PFLANZUNG & PFLEGE Der Farn benötigt einen Topf mit 12–15 cm Durchmesser und eine Mischung aus gleichen Teilen Universalerde und tonhaltigem Substrat. In gefiltertes Licht oder in Halbschatten stellen – ideal ist ein Badezimmer mit guter Durchlüftung. Alle 2–3 Jahre in einen geringfügig größeren Topf umsetzen, falls der Ballen sich zu sehr verdichtet.

PELLEFARN
Pellaea rotundifolia

TEMPERATUR 5–24 °C
LICHT Gefilterte Sonne/Halbschatten
LUFTFEUCHTIGKEIT Mäßig
PFLEGE Leicht
HÖHE UND BREITE 30 × 30 cm

Die gebogenen Wedel dieses Farns setzen sich aus winzigen, knopfförmigen Blättern zusammen. Durch sie bekommt die Pflanze etwas Leichtes und Luftiges. Sie eignet sich als Ampelpflanze ebenso wie als Randbepflanzung in Töpfen mit höheren Schatten liebenden Arten. Trotz seines filigranen Wuchses ist der Pellefarn robuster als viele seiner Verwandten und verträgt trockeneres Substrat und geringere Luftfeuchtigkeit.

WÄSSERN Vom Frühjahr bis zum Herbst erst wässern, wenn die Oberfläche des Substrats sich fast trocken anfühlt; im Winter noch weniger wässern. Auf eine Schale mit Kieseln und Wasser stellen oder alle paar Tage besprühen.

DÜNGEN Das ganze Jahr über monatlich mit Flüssigvolldünger in der halben empfohlenen Dosierung düngen.

PFLANZUNG & PFLEGE In einen Topf mit 15 cm Durchmesser setzen, in dem der Wurzelballen Platz hat. Moorbeeterde mit etwas Sand oder Feinkies (zur Verbesserung der Dränage) verwenden. In gefiltertes Licht oder an einen halbschattigen Platz stellen und direkte Sonne meiden. Verträgt Zugluft und niedrige Wintertemperaturen, aber keinen Frost. Alle 1–2 Jahre umtopfen.

GEWEIHFARN
Platycerium bifurcatum

TEMPERATUR 10–24 °C
LICHT Gefilterte Sonne
LUFTFEUCHTIGKEIT Hoch
PFLEGE Schwierig
HÖHE UND BREITE 30 × 90 cm

Ihn zu übersehen ist kaum möglich: Der spektakuläre Geweihfarn ist mit seinen ungewöhnlichen Wedeln eine beliebte Zimmerpflanze. Er trägt zwei Arten von Wedeln: runde, flache und grüne, die am Ansatz sitzen und mit der Zeit braun werden, und große geweihförmige, die zwischen den kleineren herauswachsen.

WÄSSERN Substrat vom Frühjahr bis zum Frühherbst feucht halten; falls die runden Blätter das Substrat bereits komplett bedecken, den Topf etwa 15 Min. in eine Wasserschale stellen, um ein Faulen zu vermeiden. Im Winter Substratoberfläche zwischen dem Wässern austrocknen lassen. Blätter täglich am Morgen besprühen und Pflanze auf eine wassergefüllte Schale mit Kieseln stellen oder einen Luftbefeuchter installieren.

DÜNGEN Vom Frühjahr bis zum Frühherbst monatlich düngen.

PFLANZUNG & PFLEGE Jungpflanzen in einen mittelgroßen Topf (12–15 cm) oder eine Ampel mit Orchideenerde setzen. Direkte Sonne meiden. In einen Raum mit hoher Luftfeuchtigkeit stellen, etwa ein Badezimmer. Alle 2–3 Jahre im Frühjahr umtopfen.

KRETISCHER SAUMFARN
Pteris cretica

TEMPERATUR 13–75 °C
LICHT Gefilterte Sonne/Halbschatten
LUFTFEUCHTIGKEIT Mäßig
PFLEGE Ziemlich leicht
HÖHE UND BREITE 60 × 60 cm

Dieser beliebte, feingliedrige Farn steht am besten einzeln, sodass seine schlanken, fingerartigen Wedel an drahtigen Stielen gut Platz haben. Man hat die Auswahl zwischen der Art mit rein grünen Wedeln und Sorten mit panaschierten Wedeln, auf deren Blättchen ein weißer Streifen die Mitte entlangläuft.

WÄSSERN Substrat vom Frühjahr bis zum Herbst feucht, aber nicht nass halten. Im Winter Substratoberfläche zwischen den Wassergaben austrocknen lassen. Laub alle 1–2 Tage besprühen.

DÜNGEN Vom Frühjahr bis zum Frühherbst monatlich einen Flüssigvolldünger in halber Dosis geben.

PFLANZUNG & PFLEGE In einen Topf mit 12–15 cm Durchmesser in eine 2:1:1-Mischung aus tonhaltigem Substrat, Universalerde und Holzkohle pflanzen. An einen halbschattigen Platz ohne direkte Sonne und mit viel Luftfeuchtigkeit stellen, etwa in ein Bad. Braune oder zerfledderte Wedel bis zum Ansatz zurückschneiden. Alle 2 Jahre im Frühjahr umtopfen.

PALMEN

Mit einer eleganten Palme oder palmartigen Pflanze verwandeln Sie Ihre Wohnung in ein Tropenparadies. Einige der Exoten verbreiten in einem Wintergarten oder hellen Zimmer eine Atmosphäre wie in der Belle Époque, als diese Pflanzen erstmals bei uns populär wurden. Viele stellen keine besonderen Ansprüche, trotzdem aber sollte man beim Kauf wissen, ob man es mit einer pflegeleichten oder anspruchsvollen Art zu tun hat. Palmen sind langlebige Pflanzen, die bei optimaler Pflege etliche Jahre Freude bereiten.

ELEFANTENFUSS

Beaucarnea recurvata

TEMPERATUR 5–26 °C
LICHT Sonne/Gefilterte Sonne
LUFTFEUCHTIGKEIT Gering
PFLEGE Leicht
HÖHE UND BREITE Bis 2 × 1 m

Der aus Mexiko stammende Elefantenfuß trägt haarähnliches Laub und einen texturierten Stamm mit verdicktem Ansatz. Sein ungewöhnliches Aussehen macht ihn zum Star jedes Zimmerpflanzenarrangements. Obwohl er keine richtige Palme, sondern näher mit der Yucca verwandt ist, wird er doch oft mit ihnen gruppiert.

WÄSSERN Im Sommer einmal in der Woche wässern. Substratoberfläche zwischen den Wassergaben austrocknen lassen, da der Stamm Wasser speichert und ein Vertrocknen verhindert, wenn man das Gießen einmal vergisst. Im Winter Erde fast trocken halten.

DÜNGEN Im Frühjahr und Sommer monatlich einen Flüssigvolldünger in halber Dosierung verabreichen.

PFLANZUNG & PFLEGE In einem Topf mit 25–30 cm Durchmesser in eine 3:1-Mischung aus tonhaltigem Substrat und Sand ziehen. Hell stellen. Oberste Substratschicht jedes Frühjahr austauschen und Pflanze alle 2–3 Jahre in ein etwas größeres Gefäß umsiedeln.

FISCHSCHWANZ-PALME

Caryota mitis

TEMPERATUR 13–24 °C
LICHT Gefilterte Sonne
LUFTFEUCHTIGKEIT Mäßig bis hoch
PFLEGE Ziemlich leicht
HÖHE UND BREITE Bis 2,5 × 1,5 m
WARNUNG! Alle Teile sind giftig

Mit ihrem dreieckigen Laub bietet sich diese Palme als aparte Zimmerpflanze an. Die fischschwanzartigen, gesägten Blätter sehen wie zerrissen oder angefressen aus. Ihre Stängel sind elegant gefächert angeordnet.

WÄSSERN Von Frühjahr bis Herbst wässern, wenn sich das Substrat fast trocken anfühlt; im Winter noch weniger gießen. Auf eine wasser- und kieselgefüllte Schale stellen und alle 1–2 Tage besprühen.

DÜNGEN Von Frühjahr bis Herbst monatlich Flüssigvolldünger verabreichen.

PFLANZUNG & PFLEGE In einen Topf mit tonigem Substrat setzen; der Wurzelballen sollte ihn nur knapp ausfüllen, da die Pflanze es beengt mag. In gefiltertes Licht ohne direkte Sonne stellen. Jungpflanzen alle 2–3 Jahre umtopfen; bei älteren Pflanzen nur oberste Substratschicht austauschen.

BERGPALME

Chamaedorea elegans

TEMPERATUR 10–27 °C
LICHT Halbschatten
LUFTFEUCHTIGKEIT Gering bis mäßig
PFLEGE Leicht
HÖHE UND BREITE 1,2 × 0,6 m

Die beliebte Zimmerpalme reckt ein elegantes Bündel aus üppigem, gefiedertem Laub in die Höhe. Sie kommt gut mit Schatten zurecht und verträgt auch geringere Luftfeuchtigkeit. Zudem ist sie anspruchslos und reinigt die Luft. Ältere Pflanzen setzen mitunter Büschel aus winzigen gelben Blüten an.

WÄSSERN Substratoberfläche zwischen den Wassergaben im Sommer austrocknen lassen; im Winter noch weniger wässern, sodass der Ballen fast trocken ist. Blätter regelmäßig besprühen.

DÜNGEN Von Frühjahr bis Herbst monatlich Flüssigvolldünger verabreichen.

PFLANZUNG & PFLEGE In einen Topf mit 20–30 cm Durchmesser in eine Mischung aus gleichen Teilen tonhaltigem Substrat und Universalerde pflanzen. In den Halbschatten stellen – im Vollschatten kümmert die Palme. Braune Wedel bis zum Ansatz zurückschneiden – es ist ganz normal, wenn sie nach und nach vertrocknen. Alle 2–3 Jahre umtopfen, wenn der Ballen stark durchwurzelt ist.

JAPANISCHER PALMFARN

Cycas revoluta

TEMPERATUR 13–24 °C
LICHT Gefilterte Sonne
LUFTFEUCHTIGKEIT Mäßig
PFLEGE Leicht
HÖHE UND BREITE 60 × 60 cm
WARNUNG! Alle Teile sind giftig

Die Pflanze ist zwar keine echte Palme, sieht mit ihrem dicken, texturierten Stamm und den gebogenen Wedeln aber wie eine aus. Man zählt sie zu den Palmfarnen, einer uralten Ordnung langsam wachsender Gewächse, doch würde sie an einem tropischen Strand nicht auffallen. Vorsicht vor den nadelspitzen Blättchen.

WÄSSERN Vom Frühjahr bis zum Herbst die Substratoberfläche zwischen jeder Wassergabe etwas austrocknen lassen. Im Winter bleibt der Ballen fast trocken. Zu intensives Gießen oder Wässern der Blattansätze lässt die Pflanze faulen. Blätter im Sommer besprühen.

DÜNGEN Vom Frühjahr bis zum Herbst monatlich mit Flüssigvolldünger in der halben empfohlenen Dosis düngen.

PFLANZUNG & PFLEGE Braucht einen 20–30 cm breiten Topf und eine 1:1-Mischung aus tonhaltigem Substrat und Universalerde. Hell stellen, aber vor praller Sommersonne schützen. Im Winter nicht neben Heizkörpern platzieren. Eine langsam wachsende Pflanze, die etwa alle 3 Jahre umgetopft wird.

GOLDFRUCHTPALME

Dypsis lutescens

TEMPERATUR 13–24 °C
LICHT Gefilterte Sonne
LUFTFEUCHTIGKEIT Mäßig
PFLEGE Ziemlich leicht
HÖHE UND BREITE 2 × 1 m

Die beliebte Zimmerpalme trägt gebogene, breite, glänzend grüne Wedel. Im Sommer öffnen sich bisweilen kleine gelbe Blüten. Sie gehört zu den besten Luftreinigern.

WÄSSERN Vom Frühjahr bis Frühherbst die Substratoberfläche zwischen den Wassergaben austrocknen lassen; im Winter weniger gießen, sodass der gesamte Ballen fast völlig trocken ist. Alle 1–2 Tage besprühen oder auf eine wassergefüllte Schale mit Kieseln stellen.

DÜNGEN Während der Wachstumssaison 2- bis 3-mal einen Flüssigvolldünger geben.

PFLANZUNG & PFLEGE In einen Topf mit 20–30 cm Durchmesser in tonhaltiges Substrat pflanzen. In gefiltertes Licht stellen, aber nicht in die Nähe von Heizkörpern. Vertrocknete Wedel bis zum Ansatz zurückschneiden. Etwa alle 3 Jahre umtopfen, sofern der Wurzelballen zu stark durchwurzelt ist.

KENTIA-PALME

Howea forsteriana

TEMPERATUR 13–24 °C
LICHT Halbschatten
LUFTFEUCHTIGKEIT Mäßig
PFLEGE Ziemlich leicht
HÖHE UND BREITE Bis 3 × 2 m

Diese Palme ist wie geschaffen für dunkle Zimmer. Ihre hohen dunkelgrünen, glänzenden Wedel bilden einen eleganten Fächer, weshalb sie sich auch gut als Leitpflanze eignet. Weil sie wenig Ansprüche stellt, ist sie eine gute Wahl für Einsteiger.

WÄSSERN Von Frühjahr bis Herbst immer erst dann wässern, wenn sich die Substratoberfläche leicht trocken anfühlt. Im Winter noch eine Spur weniger gießen. Auf eine Schale mit nassen Kieseln stellen oder das Laub alle paar Tage besprühen.

DÜNGEN Vom Frühjahr bis zum Herbst alle 2 Wochen einen Volldünger geben.

PFLANZUNG & PFLEGE In einen Topf mit 20–30 cm Durchmesser in eine 3:1-Mischung aus tonhaltigem Substrat und Sand pflanzen. Halbschattig stellen. Zugluft vermeiden. Oberste Substratschicht jährlich im Frühjahr austauschen, aber nur umtopfen, wenn der Ballen eine feste Masse aus Wurzeln bildet.

ZWERG-DATTELPALME

Phoenix roebelenii

TEMPERATUR 10–24 °C
LICHT Gefilterte Sonne/Halbschatten
LUFTFEUCHTIGKEIT Mäßig
PFLEGE Ziemlich leicht
HÖHE UND BREITE 1,8 × 1,5 m

Sie gehört zu den klassischen Palmen der Côte d'Azur. Ihr texturierter Stamm und die gefiederten Wedel lassen sie elegant aussehen. Sie wird fast so breit wie hoch und braucht daher viel Platz. Ältere Exemplare tragen im Sommer cremeweiße Blüten und essbare Früchte.

WÄSSERN Substrat von Frühjahr bis Herbst feucht halten; im Winter die Substratoberfläche zwischen dem Gießen austrocknen lassen. Auf eine kiesel- und wassergefüllte Schale stellen. Bei Hitze Blätter besprühen.

DÜNGEN Vom Frühjahr bis zum Herbst monatlich Flüssigvolldünger geben.

PFLANZUNG & PFLEGE In einen Topf mit tonhaltigem Substrat setzen, der nur knapp größer als der Wurzelballen ist. Zugluft vermeiden. Im Winter in einen kühlen Raum stellen. Oberste Substratschicht jährlich im Frühjahr erneuern.

BAMBUSPALME

Rhapis excelsa

TEMPERATUR 10–25 °C
LICHT Halbschatten/Vollschatten
LUFTFEUCHTIGKEIT Gering bis mäßig
PFLEGE Leicht
HÖHE UND BREITE Bis 2 × 2 m

Wer eine etwas andere Palme sucht, ist mit dieser bestens bedient. Ihre bambusartigen Triebe und großen Wedel aus gerippten Blättern mit stumpfem Ende ziehen in großen Räumen oder Fluren den Blick auf sich. Die Bambuspalme wächst langsam und verträgt auch Lichtmangel. Sie gehört zu den anspruchslosesten Vertretern ihrer Gruppe und eignet sich deshalb vorzüglich für Einsteiger. Ebenfalls eine gute Wahl ist die kleinere Art *Rhapis humilis*.

WÄSSERN Substrat von Frühjahr bis Herbst feucht halten, aber Staunässe vermeiden. Im Winter das Gießen so weit reduzieren, dass sich die Substratoberfläche zwischen den Wassergaben trocken anfühlt. Im Sommer die Blätter alle paar Tage besprühen.

DÜNGEN Vom Frühjahr bis zum Herbst 2- bis 3-mal einen Flüssigvolldünger oder einmal im Frühjahr einen Langzeitdünger geben.

PFLANZUNG & PFLEGE In einen Topf pflanzen, in den der Wurzelballen knapp passt. Als Substrat verwendet man einen 3:1-Mix aus Universalerde und Sand- oder Feinkies. In den Halbschatten stellen. Verträgt im Sommer auch Vollschatten, muss im Winter aber heller stehen. Alte, braune Wedel bis zum Stamm zurückschneiden. Nur umtopfen, wenn der Ballen zu sehr verdichtet ist.

HÄNGE- UND KLETTER-PFLANZEN

Mit kletternden und hängenden Pflanzen dekorieren Sie nicht nur Ihre Wände mit Blüten und Blättern, sondern bringen auch Farbe in den Raum über Ihrem Kopf. Manche Kletterpflanzen kann man an einer Moossäule hochziehen, damit sie kompakt bleiben, andere in Klettergerüste und Drähte an Mauern flechten. Ganz unkompliziert ist die Kultur von Hängepflanzen in Blumenampeln oder Regalen. Sie sind überall dort die perfekte Wahl, wo Platz besonders knapp ist.

SCHAMBLUME

Aeschynanthus pulcher

TEMPERATUR 18–27 °C
LICHT Gefilterte Sonne
LUFTFEUCHTIGKEIT Mäßig
PFLEGE Ziemlich leicht
HÖHE UND BREITE 20 × 70 cm

Die hängenden Triebe aus fleischigen, grünen Blättern bilden ganzjährig einen üppigen Laubvorhang, die eigentliche Show aber beginnt im Sommer, wenn sich die röhrenförmigen roten Blüten öffnen, die aus den dunkleren Kelchblättern wie Lippenstifte herausragen.

WÄSSERN Vom Frühjahr bis zum Herbst mit lauwarmem Regen- oder destilliertem Wasser gießen, sobald die Oberfläche des Substrats trocken ist. Im Winter trockener halten. Alle 1–2 Tage besprühen.

DÜNGEN Im Frühjahr und Sommer monatlich einen Flüssigvolldünger in halber Dosierung geben.

PFLANZUNG & PFLEGE In einen Topf setzen, der so groß wie der Wurzelballen ist. Als Substrat eine 4:1:1-Mischung aus tonhaltigem Substrat sowie Feinkies verwenden. Pralle Sonne vermeiden und ganzjährig warm stellen.

BOUGAINVILLEE

Bougainvillea × buttiana

TEMPERATUR 10–26 °C
LICHT Sonne
LUFTFEUCHTIGKEIT Gering
PFLEGE Ziemlich leicht
HÖHE UND BREITE Bis 1,5 × 1,5 m
WARNUNG! Alle Teile sind giftig für Haustiere

Diese Kletterpflanze überwuchert in sonnigen Räumen ganze Wände. Man kann sie aber auch an Ruten oder Reifen ziehen, wo sie kompakter bleiben. Bougainvilleen tragen kleine grüne Blätter und Blütenstände mit roten, rosa oder weißen Hochblättern sowie winzigen cremeweißen Blüten.

WÄSSERN Vom Frühjahr bis Frühherbst leicht feucht halten; im Winter noch weniger gießen.

DÜNGEN Vom Frühjahr bis zum Spätsommer alle 2 Wochen einen Flüssigvolldünger, dann jedes 3. Mal einen kalireichen Dünger geben.

PFLANZUNG & PFLEGE In tonhaltiges Substrat pflanzen und in die volle Sonne stellen. Triebe an Ruten, gebogene Bambusstäbe oder Drähte binden. Seitentriebe im Herbst stutzen. Jungpflanzen alle 2 Jahre umtopfen, später nur noch die oberste Substratschicht austauschen.

GRÜNLILIE

Chlorophytum comosum

TEMPERATUR 7–25 °C
LICHT Gefilterte Sonne/Halbschatten
LUFTFEUCHTIGKEIT Gering
PFLEGE Leicht
HÖHE UND BREITE 12 × 60 cm

Man sollte über die Grünlilie nicht die Nase rümpfen, nur weil sie allgegenwärtig und unverwüstlich ist. Sie bildet in einem Topf auf einem Ständer oder in einer Blumenampel einen bezaubernden Blickfang. Die grün-gelben Blätter sind elegant gebogen, während an langen Stängeln Ableger wie kleine Spinnen an seidenen Fäden hängen.

WÄSSERN Substrat vom Frühjahr bis zum Herbst feucht halten. Im Winter zwischen den Wassergaben austrocknen lassen.

DÜNGEN Von der Frühjahrsmitte bis zum Frühherbst alle 2–3 Wochen düngen.

PFLANZUNG & UMTOPFEN In einen 50:50-Mix aus Universalerde und tonhaltigem Substrat pflanzen. In gefiltertes Licht oder Halbschatten ohne direkte Sonne stellen. Verträgt auch dunklere Ecken, bildet dann aber nicht immer Ableger. Alle 2–3 Jahre im Frühjahr umtopfen, falls die Wurzeln zu dicht im Topf sitzen.

KÖNIGSWEIN

Cissus alata syn. C. rhombifolia

TEMPERATUR 12–24 °C
LICHT Gefilterte Sonne/Halbschatten
LUFTFEUCHTIGKEIT Gering
PFLEGE Leicht
HÖHE UND BREITE Bis 2 × 2 m

Diese unkomplizierte Pflanze mit glänzendem, gelapptem Laub lässt man aus einer Ampel hängen oder an einem Wandgerüst hochklettern. Jungblätter haben einen silbrigen Glanz, werden mit der Zeit aber dunkelgrün, sodass das Laub insgesamt zweifarbig wirkt.

WÄSSERN Substrat vom Frühjahr bis zum Herbst feucht halten, im Winter aber fast austrocknen lassen.

DÜNGEN Vom Frühjahr bis zum Herbst monatlich mit Volldünger versorgen.

PFLANZUNG & PFLEGE In einen Topf mit 15–20 cm Durchmesser in tonhaltiges Substrat pflanzen. Zieht man den Königswein kletternd, müssen die Triebe angebunden werden. Lange Triebe im Frühjahr zurückschneiden. Alle 2–3 Jahre bzw. bei stark verdichtetem Wurzelballen umtopfen; bei älteren Exemplaren nur die oberste Substratschicht austauschen.

EFEUTUTE

Epipremnum aureum

TEMPERATUR 15–24 °C
LICHT Gefilterte Sonne/Halbschatten/Schatten
LUFTFEUCHTIGKEIT Gering
PFLEGE Leicht
HÖHE UND BREITE Bis 2 × 2 m
WARNUNG! Alle Teile sind giftig

Die Efeutute ist eine der besten Zimmerpflanzen für Einsteiger und fast nicht kleinzukriegen. Sie bildet hängende bzw. kletternde Triebe mit herzförmigen Blättern, die Tropenflair verbreiten. Man setzt sie in eine Ampel oder auf einen hohen Sockel. Sie verträgt keine volle Sonne.

WÄSSERN Substratoberfläche vom Frühjahr bis zum Herbst zwischen dem Wässern austrocknen lassen; im Winter nur leicht feucht halten.

DÜNGEN Monatlich mit Flüssigvolldünger versorgen. Im Winter nicht düngen.

PFLANZUNG & PFLEGE In einen Topf von der Größe des Wurzelballens setzen. Tonhaltiges Substrat verwenden. Soll sie kletternd wachsen, zieht man sie an Moospfosten, Klettergerüsten oder Drähten hoch. Im Frühjahr schneiden. Alle 2 Jahre umtopfen; bei älteren Pflanzen nur die oberste Substratschicht austauschen.

KLETTER-FEIGE

Ficus pumila 'Snowflake'

TEMPERATUR 13–24 °C
LICHT Gefilterte Sonne/Halbschatten
LUFTFEUCHTIGKEIT Gering
PFLEGE Ziemlich leicht
HÖHE UND BREITE Bis 90 × 90 cm
WARNUNG! Alle Teile sind für Haustiere giftig

Das zarte Pflänzchen wächst am besten in einer Blumenampel oder in Gesellschaft einer größeren Blüten- oder Blattschmuckpflanze. Man kann sie aber auch an einem Klettergerüst hochranken lassen, wo sie mit ihren kleinen runden, cremegelb gerandeten Blättern einen schönen Sichtschutz bildet. Sie ist zwar pflegeleicht, doch vertrocknet das Laub, wenn man nicht regelmäßig wässert.

WÄSSERN Substrat stets feucht halten, im Winter aber weniger gießen. Bei großer Sommerhitze alle 1–2 Tage besprühen.

DÜNGEN Im Frühjahr und Sommer monatlich einen Volldünger geben.

PFLANZUNG & PFLEGE In einen Topf mit 10–20 cm Durchmesser pflanzen. Triebspitzen abzwicken, um einen buschigen Wuchs zu erzielen. Wird die Pflanze zu langtriebig und licht, stark zurückschneiden. Alle 2 Jahre im Frühjahr umtopfen.

ZIMMER-JASMIN

Jasminum polyanthum

TEMPERATUR 10–24 °C
LICHT Gefilterte Sonne
LUFTFEUCHTIGKEIT Gering
PFLEGE Ziemlich leicht
HÖHE UND BREITE Bis 3 × 3 m

Wenn diese Kletterpflanze im Winter blüht, erfüllt sie einen kühlen Raum, etwa einen Durchgang, mit süßem Duft. Die rosa Knospen erscheinen über viele Wochen zwischen den dunkelgrünen Blättern. Die große Pflanze kann anfangs an Stäben hochgezogen werden, wird aber wirr, wenn man ihr nicht genügend Raum zur Ausbreitung – etwa an Drähten oder einem Gitter – zugesteht.

WÄSSERN Substrat vom Frühjahr bis zum Spätsommer feucht halten. Im Winter etwas weniger wässern, sobald sich Knospen und Blüten bilden, aber wieder mehr gießen.

DÜNGEN Vom Frühjahr bis zum Herbst alle 2 Wochen einen Volldünger geben.

PFLANZUNG & PFLEGE In einen Topf setzen, in den der Ballen gerade so hineinpasst. Tonhaltiges Substrat mit ein paar Handvoll Feinkies verwenden. Kühl stellen, da Zimmer-Jasmin in warmen, zentral beheizten Räumen leidet. Nach der Blüte schneiden – bei Bedarf auch radikal. Nur Jungpflanzen umtopfen, bei älteren lediglich die oberste Substratschicht austauschen.

MANDEVILLA

Mandevilla × amoena 'Alice du Pont'

TEMPERATUR 15–24 °C
LICHT Gefilterte Sonne
LUFTFEUCHTIGKEIT Mäßig
PFLEGE Schwierig
HÖHE UND BREITE Bis 7 × 7 m

Nur allzu leicht lässt man sich von den großen rosa Tropenblüten dieser Kletterpflanze zum Kauf verlocken, doch sie braucht Platz und schmollt in einem Wohnzimmer eventuell. An einer Wand in einem Wintergarten aber ist sie gut aufgehoben.

WÄSSERN Substrat von Frühjahr bis Herbst feucht halten; im Winter weniger gießen. Laub im Sommer täglich besprühen.

DÜNGEN Im Frühjahr monatlich einen Flüssigvolldünger geben, im Sommer auf ein kalireiches Präparat umsteigen.

PFLANZUNG & PFLEGE In einen Topf mit 25–30 cm Durchmesser in einen 3:1-Mix aus tonhaltigem Substrat und Kies setzen. Hell stellen, aber pralle Sonne vermeiden. Im Frühjahr bis auf ein Gerüst aus 3–5 Trieben zurückschneiden. Hat man nur einen Trieb, kürzt man ihn um ein Drittel ein, damit die Bildung weiterer Triebe gefördert wird. Nicht umtopfen, sondern nur im Frühjahr die oberste Substratschicht ersetzen.

GROSSES FENSTERBLATT
Monstera deliciosa

TEMPERATUR 18–27 °C
LICHT Gefilterte Sonne/Halbschatten
LUFTFEUCHTIGKEIT Mäßig
PFLEGE Leicht
HÖHE UND BREITE Bis 8 × 2,5 m
WARNUNG! Alle Teile sind giftig

Diese klassische Kletterpflanze kam in den 1970er-Jahren in Mode. Man schätzt ihre glänzenden, herzförmigen, gelappten, geschlitzten Blätter. Sie ist unkompliziert und wird oft mit einer Moossäule als Kletterhilfe angeboten.

WÄSSERN Wässern, wenn sich das Substrat trocken anfühlt; im Winter Wassergaben etwas reduzieren. Alle paar Tage besprühen oder auf eine Schale mit feuchten Kieseln stellen.

DÜNGEN Vom Frühjahr bis zum Herbst monatlich mit einem Volldünger in halber empfohlener Dosierung versorgen.

PFLANZUNG & PFLEGE In einen Topf mit 20–30 cm Durchmesser in eine Mischung aus 3 Teilen tonhaltigem Substrat und 1 Teil Sand pflanzen. In gefilterte Sonne oder Halbschatten stellen; im Vollschatten bilden sich Blätter ohne Löcher. Im Frühjahr schneiden. Blätter regelmäßig entstauben. Alle 2–3 Jahre umtopfen oder oberste Substratschicht jährlich im Frühjahr austauschen.

ROTE PASSIONSBLUME
Passiflora racemosa

TEMPERATUR 12–24 °C
LICHT Gefilterte Sonne
LUFTFEUCHTIGKEIT Mäßig
PFLEGE Schwierig
HÖHE UND BREITE Bis 3 × 1 m

Am häufigsten im Handel ist die Blaue Passionsblume (*Passiflora caerulea*), die den Winter in milden Gegenden sogar im Freien übersteht. Die rote Art hingegen ist empfindlicher. Ihre schalenförmigen Prachtblüten beseelen Wintergärten oder helle Räume mit Oberlicht im Sommer mit tropischer Atmosphäre. Sie bildet sogar hellgrüne essbare Früchte.

WÄSSERN Substrat im Frühjahr bis zum Herbst feucht halten. Im Winter nur wässern, wenn sich das Substrat trocken anfühlt. Pflanze im Sommer täglich besprühen oder auf eine Schale mit Wasser und Kieseln stellen.

DÜNGEN Von der Frühjahrsmitte bis in den Spätsommer alle 2 Wochen einen Flüssigdünger verabreichen.

PFLANZUNG & PFLEGE In Töpfe mit 20–30 cm Durchmesser in toniges Substrat pflanzen. Im März schneiden. Jungpflanzen im Frühjahr umtopfen, bei älteren nur oberste Substratschicht austauschen.

KLETTER-PHILODENDRON

Philodendron scandens

TEMPERATUR 16–24 °C
LICHT Gefilterte Sonne/Halbschatten
LUFTFEUCHTIGKEIT Gering bis mäßig
PFLEGE Leicht
HÖHE UND BREITE Bis 1,5 × 1,5 m
WARNUNG! Alle Teile sind giftig

Diese Kletterpflanze bedeckt ganze Wände mit ihren herzförmigen, bis zu 20 cm langen Blättern und verwandelt Wohnzimmer im Nu in Dschungelhöhlen. Sie stellt wenig Ansprüche, gedeiht auch dort, wo Licht Mangelware ist, und lässt sich an Moossäulen hochziehen, wenn der Platz knapp ist.

WÄSSERN Substrat vom Frühjahr bis zum Herbst feucht halten, im Winter weniger wässern und nur dann, wenn sich die Erde trocken anfühlt. Blätter im Frühjahr und Sommer alle paar Tage befeuchten.

DÜNGEN Vom Frühjahr bis zum Frühherbst monatlich einen Volldünger ins Gießwasser geben.

PFLANZUNG & PFLEGE In einen Topf mit 20–30 cm Durchmesser in einen Mix aus 2 Teilen tonhaltigem Substrat (bzw. Gartenerde) und 1 Teil Feinkies geben. Jungpflanzen können auch hängend in Blumenampeln gezogen werden. Sobald sie größer werden, die Triebe an einem Moospfosten, Klettergitter oder an horizontal gespannten Stäben befestigen. In gefiltertes Licht stellen. Die Pflanze verträgt zwar auch dunklere Winkel, wächst dort aber nicht so kräftig. Blätter regelmäßig vom Staub befreien. Im Spätwinter schneiden. Im Frühjahr umtopfen oder oberste Substratschicht jährlich wechseln.

KAP-GREISKRAUT

Senecio macroglossus 'Variegatus'

TEMPERATUR 10–25 °C
LICHT Sonne/gefilterte Sonne im Sommer
LUFTFEUCHTIGKEIT Gering
PFLEGE Leicht
HÖHE UND BREITE Bis 1,5 × 1,5 m
WARNUNG! Alle Teile sind giftig

Das Kap-Greiskraut sieht zwar aus wie Efeu, hat aber mit seinen glänzenden, fleischigen grün-gelben Blättern sowie den windenden Trieben etwas mehr Klasse. Man lässt es aus einer Ampel hängen oder zieht es an einem Bogen, Stangenzelt oder Klettergitter.

WÄSSERN Substrat von Frühjahr bis Spätsommer zwischen den Wassergaben austrocknen lassen. Im Herbst und Winter nur ganz leicht feucht halten.

DÜNGEN Vom Frühjahr bis zum Herbst einen Volldünger in halber empfohlener Dosis ins Gießwasser geben.

PFLANZUNG & PFLEGE In einen Topf mit 15 cm Durchmesser in Kakteenerde oder einem 3:1-Mix aus tonhaltigem Substrat und Sand pflanzen. Vollsonnig stellen, im Hochsommer aber an einen Standort mit gefiltertem Licht bringen. Überlange Triebe bei Bedarf im Frühjahr stutzen. Umtopfen, falls der Ballen zu stark durchwurzelt ist.

BUBIKÖPFCHEN

Soleirolia soleirolii

TEMPERATUR -5–24 °C
LICHT Gefilterte Sonne/Halbschatten
LUFTFEUCHTIGKEIT Mäßig
PFLEGE Leicht
HÖHE UND BREITE 5 × 90 cm

Die Pflanze bildet ein Polster aus winzigen Blättern an drahtigen Trieben, die schon fast an lockiges Haar erinnern. Sie eignet sich für moderne Pflanzungen, etwa in drei identischen hohen Töpfen. Vorsicht beim Kombinieren mit anderen Pflanzen: Das Bubiköpfchen ist wüchsig und überwuchert Nachbarn, wenn man es nicht regelmäßig stutzt. Im Sommer erscheinen winzige rosaweiße Blüten.

WÄSSERN Substrat vom Frühjahr bis in den Herbst feucht halten, im Winter etwas weniger gießen. Nicht austrocknen lassen, sonst sterben die Blätter ab. Alle paar Tage besprühen.

DÜNGEN Vom Frühjahr bis zum Herbst monatlich einen Volldünger in halber Dosierung geben.

PFLANZUNG & PFLEGE In einen Topf mit 10–20 cm Durchmesser in eine Mischung aus 3 Teilen tonhaltigem Substrat und 1 Teil Kies pflanzen. Nicht in die volle Sonne stellen. Triebspitzen stutzen, um buschigen Wuchs zu fördern. Alle 1–2 Jahre umtopfen.

KRANZSCHLINGE

Stephanotis floribunda

TEMPERATUR 10–23 °C
LICHT Gefilterte Sonne
LUFTFEUCHTIGKEIT Mäßig
PFLEGE Ziemlich leicht
HÖHE UND BREITE Bis 3 × 3 m

Die langen, windenden Triebe mit glänzend grünen Blättern und duftenden, lange haltenden, wächsernen weißen Blüten sehen nicht nur gut aus, sondern reizen auch zum Anfassen. In einem großen Pflanzgefäß und bei guter Pflege kann man die Triebe so an Drähten ziehen, dass sie ganze Wände bedecken, doch auch ein Bogen oder Rankgitter eignet sich als Kletterhilfe. Regelmäßiges Schneiden hält die Pflanze kompakt.

WÄSSERN Substrat vom Frühjahr bis zum Herbst feucht halten, im Winter zwischen den Wassergaben austrocknen lassen. Auf eine Schale mit Wasser und Kieseln stellen; Blätter im Sommer alle 1–2 Tage befeuchten.

DÜNGEN Vom Frühjahr bis zum Herbst alle 2 Wochen einen kalireichen Dünger verabreichen.

PFLANZUNG & PFLEGE In tonhaltiges Substrat pflanzen. Nicht in die pralle Sonne stellen. Im Sommer ist ein Platz mit 21–23 °C ideal, im Winter darf es etwas kühler (aber nicht kalt) sein. Im Frühjahr leicht stutzen. Zu große Pflanzen ersetzen. Alle 2–3 Jahre umtopfen oder oberste Substratschicht austauschen.

ZEBRAKRAUT

Tradescantia zebrina

TEMPERATUR 12–24 °C
LICHT Gefilterte Sonne
LUFTFEUCHTIGKEIT Gering bis mäßig
PFLEGE Leicht
HÖHE UND BREITE Bis 15 × 60 cm

Die sanft hängenden Triebe dieser Blattschmuckpflanze fallen besonders in Ampeln oder in Töpfen auf einem Regal ins Auge. Ihre fleischigen, silbrig und grün gestreiften Blätter sind nach dem Austrieb violett und werden dann grün, doch bleibt die Unterseite violett, was einen reizvollen Dreitoneffekt ergibt. Die kleinen rosavioletten Blüten zeigen sich das ganze Jahr über.

WÄSSERN Vom Frühjahr bis zum Herbst immer dann wässern, wenn sich die Substratoberfläche trocken anfühlt. Im Winter weniger stark gießen. Blätter im Frühjahr und Sommer alle paar Tage besprühen.

DÜNGEN Vom Frühjahr bis zum Frühherbst monatlich einen Volldünger geben.

PFLANZUNG & PFLEGE In einen Topf mit 15–20 cm Durchmesser in eine 3:1-Mischung aus tonhaltigem Substrat und Feinkies setzen. Im Sommer hell stellen, aber direkte Sonne vermeiden. Triebspitzen im Frühjahr kappen, um einen buschigen Wuchs zu erzielen. Alle 2–3 Jahre umtopfen, wenn die Wurzeln den Topf zu sehr ausfüllen.

FLEISCH-FRESSENDE PFLANZEN

Als Zimmerpflanzen sind diese ungewöhnlichen Lebewesen ein Faszinosum. Sie haben verschiedene Tricks wie Fallen oder klebrige Blätter entwickelt, um Insekten und andere Kleinlebewesen zu fangen und ihre Nährstoffe zu verwerten. Die meisten Arten brauchen sumpfige Böden, doch einige fordern eine besondere Behandlung ein. Überlegen Sie beim Kauf daher immer, ob Sie ihnen die passenden Bedingungen bieten können.

KOBRALILIE

Darlingtonia californica

TEMPERATUR -5–26 °C
LICHT Sonne
LUFTFEUCHTIGKEIT Mäßig
PFLEGE Schwierig
HÖHE UND BREITE 40 × 20 cm

Der Schlauch dieser ungewöhnlichen Pflanze ist behelmt und ähnelt einem Schlangenkopf. Im Frühjahr öffnen sich violett geäderte Blüten, gefolgt von rot geäderten Schläuchen, die ihre Beute mit einem honigartigen Duft anlocken. Die Pflanze ist recht anspruchsvoll, weshalb Sie sicher sein sollten, dass Sie ihr die entsprechende Pflege bieten können.

WÄSSERN Täglich mit Regenwasser oder destilliertem Wasser gießen oder in eine flache, wassergefüllte Schale stellen.

DÜNGEN Nicht düngen.

PFLANZUNG & PFLEGE In eine Substratmischung aus gleichen Teilen Moos aus nachhaltiger Quelle, Perlit und Sand setzen (in Topferde geht die Pflanze ein). Im Sommer sonnig stellen, während der Ruhephase im Winter aber in einen kühlen, hellen, nicht beheizten Raum bringen. Wenn man genau hinsieht, kann man im Schlauch winzige Insekten sehen. Sie leben im Pflanzeninnern und ernähren sich von Beutetieren, die von der Pflanze gefangen werden. Die Kobralilie verwertet ihre Ausscheidungen.

VENUSFLIEGENFALLE

Dionaea muscipula

TEMPERATUR 9–27 °C
LICHT Sonne
LUFTFEUCHTIGKEIT Mäßig
PFLEGE Ziemlich leicht
HÖHE UND BREITE Bis 10 × 20 cm

Die maulartigen Blätter dieser Pflanze fangen Insekten, die sich auf sie setzen. Wenn man sie zwingt, sich zu oft zu schließen, geht sie ein. Sie trägt zwei Arten von Laub: Frühjahrsblätter sind breiter und bilden Fallen in der Mitte der Pflanze, während Sommerblätter länger werden, sodass die rot getönten Fallen eher am Rand sitzen. Im Frühjahr öffnen sich Röhrenblüten.

WÄSSERN Topf vom Frühjahr bis zum Spätsommer in eine mit Regenwasser oder destilliertem Wasser gefüllte Schale stellen. In der Ruhephase von Herbst bis Spätwinter aus der Schale nehmen, Substrat aber nach wie vor mittelfeucht halten.

DÜNGEN Nicht düngen.

PFLANZUNG & PFLEGE In einen Topf mit 10–15 cm Durchmesser in eine 50:50-Mischung aus Moos aus nachhaltiger Quelle und Perlit setzen – in herkömmlicher Topferde geht die Venusfliegenfalle ein. An einen sonnigen Platz stellen und regelmäßig lüften, damit Insekten an die Pflanze gelangen. Blüten abzwicken, da sie die Pflanze schwächen. Während der Ruhephase im Winter nicht in die Nähe von Heizkörpern stellen. Jährlich im März umtopfen.

KAP-SONNENTAU

Drosera capensis

TEMPERATUR 7–29 °C
LICHT Sonne/gefilterte Sonne
LUFTFEUCHTIGKEIT Mäßig
PFLEGE Leicht
HÖHE UND BREITE 15 × 20 cm

Die unkomplizierteste Sonnentau-Art trägt lange, schmale Blätter mit zahlreichen Tentakeln, die eine klebrige, tauähnliche Flüssigkeit absondern, daher der Name. Die gefangenen Insekten kleben fest, woraufhin sich die Blätter um sie wickeln und das Tier langsam verdauen. Im späten Frühjahr oder Frühsommer bilden sich rosa Blüten, die nur einen Tag halten.

WÄSSERN Topf in eine tiefe Schale mit Regen- oder destilliertem Wasser stellen. In freier Natur tritt der Sonnentau im Winter in eine Ruhephase und braucht dann weniger Flüssigkeit, aber in einer warmen Wohnung lässt man ihn das ganze Jahr im Wasser stehen und wachsen.

DÜNGEN Nicht düngen.

PFLANZUNG & PFLEGE In einen hohen Topf mit 10–15 cm Durchmesser in eine Mischung aus gleichen Teilen Moos aus nachhaltiger Quelle und Perlit setzen; herkömmliche Topferde wird nicht vertragen. An einen sonnigen Platz stellen und regelmäßig das Fenster öffnen, damit Insekten an die Pflanze gelangen. 2–3 Insekten im Monat reichen ihr zum Überleben. Totes Laub entfernen und jährlich in frisches Substrat umtopfen. Blüten abzwicken, um Selbstaussaat zu verhindern.

KANNENPFLANZE

Nepenthes-Hybriden

TEMPERATUR 13–25 °C
LICHT Gefilterte Sonne
LUFTFEUCHTIGKEIT Mäßig bis hoch
PFLEGE Ziemlich leicht
HÖHE UND BREITE Bis 30 × 45 cm

Mit ihren dunkelroten Kannen an schmalen Stängeln, die von der Spitze der speerförmigen grünen Blätter hängen, wirkt diese Tropenpflanze wie ein außerirdisches Lebewesen. Insekten werden von der Kannenfarbe und dem Nektar angelockt und fallen in die Kannen.

WÄSSERN Nicht in Wasser stellen, sondern lediglich Substrat feucht halten. Von oben mit destilliertem oder Regenwasser gießen. Täglich besprühen oder auf eine kieselgefüllte Wasserschale stellen.

DÜNGEN Alle 2 Wochen mit Blattdünger besprühen. Gelegentlich kann man die Kannenpflanze auch mit einem Insekt füttern, doch ist das selten notwendig.

PFLANZUNG & PFLEGE In einen Topf oder eine Blumenampel in *Nepenthes*-Spezialsubstrat (aus Kiefernrindenmulch, Moos aus nachhaltiger Quelle und Perlit) pflanzen, da die Pflanze normale Topferde nicht verträgt. Hell, aber nicht sonnig stellen und für gute Lüftung sorgen. Alle 2–3 Jahre umtopfen.

FETTKRAUT

Pinguicula – mexikanische Hybriden

TEMPERATUR 18–29 °C
LICHT Gefilterte Sonne
LUFTFEUCHTIGKEIT Mäßig
PFLEGE Leicht
HÖHE UND BREITE 15 × 10 cm

Die zarten, kleinen Blüten in Rot, Rosa oder Blau, die sich im Sommer an dünnen Stängeln über der Pflanze bilden, lassen nicht erahnen, welch grausige Absichten das Fettkraut hat: Die Rosette aus lindgrünem oder bronzerotem Laub ist mit einem klebrigen Saft bedeckt, an dem Insekten wie Trauermücken festkleben. Ein Enzym in den Blättern verdaut sie anschließend.

WÄSSERN Durch Wässern mit Regen- oder destilliertem Wasser von oben feucht halten. In der Ruhephase, die meist im Winter stattfindet, weniger gießen. Oberfläche des Substrats zwischen dem Wässern trocknen lassen.

DÜNGEN Nicht düngen, da eine Ausbeute von 2–3 Insekten monatlich in der Regel ausreicht.

PFLANZUNG & PFLEGE In einen Topf mit 10–15 cm Durchmesser in Spezialsubstrat für fleischfressende Pflanzen oder eine 3:1:1-Mischung aus Quarzsand, Moos aus nachhaltiger Quelle und Perlit pflanzen (nie in herkömmliche Blumenerde). In gefiltertes, helles Licht ohne direkte Sommersonne stellen. Die Pflanzen können zu jeder Jahreszeit in ihre Ruhephase treten. Während dieser Zeit umtopfen.

SCHLAUCHPFLANZE

Sarracenia (Arten und Hybriden)

TEMPERATUR -5–25 °C
LICHT Sonne
LUFTFEUCHTIGKEIT Mäßig
PFLEGE Ziemlich leicht
HÖHE UND BREITE Bis 30 × 15 cm

Schlauchpflanzen sind in vielerlei Größen erhältlich. Sie bilden Schläuche in Rot-, Rosa- und Grüntönen, oft auch mit dekorativer Aderung. Der Nektar am Rand lockt Insekten an, die dann in den Schlund fallen. Schlauchpflanzen gedeihen in feuchten bis sumpfigen Böden. Da sie aus wärmerem Klima stammen, eignen sie sich gut als Zimmerpflanzen. Man stellt sie in ein kühles, helles Zimmer oder einen unbeheizten Wintergarten (sie brauchen kühle Winter). Im Sommer öffnen sie rote oder grüne Hängeblüten.

WÄSSERN Im Sommer den Topf in eine Schale mit 1–2 cm tiefem destilliertem oder Regenwasser stellen. Im Winter aus der Schale nehmen und nur noch leicht feucht halten.

DÜNGEN Nicht düngen. Im Sommer draußen auf eine Fensterbank stellen, wo sie reichlich Insekten fangen können.

PFLANZUNG & PFLEGE In einen Plastiktopf mit 10–15 cm Durchmesser in Spezialsubstrat aus dem Fachhandel oder einem 2:1:1-Mix aus feinem Tannenrindenmulch, grobem, kalkfreiem Kies und Perlit pflanzen. Keine Blumenerde verwenden, da die Pflanze darin eingeht. Sie tritt im Spätherbst in eine Ruhephase und sollte dann bis zum zeitigen Frühjahr in einen kühlen, hellen Raum mit ca. 10 °C oder noch kühler gestellt werden. Alle 2–3 Jahre im Herbst während der Vegetationsruhe umpflanzen, aber kein großes Pflanzgefäß verwenden, da Schlauchpflanzen einen beengten Wurzelraum brauchen.

Sarracenia mitchelliana 'Bella'

Eine der vielen schönen Hybriden. Sie trägt rosa, rot und weiß geäderte Schläuche und öffnet im Frühjahr hellrote Blüten.

Sarracenia flava

Diese elegante Gelbe Schlauchpflanze fällt durch hohe, schlanke, gelbgrüne Schläuche mit aufrechter Lippe ins Auge. Im Frühjahr erscheinen nickende gelbe Blüten.

Sarracenia psittacina

Die Papageien-Schlauchpflanze fängt kriechende Insekten mit dekorativ geaderten roten, weißen oder grünen Fallen, die in rosettenartigen Gruppen stehen. Im Frühjahr bilden sich dunkle Blüten in verschiedenen Farben.

Sarracenia purpurea

Die Schläuche der Roten Schlauchpflanze sind kurz, breit und dunkelrot. Im Frühjahr kommen rote oder rosa Blüten hinzu. Die Art ist winterhart und kann draußen gezogen werden.

Sarracenia 'Judith Hindle'

Die zahlreichen schmalen Schläuche mit gekräuseltem Rand machen diese Hybride zu etwas Besonderem. Frische Schläuche sind zunächst grün, werden dann aber dunkelrot und bekommen eine Marmorierung. Im Frühjahr erscheinen dunkelrote Blüten.

BLATT-SCHMUCK-PFLANZEN

Diese Blattschönheiten lassen sich als Solitär einsetzen oder zu beruhigenden grünen Oasen gruppieren. Rein grüne Formen bilden eine schlichte Kulisse für aufwendiger gezeichnete Pflanzen. Mit leuchtenden Blüten bringt man zusätzlich Leben in grüne Arrangements. Von wenigen Ausnahmen abgesehen brauchen Blattschmuckpflanzen nicht viel Pflege. Meist sind sie sogar mit relativ dunklen Zimmern zufrieden.

KOLBENFADEN

Aglaonema commutatum

TEMPERATUR 16–25 °C
LICHT Halbschatten/Schatten
LUFTFEUCHTIGKEIT Mäßig
PFLEGE Leicht
HÖHE UND BREITE bis 45 × 45 cm
WARNUNG! Alle Teile sind giftig

Die elegante Pflanze setzt sich aus lanzettlichen Blättern mit silbriger, cremeweißer oder rosa Zeichnung zusammen. Alle Formen sind pflegeleicht, sofern sie genügend Wärme und Feuchtigkeit bekommen. Die kleinen Blüten werden abgezwickt, damit die Pflanze ihre ganze Energie in die Laubbildung steckt.

WÄSSERN Substrat feucht halten, aber den Topf nicht im Wasser stehen lassen, sonst faulen die Wurzeln. Im Winter zwischen den Wassergaben austrocknen lassen. 2-mal wöchentlich besprühen.

DÜNGEN Von Frühjahr bis Herbst alle 2 Wochen Flüssigvolldünger geben.

PFLANZUNG & PFLEGE In einen Topf mit 14–20 cm Durchmesser in tonhaltiges Substrat und ein, zwei Handvoll Feinkies pflanzen. In den Halbschatten oder sogar etwas dunkler stellen. Zugluft vermeiden. Alle 3 Jahre im Frühjahr umtopfen.

PFEILBLATT

Alocasia × amazonica

TEMPERATUR 18–25 °C
LICHT Gefilterte Sonne/Halbschatten
LUFTFEUCHTIGKEIT Hoch
PFLEGE Schwierig
HÖHE UND BREITE Bis 1,2 × 1 m
WARNUNG! Alle Teile sind giftig

Ein Superstar unter den Blattschmuckpflanzen. Mit ihren großen, auffälligen Blättern hebt sich das Pfeilblatt von der Masse ab. Seine pfeilförmigen, dunkelgrünen, unterseits violetten, gewelltrandigen Blätter tragen eine ausgeprägte silbrige Äderung. Die kleinen Blüten werden abgezwickt, damit die Pflanze ihre Kraft in die Laubbildung steckt.

WÄSSERN Mit weichem Wasser das Substrat vom Frühjahr bis zum Herbst dauerhaft feucht halten, im Winter zwischen dem Wässern aber austrocknen lassen. Blätter täglich besprühen und auf eine kieselgefüllte Wasserschale stellen oder einen Luftbefeuchter installieren.

DÜNGEN Vom Frühjahr bis zum Frühherbst alle 2–3 Wochen mit einem Volldünger versorgen.

PFLANZUNG & PFLEGE In einem Mix aus Rindenmulch, tonhaltigem Substrat und Sand zu gleichen Anteilen kultivieren. Zugluft meiden. Alle 2–3 Jahre umtopfen.

GLANZKÖLBCHEN

Aphelandra squarrosa

TEMPERATUR 13–25 °C
LICHT Gefilterte Sonne
LUFTFEUCHTIGKEIT Mäßig bis hoch
PFLEGE Schwierig
HÖHE UND BREITE 60 × 60 cm

Mit ihrem auffällig cremegelb gezeichneten grünen Laub bringt diese Pflanze Leben in feuchte Badezimmer. Die farbenfrohen Herbstblüten setzen sich aus ungewöhnlichen gelben Hochblättern (blütenblattartigen Blättern) um kleine orange Blüten zusammen.

WÄSSERN Substrat mit Regen- oder destilliertem Wasser feucht halten – Trockenheit führt zum Laubfall. Im Winter aber erst wässern, wenn sich die Erde trocken anfühlt. Täglich besprühen und auf eine Schale mit Kieseln und Wasser stellen oder einen Luftbefeuchter installieren.

DÜNGEN Im Frühjahr und Sommer alle 2 Wochen mit Flüssigvolldünger verwöhnen.

PFLANZUNG & PFLEGE In einen Topf mit 15–20 cm Durchmesser in tonhaltiges Substrat pflanzen. An einen hellen Platz ohne direkte Sonne stellen. Verblühte Triebe bis auf 2 Blattpaare zurückschneiden, damit die Pflanze kompakt bleibt. Jährlich im Frühjahr umtopfen.

SCHUSTERPALME

Aspidistra elatior

TEMPERATUR 5–20 °C
LICHT Halbschatten/Schatten
LUFTFEUCHTIGKEIT Gering
PFLEGE Leicht
HÖHE UND BREITE 60 × 60 cm

Die ideale Einsteigerpflanze. Sie ist fast unverwüstlich und lässt sich in dunkle Winkel verbannen, in denen sonst kaum noch etwas wächst. Die rein grünen Formen sind unspektakulär, doch Sorten mit cremefarbenen Flecken oder Streifen bringen mehr Leben in ein Arrangement.

WÄSSERN Erst wässern, wenn sich die Erde trocken anfühlt. Im Winter weniger gießen. Das Substrat darf nicht staunass werden.

DÜNGEN Von Frühjahr bis Spätsommer monatlich einen Volldünger in der halben empfohlenen Dosierung verabreichen.

PFLANZUNG & PFLEGE In einen Topf mit 12–15 cm Durchmesser in eine 50:50-Mischung aus tonhaltigem Substrat und Universalerde pflanzen. Halbschattig stellen; direkte Sonne meiden. Alle 2–3 Jahre in einen um eine Nummer größeren Topf umsiedeln.

BLATT-BEGONIEN

Begonia

TEMPERATUR 15–22 °C
LICHT Gefilterte Sonne/ Halbschatten
LUFTFEUCHTIGKEIT Mäßig
PFLEGE Ziemlich leicht
HÖHE UND BREITE Bis 90 × 45 cm
WARNUNG! Die Wurzeln sind giftig

Vergessen Sie die Beetpflanzen, denen Sie im Sommer überall begegnen: Diese sittsamen Schönheiten für drinnen gewähren einen ganz neuen Blick auf die Gattung der Begonien. Sie werden wegen ihres dekorativ gezeichneten Laubs und der kleinen eleganten Blüten geschätzt. Zur Auswahl stehen Hunderte von Farbschattierungen und Formen. Die meisten Sorten sind von *Begonia* rex abgeleitet, die auch als Königs- oder Rex-Begonie bezeichnet wird. Höhere Züchtungen, etwa die Forellen-Begonie, geben einem Zimmerpflanzenarrangement Struktur und haben etwas größere Blüten. Sie treiben aus Knollen aus, werden im Handel aber meist als Jungpflanzen angeboten.

WÄSSERN Substrat feucht, aber nicht nass halten. Im Winter Oberfläche zwischen den Wassergaben trocknen lasen. Auf eine Schale mit Wasser und Kieseln stellen, aber die Blätter nicht besprühen.

DÜNGEN Vom späten Frühjahr bis zum Frühherbst alle 2 Wochen mit einem stickstoffreichen Dünger versorgen. Bei Begonien mit größeren Blüten auf einen Kalidünger umsteigen, sobald sich Knospen zeigen, und erst nach dem Verwelken des Flors wieder zum Stickstoffdünger zurückkehren.

PFLANZUNG & PFLEGE In einen Topf setzen, in dem der Wurzelballen gut Platz hat. Eine 50:50-Mischung aus tonhaltigem Substrat (Gartenerde) und Universalerde verwenden. In gefilterte Sonne oder Halbschatten stellen und im Winter von Heizkörpern fernhalten. Umtopfen, sobald der Wurzelballen zu dicht durchwurzelt ist.

Begonia 'Rumba'

Eine der vielen rotlaubigen Rex-Begonien – eine elegante Schönheit, die rosarotes Laub mit fast schwarzer Zeichnung und roter Unterseite trägt. Beste Färbung in gefilterter Sonne.

Begonia 'Escargot'

Eine beliebte Rex-Begonie mit grünem und silbrigem, schneckenhausartig angeordnetem Laub. Die texturierten Blätter sind mit feinen rosa Haaren bedeckt.

Begonia maculata

Mit ihren großen grünen, weiß gefleckten Blättern und den Kaskaden aus kleinen cremeweißen Blüten, die im Sommer erscheinen, ist die Forellen-Begonie unübersehbar. Die langen Triebe müssen gestützt werden.

Begonia soli-mutata

Wenige Pflanze haben eine schönere Blatttextur als diese ungewöhnliche Art. Zunächst fällt der Blick auf die dunkelrot-hellgrüne Zeichnung der schildförmigen Blätter, bei näherem Betrachten bemerkt man auch die raue Oberfläche.

KROTON

Codiaeum variegatum

TEMPERATUR 15–25 °C
LICHT Gefilterte Sonne
LUFTFEUCHTIGKEIT Hoch
PFLEGE Schwierig
HÖHE UND BREITE Bis 1,5 × 0,75 m
WARNUNG! Alle Teile sind giftig

Die hellroten, gelben und grünen spießförmigen oder gelappten Blätter dieses im Freiland stattlichen Strauchs kommen vor einem neutralen Hintergrund am besten zur Geltung. Der Kroton ist nicht einfach zu kultivieren und braucht hohe Luftfeuchtigkeit sowie konstante Wärme. Gut aufgehoben ist er in einem Badezimmer.

WÄSSERN Substrat vom Frühjahr bis zum Herbst mit lauwarmem Wasser feucht halten; im Winter Oberfläche zwischen den Wassergaben trocknen lassen. Auf eine Schale mit Wasser und Kieseln stellen, aber nicht die Blätter besprühen.

DÜNGEN Vom Frühjahr bis zum Herbst alle zwei Wochen düngen.

PFLANZUNG & PFLEGE Topf wählen, in den der Ballen gut hineinpasst. Toniges Substrat verwenden. Alle 2–3 Jahre umtopfen. In gefiltertes Licht stellen und Zugluft meiden. Nicht neben Heizkörpern platzieren. Temperatur nicht unter 15 °C sinken lassen. Bei Bedarf zurückschneiden, dabei aber Handschuhe tragen.

KAMM-MARANTE

Ctenanthe burle-marxii

TEMPERATUR 10–25 °C
LICHT Gefilterte Sonne
LUFTFEUCHTIGKEIT Mäßig
PFLEGE Leicht
HÖHE UND BREITE 60 × 45 cm

Als sei die hübsch hell- und dunkelgrün gestreifte Oberseite der Blätter nicht schon genug, setzt die rot gefärbte Unterseite noch eins drauf, sodass die Kamm-Marante mit einem seltenen Dreifarbeneffekt aufwarten kann. Die anspruchslose Pflanze bringt einen Hauch von Glamour in helle Zimmer.

WÄSSERN Substrat vom Frühjahr bis in den Herbst feucht halten, im Winter die Oberfläche zwischen den Wassergaben aber trocken werden lassen.

DÜNGEN Vom Frühjahr bis zum Herbst monatlich einen ausgewogenen Flüssigvolldünger ins Gießwasser geben.

PFLANZUNG & PFLEGE In einen Topf mit 12–15 cm Durchmesser in eine 50:50-Mischung aus tonhaltigem Substrat und Universalerde pflanzen. Etwa alle 2–3 Jahre umtopfen, falls die Wurzeln zu dicht im Gefäß sitzen.

DIEFFENBACHIE

Dieffenbachia seguine

TEMPERATUR 16–23 °C
LICHT Gefilterte Sonne/Halbschatten
LUFTFEUCHTIGKEIT Mäßig
PFLEGE Ziemlich leicht
HÖHE UND BREITE Bis 1,5 × 1 m
WARNUNG! Alle Teile sind giftig

Die riesigen panaschierten Blätter der Dieffenbachie machen in großen Räumen oder Fluren, die nach einem grünen Blickfang verlangen, viel Eindruck. In der Mitte der grünen, eiförmigen Blätter befindet sich ein großer cremeweißer Fleck.

WÄSSERN Substrat vom Frühjahr bis zum Herbst feucht halten, im Winter etwas weniger wässern. Auf eine wassergefüllte Schale mit Kieseln stellen oder Laub gelegentlich besprühen.

DÜNGEN Vom Frühjahr bis zum Herbst einmal im Monat düngen.

PFLANZUNG & PFLEGE In einen Topf pflanzen, der etwas größer als der Wurzelballen ist und tonhaltiges Substrat enthält. In gefiltertes Licht oder Halbschatten stellen. Überlebt auch im Schatten, wächst dort aber langsamer. Beim Schneiden Handschuhe tragen, da der Saft giftig ist. Alle 2–3 Jahre bzw. bei verdichteten Wurzeln umtopfen.

DUFTENDER DRACHENBAUM

Dracaena fragrans

TEMPERATUR 15–24 °C
LICHT Gefilterte Sonne/Halbschatten
LUFTFEUCHTIGKEIT Gering bis mäßig
PFLEGE Leicht
HÖHE UND BREITE Bis 1,2 × 0,9 m
WARNUNG! Alle Teile sind für Haustiere giftig

Die ideale Einsteigerpflanze für alle, die nach einer robusten Blattschmuckpflanze suchen. Der Drachenbaum trägt an hohen Trieben Rosetten aus bandförmigem, panaschiertem Laub. Man bekommt grüne Formen mit gelbem Mittelstreifen oder Varianten mit grün und gelb gestreiften Rändern sowie dunkelgrüner Mitte.

WÄSSERN Substrat vom Frühjahr bis in den Herbst feucht halten, im Winter etwas weniger gießen. Auf eine wassergefüllte Schale mit Kieseln stellen oder Laub besprühen.

DÜNGEN Vom Frühjahr bis zum Herbst alle 2 Wochen einen Flüssigdünger in halber Dosierung ins Gießwasser geben.

PFLANZUNG & PFLEGE In tonhaltiges Substrat pflanzen. Einen Topf wählen, der groß genug für den Wurzelballen ist. Der Drachenbaum gedeiht in gefilterter Sonne oder im Halbschatten am besten, kommt aber auch mit noch weniger Licht zurecht. Die Triebe können gekappt werden, sobald sie die gewünschte Höhe haben.

GERANDETER DRACHENBAUM

Dracaena reflexa var. angustifolia

TEMPERATUR 15–24 °C
LICHT Gefilterte Sonne/Halbschatten
LUFTFEUCHTIGKEIT Gering bis mäßig
PFLEGE Leicht
HÖHE UND BREITE Bis 1,5 × 0,9 m
WARNUNG! Alle Teile sind für Haustiere giftig

Durch die Kaskaden aus spitz zulaufenden, rosa und cremeweiß gestreiften Blättern am Ende holziger Triebe sieht diese hohe, stattliche Zimmerpflanze fast wie eine Palme aus. Sie gehört zu den besten Luftreinigern überhaupt und ist zudem ausgesprochen unkompliziert.

WÄSSERN Substrat vom Frühjahr bis in den Herbst feucht, im Winter leicht trocken halten.

DÜNGEN Vom Frühjahr bis zum Herbst alle 2 Wochen einen Flüssigdünger in halber Dosierung ins Gießwasser geben.

PFLANZUNG & PFLEGE In tonhaltiges Substrat setzen. Triebe gelegentlich kürzen, damit die Pflanze nicht zu hoch wird. Etwa alle 3 Jahre umtopfen, falls die Wurzeln zu dicht im Gefäß stehen.

ZIMMERARALIE

Fatsia japonica

TEMPERATUR 10–25 °C
LICHT Gefilterte Sonne/Halbschatten
LUFTFEUCHTIGKEIT Gering bis mäßig
PFLEGE Leicht
HÖHE UND BREITE Bis 2 × 2 m

Gut aufgehoben ist die Zimmeraralie in einem halbschattigen Raum, denn die großen, glänzenden, handförmigen Blätter brauchen nicht viel Licht. Es gibt dunkelgrüne und panaschierte Sorten – Letztere brauchen etwas mehr Licht, wenn sie ihre Zeichnung behalten sollen. Eine anspruchslose Pflanze, ideal für Einsteiger.

WÄSSERN Substrat vom Frühjahr bis in den Herbst feucht, im Winter leicht feucht halten.

DÜNGEN Vom Frühjahr bis zum Spätsommer alle 2 Wochen einen Flüssigdünger in halber Dosierung ins Gießwasser geben.

PFLANZUNG & PFLEGE In einen Topf pflanzen, der groß genug für den Ballen ist. Eine Mischung aus gleichen Teilen tonhaltigem Substrat und Moorbeeterde verwenden. In gefiltertes Licht oder Halbschatten stellen; im Winter in einem kühlen Raum unterbringen. Wird die Pflanze zu groß, kann man sie zurückschneiden. Alle 2–3 Jahre umtopfen.

BIRKEN-FEIGE

Ficus benjamina

TEMPERATUR 16–24 °C
LICHT Gefilterte Sonne/Halbschatten
LUFTFEUCHTIGKEIT Mäßig
PFLEGE Schwierig
HÖHE UND BREITE Bis 3,5 × 1,2 m
WARNUNG! Alle Teile sind giftig

Das hohe, elegante Gehölz braucht Platz, damit die gebogenen Zweige mit kleinen grünen oder cremegelb panaschierten Blättern gut zur Geltung kommen. Sie ist nicht ganz unkompliziert und neigt dazu, ihr Laub abzuwerfen, wenn ihr etwas nicht passt, ist aber ein ausgesprochen schöner Blickfang, sodass sich die Mühe mit ihr lohnt.

WÄSSERN Lauwarmes weiches Wasser zum Gießen verwenden. Substratoberfläche zwischen den Wassergaben trocknen lassen. Im Winter Ballen nur ganz leicht feucht halten. Im Sommer Laub besprühen.

DÜNGEN Vom Frühjahr bis zum Herbst monatlich einen Flüssigdünger in halber Dosierung ins Gießwasser geben.

PFLANZUNG & PFLEGE In tonhaltiges Substrat setzen. Pflanze weder umstellen noch umtopfen, da sie sonst die Blätter abwirft. Im Frühjahr die oberste Substratschicht austauschen.

GUMMIBAUM

Ficus elastica

TEMPERATUR 15–24 °C
LICHT Gefilterte Sonne/Halbschatten
LUFTFEUCHTIGKEIT Gering bis mäßig
PFLEGE Leicht
HÖHE UND BREITE 1,8 × 1,2 m
WARNUNG! Der Saft kann Hautreizungen verursachen

Der wegen seiner glänzenden runden, dunkelgrünen Blätter und robusten Natur beliebte Gummibaum bereichert eine Gruppe kleinerer Pflanzen durch seine baumartige Struktur. Er kommt mit relativ wenig Licht zurecht. Formen mit panaschiertem Laub brauchen mehr Licht, aber alle vertragen auch einmal Durststrecken.

WÄSSERN Substratoberfläche zwischen den Wassergaben austrocknen lassen, im Winter Substrat nur ganz leicht feucht halten. Blätter im Sommer alle paar Tage besprühen.

DÜNGEN Vom Frühjahr bis zum Herbst alle 2 Wochen einen Flüssigvolldünger in der halben empfohlenen Dosierung verabreichen.

PFLANZUNG & PFLEGE In tonhaltiges Substrat pflanzen, dem zur Verbesserung des Wasserabzugs etwas Feinkies untergemischt wurde. Zugluft vermeiden. Ggf. schneiden.

GEIGEN-FEIGE

Ficus lyrata

TEMPERATUR 15–24 °C
LICHT Gefilterte Sonne
LUFTFEUCHTIGKEIT Gering bis mäßig
PFLEGE Ziemlich leicht
HÖHE UND BREITE 1,8 × 1,2 m
WARNUNG! Der Saft kann Hautreizungen verursachen

Die großen, leicht gelappten Blätter dieses hohen, stattlichen Gehölzes sind wie eine Geige geformt, daher der Name. Sie zeichnen sich zudem durch eine auffallend helle Aderung aus. Die Triebe entspringen aus einem kräftigen, baumartigen Stamm. 'Bambino' ist eine kompakte Form.

WÄSSERN Substratoberfläche vom Frühjahr bis zum Herbst zwischen den Wassergaben austrocknen lassen, im Winter Substrat nur ganz leicht feucht halten. Nicht zu stark wässern, da sonst die Wurzeln faulen.

DÜNGEN Vom Frühjahr bis zum Herbst monatlich einen Volldünger in halber empfohlener Dosis verabreichen.

PFLANZUNG & PFLEGE In einen 3:1-Mix aus tonhaltigem Substrat und Feinkies pflanzen. Für indirektes Licht sorgen und pralle Sonne sowie Zugluft vermeiden. Im Winter nicht neben Heizkörper stellen. Alle 2–3 Jahre umtopfen, falls der Ballen stark durchwurzelt ist.

MOSAIKPFLANZE

Fittonia albivenis Verschaffeltii-Gruppe

TEMPERATUR 17–26 °C
LICHT Gefilterte Sonne
LUFTFEUCHTIGKEIT Hoch
PFLEGE Ziemlich leicht
HÖHE UND BREITE 15 × 20 cm

Das hübsch gezeichnete Laub der Mosaikpflanze fügt sich in jedes Ambiente ein. Allerdings verlangt das zierliche Gewächs viel Luftfeuchtigkeit, weshalb es in Bädern, Küchen oder Terrarien am besten aufgehoben ist. Die dunkel- oder blassgrünen Blätter sind mit rosa Adern gezeichnet und passen gut zur ebenfalls kleinen Kanonierblume (*Pilea cadierei*), die ähnliche Bedingungen bevorzugt.

WÄSSERN Substrat ganzjährig feucht halten, aber Staunässe vermeiden. Werden die Blätter gelb, deutet das auf zu starkes Gießen hin. Pflanze täglich besprühen und auf eine mit Wasser und Kieseln gefüllte Schale stellen oder einen Luftbefeuchter installieren.

DÜNGEN Von Frühjahr bis Herbst einmal im Monat einen Volldünger in halber Dosierung ins Gießwasser geben.

PFLANZUNG & PFLEGE In einen Topf mit 7–10 cm Durchmesser in tonhaltiges Substrat pflanzen. Braucht helle Standorte mit gefiltertem Licht, verträgt aber keine pralle Sonne. Die Blüten im Sommer abzwicken, um die Laubbildung zu fördern. Ganzjährig für viel Wärme und Luftfeuchtigkeit sorgen. Alle 2–3 Jahre umtopfen, wenn der Ballen dicht durchwurzelt ist.

TASSMANIA

Goeppertia crocata
(syn. *Calathea crocata*)

TEMPERATUR 16–24 °C
LICHT Gefilterte Sonne
LUFTFEUCHTIGKEIT Mäßig bis hoch
PFLEGE Ziemlich leicht
HÖHE UND BREITE 60 × 60 cm

Die Pflanze trägt zwar schöne fackelähnliche Blüten, doch man kann sie auch wegen ihres farbenfrohen Laubs kultivieren, das einen ebenso hohen Zierwert hat. Die grünen, breit eiförmigen, leicht runzeligen Blätter glänzen an der Oberseite leicht metallisch und sind an der Unterseite dunkelrot gefärbt.

WÄSSERN Substrat das ganze Jahr über feucht halten, aber Staunässe vermeiden. Täglich mit lauwarmem Wasser besprühen und auf eine Wasserschale mit Kieseln stellen.

DÜNGEN Vom Frühjahr bis zum Frühherbst monatlich düngen.

PFLANZUNG & PFLEGE In einen Topf mit 12–15 cm Durchmesser in tonhaltiges Substrat pflanzen. Hell, aber nicht in die pralle Sonne stellen – am besten in einen Raum mit hoher Luftfeuchtigkeit, etwa in ein Bad. Die Temperaturen dürfen im Winter nicht unter 16 °C sinken. Alle 2–3 Jahre umtopfen, wenn die Wurzeln den Topf komplett ausfüllen.

KORBMARANTE

Goeppertia lancifolia
(syn. *Calathea lancifolia*)

TEMPERATUR 15–24 °C
LICHT Gefilterte Sonne/Halbschatten
LUFTFEUCHTIGKEIT Mäßig
PFLEGE Ziemlich leicht
HÖHE UND BREITE 75 × 45 cm

Hervorstechendstes Merkmal dieser Schönheit ist das gewelltrandige Laub mit lind- und dunkelgrüner, schlangenhautartiger Zeichnung an der Oberseite und dunkelroter Unterseite. Die exotische Brasilianerin braucht viel Wärme und Luftfeuchtigkeit. Ein Badezimmer oder eine Küche als Standort sind daher ideal.

WÄSSERN Mit weichem Wasser gießen. Substrat von Frühjahr bis Herbst durchgehend feucht halten. Im Winter zwischen dem Wässern austrocknen lassen. Täglich mit lauwarmem Wasser besprühen und auf eine Schale mit Wasser und Kieseln stellen oder Luftbefeuchter aufstellen.

DÜNGEN Vom Frühjahr bis zum Herbst alle 2 Wochen mit einem Volldünger in halber Dosis düngen.

PFLANZUNG & PFLEGE Einen 2:1-Mix aus tonhaltigem Substrat und Feinkies und einen Topf mit 12–15 cm Durchmesser verwenden. In gefiltertes Licht oder etwas Schatten stellen, pralle Sonne und Zugluft vermeiden. Braucht ganzjährig viel Wärme.

PFAUEN-KORBMARANTE

Calathea makoyana
(syn. Goeppertia makoyana)

TEMPERATUR 16–24 °C
LICHT Gefilterte Sonne/Halbschatten
LUFTFEUCHTIGKEIT Hoch
PFLEGE Schwierig
HÖHE UND BREITE 60 × 60 cm

Die silbrigen Blätter dieses Publikumslieblings sind nicht zu übersehen. Sie tragen dunkelgrüne Streifen auf der Oberseite und eine weinrote Zeichnung auf der Unterseite. Die Pflanze ist zwar eine Diva, doch lohnt ihr fabelhaftes Aussehen die Mühe.

WÄSSERN Substrat vom Frühjahr bis zum Herbst mit Regen- oder destilliertem Wasser feucht halten; im Winter Wassergaben etwas reduzieren. Täglich mit lauwarmem Wasser besprühen und auf eine wassergefüllte Schale mit Kieseln stellen oder einen Luftbefeuchter installieren.

DÜNGEN Vom Frühjahr bis zum Herbst alle 2 Wochen einen Volldünger in halber Dosierung ins Gießwasser geben.

PFLANZUNG & PFLEGE In eine 2:1-Mischung aus tonhaltigem Substrat und Feinkies setzen. Einen Topf mit 12–15 cm Durchmesser verwenden. Nicht in die pralle Sonne stellen und Zugluft vermeiden. Alle 2–3 Jahre umtopfen.

SAMTPFLANZE

Gynura aurantiaca

TEMPERATUR 15–24 °C
LICHT Gefilterte Sonne
LUFTFEUCHTIGKEIT Mäßig
PFLEGE Ziemlich leicht
HÖHE UND BREITE 20 × 20 cm

Das weiche, samtige Laub dieser kompakten Pflanze lädt förmlich zum Anfassen ein. Die gelappten, metallisch grünen Blätter sind mit einer daunig feinen violetten Behaarung überzogen, wodurch sie zweifarbig wirken. Ihre Triebe neigen sich elegant über den Topfrand.

WÄSSERN Substrat vom Frühjahr bis zum Herbst feucht halten; im Winter weniger wässern. Nicht auf das Laub gießen, da es nicht feucht werden darf. Pflanze auf eine wassergefüllte Schale mit Kieseln stellen, aber nicht besprühen, da sonst das Laub fleckig wird.

DÜNGEN Vom Frühjahr bis zum Herbst alle 2 Wochen einen Volldünger in halber Dosierung ins Gießwasser geben.

PFLANZUNG & PFLEGE In einen 1:1-Mix aus Universalerde und tonhaltigem Substrat pflanzen. Direkte Sonne meiden. Für einen buschigen Wuchs Triebspitzen abzwicken. Auch die unangenehm riechenden Blüten entfernen. Umtopfen, wenn die Wurzeln zu dicht sitzen.

PUNKTBLUME

Hypoestes phyllostachya

TEMPERATUR 18–27 °C
LICHT Gefilterte Sonne
LUFTFEUCHTIGKEIT Mäßig
PFLEGE Ziemlich leicht
HÖHE UND BREITE 25 × 25 cm

Die grünen, herzförmigen Blätter dieser kompakten, farbenfrohen Pflanze tragen rosa, rote oder cremeweiße Male, die bei manchen Sorten trotz des Namens eher wie Flecken als Punkte aussehen. Versuchen Sie einige Formen in unterschiedlichen Farben in einem Terrarium oder Flaschengarten zu kombinieren. Die kleinen magentaroten Blüten öffnen sich im Sommer.

WÄSSERN Substratoberfläche zwischen dem Wässern immer wieder trocknen lassen; im Winter weniger gießen. Auf eine Schale mit Kieseln und Wasser stellen oder Laub alle paar Tage besprühen.

DÜNGEN Vom Frühjahr bis zum Herbst alle 2 Wochen einen Volldünger in halber Dosierung ins Gießwasser geben.

PFLANZUNG & PFLEGE In einen Topf mit 12–15 cm Durchmesser in tonhaltiges Substrat setzen. Hell stellen, aber pralle Sonne meiden. Braucht hohe Luftfeuchtigkeit, wie sie etwa in einem Badezimmer oder in der Küche gegeben ist. Triebspitzen abzwicken, um einen buschigeren Wuchs zu erzielen. Alle 2–3 Jahre umtopfen, aber nur, wenn der Wurzelballen zu dicht im Topf sitzt.

BUNTE PFEILWURZ

Maranta leuconeura var. kerchoveana

TEMPERATUR 15–24 °C
LICHT Gefilterte Sonne
LUFTFEUCHTIGKEIT Mäßig
PFLEGE Ziemlich leicht
HÖHE UND BREITE 60 × 60 cm

Es fällt schwer zu glauben, dass das ausgeklügelte Muster auf dem Laub dieser spektakulären Pflanze nicht von Menschenhand geschaffen wurde. Die eiförmigen Blätter tragen eine hell- und dunkelgrüne gefiederte Zeichnung mit roter Aderung auf der Oberseite, während die Unterseite dunkelrot leuchtet. Als sei das nicht genug, faltet sich das Laub auch noch nachts zusammen.

WÄSSERN Substrat vom Frühjahr bis zum Herbst feucht halten, im Winter etwas weniger wässern. Auf eine Schale mit Wasser und Kieseln stellen und Blätter regelmäßig besprühen.

DÜNGEN Vom Frühjahr bis zum Herbst alle 2 Wochen einen Volldünger in halber Dosierung ins Gießwasser geben.

PFLANZUNG & PFLEGE In einen Topf mit 12–15 cm Durchmesser in tonhaltiges Substrat pflanzen. Nicht vollsonnig stellen. Alle 2–3 Jahre umtopfen.

GLÜCKSKASTANIE

Pachira aquatica

TEMPERATUR 12–24 °C
LICHT Gefilterte Sonne
LUFTFEUCHTIGKEIT Mäßig
PFLEGE Ziemlich leicht
HÖHE UND BREITE 1,8 × 1,2 m

Diese palmenähnliche Pflanze bringt Glück, heißt es. Ob sie einem Reichtum beschert, sei dahingestellt, aber zu einem schöneren Heim verhilft sie auf jeden Fall. Ihre schlanken Triebe werden oft geflochten. Das große, glänzende Laub setzt sich aus strahlig angeordneten Blättchen zusammen.

WÄSSERN Vom Frühjahr bis zum Herbst immer nur dann wässern, wenn sich die Substratoberfläche trocken anfühlt; im Winter leicht feucht halten. Pflanze alle paar Tage besprühen oder auf eine Schale mit nassen Kieseln stellen.

DÜNGEN Vom Frühjahr bis zum Herbst alle 2 Wochen düngen.

PFLANZUNG & PFLEGE In einem Topf mit 20–25 cm Durchmesser in eine Mischung aus tonigem Substrat und etwas Feinkies pflanzen. Nicht in die pralle Sonne stellen. Pflanze durch Abzwicken der Triebspitzen kompakt halten. Oberste Erdschicht jährlich austauschen.

ZWERGPFEFFER

Peperomia argyreia

TEMPERATUR 15–24 °C
LICHT Halbschatten
LUFTFEUCHTIGKEIT Mäßig
PFLEGE Ziemlich leicht
HÖHE UND BREITE 20 × 20 cm

An dünnen roten Stielen stehen die silbrig gestreiften, dunkelgrünen Blätter dieser eleganten Pflanze, die sich vor allem in der Mitte eines Tischs sehr gut macht. Trotz ihres glamourösen Aussehens ist sie recht anspruchslos und bleibt kompakt.

WÄSSERN Substratoberfläche während der Saison zwischen den Wassergaben trocken werden lassen; im Winter noch weniger gießen. Auf eine wassergefüllte Kieselschale stellen oder Blätter alle paar Tage besprühen.

DÜNGEN Vom Frühjahr bis zum Herbst monatlich einen Flüssigvolldünger in der halben empfohlenen Dosierung verabreichen.

PFLANZUNG & PFLEGE In einen Topf mit 10–13 cm Durchmesser in tonhaltiges Substrat pflanzen. Im Sommer in den Halbschatten bringen, im Winter möglichst hell, aber ohne direkte Sonne stellen. Oberste Erdschicht jährlich durch frisches Substrat ersetzen. Nur alle 3 Jahre umtopfen, da die Pflanze einen beengten Wurzelraum bevorzugt.

PEPEROMIE

Peperomia caperata

TEMPERATUR 15–24 °C
LICHT Halbschatten
LUFTFEUCHTIGKEIT Mäßig bis hoch
PFLEGE Ziemlich leicht
HÖHE UND BREITE 25 × 25 cm

Fällt das Licht auf die herzförmigen roten und grünen Blätter, entsteht durch die stark runzelige Blattspreite ein einnehmender Zweifarbeneffekt. Die langen, dünnen, cremefarbenen Blüten, die im Sommer erscheinen, ragen wie Kerzendochte aus dem Laub.

WÄSSERN Substratoberfläche vom Frühjahr bis zum Herbst zwischen den Wassergaben trocken werden lassen; im Winter weniger gießen. Auf eine wassergefüllte Schale mit Kieseln stellen, aber nicht besprühen.

DÜNGEN Vom Frühjahr bis zum Herbst monatlich einen Flüssigvolldünger in halber empfohlener Dosis verabreichen.

PFLANZUNG & PFLEGE In einen Topf mit 10 cm Durchmesser in tonhaltiges Substrat mit einem gewissen Anteil Feinkies pflanzen. Halbschattig stellen und für hohe Luftfeuchtigkeit sorgen – ideal ist ein Badezimmer oder eine Küche. Nach etwa 2–3 Jahren umtopfen, falls der Wurzelballen zu dicht wird.

XANADU-PHILODENDRON

Philodendron xanadu

TEMPERATUR 15–24 °C
LICHT Halbschatten/Schatten
LUFTFEUCHTIGKEIT Mäßig
PFLEGE Leicht
HÖHE UND BREITE Bis 1 × 1,2 m
WARNUNG! Alle Teile sind giftig

Das markante, gelappte Laub dieses Philodendrons bringt einen Hauch von Klasse in schattige Ecken oder Durchgänge, wo eine Pflanze mit viel Laubmasse gefragt ist. Die bis zu 45 cm langen, glänzenden, dunkelgrünen Blätter bilden eine kompakte Kuppel.

WÄSSERN Substrat vom Frühjahr bis zum Herbst dauerhaft feucht halten, im Winter zwischen dem Wässern auch austrocknen lassen. Blätter alle paar Tage besprühen oder Topf auf einen mit Wasser und Kieseln gefüllten Untersetzer stellen.

DÜNGEN Vom Frühjahr bis zum Herbst monatlich einen Flüssigvolldünger geben.

PFLANZUNG & PFLEGE In einen großen Topf mit tonhaltigem Substrat setzen. Direkte Sonne meiden. Die Blattoberflächen alle paar Wochen mit einem feuchten Tuch abstauben, damit die Pflanze immer frisch und gesund aussieht. Alle 2–3 Jahre umtopfen, wenn der Ballen stark durchwurzelt ist.

VIETNAMESISCHE KANONIERBLUME

Pilea cadierei

TEMPERATUR 15–24 °C
LICHT Halbschatten
LUFTFEUCHTIGKEIT Mäßig
PFLEGE Ziemlich leicht
HÖHE UND BREITE 30 × 25 cm
WARNUNG! Alle Teile sind giftig

Mit ihren silbrig gezeichneten Blättern bringt die hübsche kleine Pflanze in einem halbschattigen Zimmer Licht in ein Arrangement aus Blattschmuckpflanzen. Weil sie keine großen Ansprüche stellt, ist sie außerdem eine ausgezeichnete Einsteigerpflanze.

WÄSSERN Substrat vom Frühjahr bis zum Herbst feucht halten; im Winter Oberfläche zwischen den Wassergaben austrocknen lassen. Laub regelmäßig anfeuchten.

DÜNGEN Vom Frühjahr bis zum Herbst alle 2 Wochen einen Flüssigvolldünger verabreichen.

PFLANZUNG & PFLEGE In einen Topf mit 12–15 cm Durchmesser und eine Mischung aus 2 Teilen tonigem Substrat und 1 Teil Feinkies pflanzen. In den Halbschatten ohne direkte Sonne stellen und ganzjährig für warme Temperaturen sorgen. Blütenknospen an den Triebspitzen abzwicken, damit die Pflanze buschig wächst. Alle 1–2 Jahre umtopfen.

CHINESISCHER GELDBAUM

Pilea peperomioides

TEMPERATUR 15–24 °C
LICHT Gefilterte Sonne/Halbschatten
LUFTFEUCHTIGKEIT Mäßig
PFLEGE Ziemlich leicht
HÖHE UND BREITE 30 × 30 cm
WARNUNG! Alle Teile sind giftig

Die runden Blätter dieser ungewöhnlichen Pflanze erinnern an Drehteller auf einem Jonglierstab. Durch sein apartes Aussehen steht dieses Gewächs auf der Liste vieler Pflanzensammler ganz oben. Der lockere Laubtuff kommt in einem Fenster oder auf einem Tisch an einem halbschattigen Platz gut zur Geltung.

WÄSSERN Substratoberfläche von Frühjahr bis Herbst zwischen dem Wässern trocken werden lassen; im Winter spärlich gießen. Laub regelmäßig befeuchten.

DÜNGEN Vom Frühjahr bis zum Herbst alle 2 Wochen einen Flüssigdünger in halber empfohlener Dosierung verabreichen.

PFLANZUNG & PFLEGE In einen Topf mit 12–15 cm Durchmesser und eine 2:1-Mischung aus tonhaltigem Substrat und Feinkies pflanzen. In den Halbschatten ohne direkte Sonne stellen. Ganzjährig für warme Temperaturen sorgen. Zugluft vermeiden. Alle 1–2 Jahre umtopfen.

MOTTENKÖNIG

Plectranthus oertendahlii

TEMPERATUR 15–24 °C
LICHT Halbschatten/Schatten
LUFTFEUCHTIGKEIT Gering
PFLEGE Leicht
HÖHE UND BREITE 20 × 60 cm

Markant strukturierte, silbrig geaderte Blätter und hohe Ähren aus kleinen weißen Frühlingsblüten sind das unverwechselbare Merkmal dieser unkomplizierten Pflanze. Sie gedeiht im Halbschatten, verträgt es aber auch noch dunkler und bringt Farbe sowie Textur in Räume ohne direkte Sonne.

WÄSSERN Substratoberfläche vom Frühjahr bis zum Herbst zwischen den Wassergaben trocken werden lassen; im Winter spärlich gießen.

DÜNGEN Vom Frühjahr bis zum Herbst alle 2 Wochen einen Flüssigdünger in halber Dosis verabreichen.

PFLANZUNG & PFLEGE In einen Topf mit 12–15 cm Durchmesser und eine 2:1-Mischung aus tonhaltigem Substrat und Feinkies pflanzen. In den Halbschatten stellen; direkte Sonne vermeiden. Umtopfen, wenn der Ballen zu stark durchwurzelt ist (nach ca. 2–3 Jahren).

ZIMMERESCHE

Radermachera sinica

TEMPERATUR 12–24 °C
LICHT Gefilterte Sonne
LUFTFEUCHTIGKEIT Gering bis mäßig
PFLEGE Ziemlich leicht
HÖHE UND BREITE Bis 1,8 × 1,2 m

Die stattliche Zimmeresche füllt leere Ecken in hellen Räumen mit ihren elegant belaubten Trieben. Das glänzende, sattgrüne, gefiederte Laub lässt die baumartige Pflanze trotz ihrer Größe locker und luftig aussehen.

WÄSSERN Vom Frühjahr bis zum Frühherbst immer erst wässern, wenn sich die Oberfläche des Substrats trocken anfühlt. Im Winter noch weniger gießen. Gelegentlich besprühen.

DÜNGEN Vom Frühjahr bis zum Herbst alle 2 Wochen einen Flüssigdünger in halber Dosierung geben.

PFLANZUNG & PFLEGE In tonhaltiges Substrat setzen und einen Topf verwenden, der kaum größer ist als der Wurzelballen. In gefiltertes Licht ohne direkte Sonne stellen. Im Frühjahr durch einen Schnitt die Größe begrenzen und Triebspitzen abzwicken. Die schnellwüchsige Pflanze sollte alle 2 Jahre umgetopft werden.

KLEINE STRAHLENARALIE

Schefflera arboricola

TEMPERATUR 15–24 °C
LICHT Gefilterte Sonne/Halbschatten
LUFTFEUCHTIGKEIT Gering bis mäßig
PFLEGE Leicht
HÖHE UND BREITE 2,4 × 1,2 m
WARNUNG! Alle Teile sind giftig

Die stattliche Pflanze mit handförmigen grünen oder panaschierten Blättern ist unempfindlich gegenüber Zentralheizungen. Sie kann sonnig oder schattig stehen. Verkauft wird sie oft mit einer Moossäule als Stütze. Alle 2–3 Jahre umtopfen.

WÄSSERN Vom Frühjahr bis zum Herbst die Oberfläche des Substrats zwischen den Wassergaben trocknen lassen. Im Winter einmal im Monat gießen.

DÜNGEN In der Saison monatlich einen Flüssigdünger in der halben empfohlenen Dosierung verabreichen.

PFLANZUNG & PFLEGE In einen schweren Topf mit einem 2:1-Mix aus tonhaltigem Substrat und Sand pflanzen. Nicht in die pralle Sonne stellen. Im Frühjahr schneiden und alle 2 Jahre umtopfen.

BUNTNESSEL

Solenostemon scutellarioides-Hybriden

TEMPERATUR 15–24 °C
LICHT Gefilterte Sonne
LUFTFEUCHTIGKEIT Mäßig
PFLEGE Ziemlich leicht
HÖHE UND BREITE 60 × 30 cm
WARNUNG! Alle Teile sind für Haustiere giftig

Die Auswahl an Blattformen und -farben ist riesig: Sie reicht von Lindgrün und Rosa über dunkles Weinrot bis zu sattem Orange. Kurzum: Es gibt eine Buntnessel für jedes Wohndesign. Die Pflanzen sind ideale Partner für Gewächse mit rein grünem Laub. Einige dezenter gefärbte Formen kann man sogar als Hintergrund für Blüten einsetzen.

WÄSSERN Substrat vom Frühjahr bis Herbst feucht halten. Im Winter zwischen dem Wässern austrocknen lassen.

DÜNGEN In der Saison alle 2 Wochen einen Flüssigdünger verabreichen.

PFLANZUNG & PFLEGE In einen Topf mit 15 cm Durchmesser und einer Mischung aus gleichen Teilen Universalerde und tonhaltigem Substrat pflanzen. Triebspitzen abzwicken, um buschigen Wuchs zu fördern. Hell stellen, aber direkte Sonne meiden. Triebe im März um zwei Drittel einkürzen oder jährlich neu aussäen (siehe S. 344–345).

STROMANTHE

Stromanthe sanguinea 'Triostar'

TEMPERATUR 15–24 °C
LICHT Gefilterte Sonne
LUFTFEUCHTIGKEIT Hoch
PFLEGE Ziemlich leicht
HÖHE UND BREITE 45 × 60 cm

Ein Juwel unter den Blattschmuckpflanzen. Nur wenige können mit den spektakulären, rosa, rot, grün und cremefarben gezeichneten Blättern mithalten. Die Stromanthe braucht Platz, um ihr ausladendes, spießförmiges Laub in Szene zu setzen. Sie sollte in einem schlichten Pflanzgefäß stehen, das ihre auffallenden Farben ergänzt, ohne damit zu konkurrieren.

WÄSSERN Substrat vom Frühjahr bis zum Sommer feucht halten, im Winter weniger häufig gießen. Täglich besprühen und auf eine Schale mit Wasser und Kieseln stellen oder einen Luftbefeuchter installieren.

DÜNGEN Von Frühjahr bis Spätherbst alle 2 Wochen einen Volldünger in halber Dosis ins Gießwasser geben.

PFLANZUNG & PFLEGE In einen – idealerweise flachen – Topf mit 12–15 cm Durchmesser und einem 1:1-Mix aus Universalerde und tonhaltigem Substrat setzen. Hell stellen, aber direkte Sonne und Zugluft meiden. Ideal für Küche oder Bad. Alle 2–3 Jahre umtopfen.

PURPURTUTE
Syngonium podophyllum

TEMPERATUR 15–29 °C
LICHT Gefilterte Sonne/Halbschatten
LUFTFEUCHTIGKEIT Mäßig
PFLEGE Ziemlich leicht
HÖHE UND BREITE Bis 90 × 60 cm
WARNUNG! Alle Teile sind giftig

Die spießförmigen, cremeweiß-grün panaschierten Blätter der Purpurtute bringen Dschungelflair in einen hellen bis halbschattigen Raum. Sie werden meist als kompakte Blattschmuckpflanze verkauft, mit der Zeit aber recht hoch und brauchen dann oft eine Stütze.

WÄSSERN Von Frühjahr bis Spätherbst immer erst wässern, wenn sich die Oberfläche des Substrats trocken anfühlt. Im Winter zurückhaltender gießen. Blätter regelmäßig besprühen oder Pflanze auf eine Schale mit nassen Kieseln stellen.

DÜNGEN Vom Frühjahr bis zum Herbst alle 2 Wochen einen Volldünger in halber Dosis ins Gießwasser geben.

PFLANZUNG & PFLEGE In einem Topf mit 15-20 cm Durchmesser in tonhaltiges Substrat pflanzen. Braucht helle Standorte ohne direkte Sonne und viel Luftfeuchtigkeit, etwa in einem Bad oder der Küche. Jährlich im Frühjahr schneiden. Sobald die ideale Größe erreicht ist, nicht mehr umtopfen, sondern nur noch die oberste Substratschicht jährlich im Frühjahr durch frische Erde ersetzen.

PURPURBLÄTTRIGE DREIMASTERBLUME
Tradescantia spathacea

TEMPERATUR 15–27 °C
LICHT Gefilterte Sonne
LUFTFEUCHTIGKEIT Mäßig
PFLEGE Leicht
HÖHE UND BREITE 60 × 60 cm

Mit ihren grünen und violetten, schwertförmigen Blättern bildet die Dreimasterblume einen ansehnlichen Laubbüschel. Ihre kleinen weißen Blüten erscheinen das ganze Jahr über. Die kompakte Pflanze gedeiht in feuchten Räumen wie Küchen und Bädern.

WÄSSERN Von Frühjahr bis Herbst immer erst wässern, wenn die Oberfläche des Substrats trocken ist. Im Winter zurückhaltender gießen. Blätter alle 1–2 Tage besprühen oder Pflanze auf eine Schale mit nassen Kieseln stellen.

DÜNGEN Vom Frühjahr bis zum Herbst monatlich einen Volldünger in halber Dosis ins Gießwasser geben.

PFLANZUNG & PFLEGE In einen Topf mit 15–20 cm Durchmesser und einen 2:1-Mix aus Gartenerde und Feinkies pflanzen. Hell, aber nicht vollsonnig stellen. Verträgt Schatten, verliert dann aber eventuell die violette Färbung. Alle 2–3 Jahre umtopfen.

RIESEN-PALMLILIE

Yucca elephantipes

TEMPERATUR 10–27 °C
LICHT Sonne/gefilterte Sonne
LUFTFEUCHTIGKEIT Gering
PFLEGE Leicht
HÖHE UND BREITE 1,5 × 0,75 m
WARNUNG! Alle Teile sind für Haustiere giftig

Eine der wenigen Pflanzen, denen pralle Sommersonne nichts ausmacht. Ihre stachelspitzigen, schwertförmigen Blätter sitzen an einem palmartigen Stamm und werten mit ihrer bizarren Form jeden Raum auf.

WÄSSERN Von Frühjahr bis Herbst immer erst wässern, wenn die Oberfläche des Substrats trocken ist. Im Winter nur noch einmal im Monat gießen.

DÜNGEN Vom Frühjahr bis zum Herbst monatlich einen Volldünger in halber Dosierung geben.

PFLANZUNG & PFLEGE In einen 2:1-Mix aus tonigem Substrat und Sand pflanzen. Wird die Palmlilie zu groß, kürzt man den Stamm im Frühjahr; bald darauf treibt frisches Laub aus. Alle 2–3 Jahre umtopfen.

ZAMIE

Zamioculcas zamiifolia

TEMPERATUR 15–24 °C
LICHT Gefilterte Sonne/Halbschatten
LUFTFEUCHTIGKEIT Gering
PFLEGE Leicht
HÖHE UND BREITE 75 × 60 cm
WARNUNG! Alle Teile sind giftig

Die langen, gefiederten Blätter bilden eine Vasenform. Zamien wachsen fast überall und vertragen Sonne ebenso wie Schatten oder trockene Luft. Sie sind die perfekte Einsteigerpflanze und mit ihrem glänzenden Laub eine schöne Kulisse für auffälligere Blüten- und Blattpflanzen.

WÄSSERN Von Frühjahr bis Herbst immer erst wässern, wenn die Oberfläche des Substrats trocken ist. Im Winter nur noch monatlich wässern.

DÜNGEN Vom Frühjahr bis zum Herbst monatlich einen Volldünger in halber Dosierung geben.

PFLANZUNG & PFLEGE In einen 2:1-Mix aus tonigem Substrat und Sand pflanzen. Braucht Halbschatten oder gefilterte Sonne, wächst aber auch an dunkleren Plätzen. Im Frühjahr durch einen Schnitt in Form bringen. Alle 2–3 Jahre umtopfen.

KAKTEEN

Von anderen Sukkulenten (siehe S. 244–299) unterscheiden sich Kakteen durch ihre runden, polsterartigen Gebilde an den Sprossen, »Areolen« genannt. Aus ihnen entspringen oft Dornen. Kakteen kommen fast nur in Nord-, Mittel- und Südamerika vor. Die Bandbreite der Formen reicht von winzigen, dornigen Kugeln bis hin zu eleganten Hängepflanzen mit glatter Oberfläche. Man unterscheidet in der Regel zwei Gruppen: Wüstenkakteen, die geringe Luftfeuchtigkeit und viel Licht bevorzugen, und tropische Vertreter wie den Weihnachtskaktus (siehe S. 238), die aus Regenwäldern stammen und an schattigeren Stellen mit höherer Luftfeuchtigkeit vorkommen.

ACANTHOCEREUS

Die straff aufrechten oder bogig überhängend wachsenden Stämme von *Acanthocereus* sind mit Reihen tückischer, nadelfeiner Dornen besetzt. Im Sommer tragen ältere Pflanzen weiße oder gelbe Blüten, die sich nachts öffnen und bei manchen Arten sogar duften. Auf die Blüten folgen ungenießbare rote Früchte. Nur Sorten von *Acanthocereus* tetragonus sind im normalen Handel als Zimmerpflanzen erhältlich. Da sie drinnen bis zu 1,8 m hoch werden, sollte man den dornenbewehrten, statuesken Säulen genügend Platz einräumen.

TEMPERATUR 10–30 °C

LICHT In die volle Sonne stellen, im Sommer aber etwas beschatten.

WÄSSERN Im Frühjahr und Sommer wässern, sobald die obersten 2 cm des Substrats trocken sind. Im Herbst weniger wässern. Im Winter die Pflanzen trocken halten.

DÜNGEN Im Frühjahr einen Langzeitdünger in der halben empfohlenen Dosis geben.

SUBSTRAT In Kakteenerde oder eine 1:1-Mischung aus tonhaltigem, torffreiem Substrat und Kies mit 4 mm Körnung pflanzen.

BLÜTE Nur ältere Exemplare blühen, Zimmerpflanzen nur selten.

VERMEHRUNG Durch Aussaat oder Kindel (Ableger).

HÄUFIGE PROBLEME In nasser Erde faulen die Pflanzen leicht. Regelmäßig auf Schmier- bzw. Wollläuse und Schildläuse sowie Spinnmilben absuchen.

ACANTHOCEREUS TETRAGONUS 'FAIRY CASTLES'

syn. *Cereus tetragonus* 'Fairy Castles'

Diese Sorte, deren englischer Name übersetzt »Märchenschlösser« bedeutet, gehört zu den beliebtesten Formen von *Acanthocereus tetragonus*. Sie treibt leuchtend grüne, gerippte Stämme aus, die sich bald zu kleinen Gruppen formieren. Die Rippen sind am Rand mit wolligen Bündeln aus kurzen, cremeweißen Borsten besetzt; sie bilden ein dekoratives Streifenmuster entlang der Stämme. Die weißen oder gelben Nachtblüten entwickeln sich nur selten an im Zimmer kultivierten Pflanzen, da der Kaktus erst blüht, wenn er ziemlich groß und schon etwas älter ist.

HÖHE UND BREITE Bis 1 m hoch und 30 cm breit.

PFLEGE Siehe gegenüber.

WARNUNG! Den Kaktus am besten nur mit Kakteenhandschuhen anfassen.

ARIOCARPUS

Viele Vertreter der Gattung *Ariocarpus* sehen aus wie kleine grüne Seesterne und bilden einen ausgezeichneten Kontrast zu runden oder säulenförmigen Kakteen. Während die meisten anderen Arten höckerartige Knöllchen tragen, ähneln sie bei *Ariocarpus* dreieckigen blattartigen Spitzen. Nur die Sämlinge haben Dornen, die weich sind und mit der Zeit abfallen, sodass die Pflanzen sich gut für Familien mit Kindern oder Haustieren eignen. Die trichterförmigen Blüten erscheinen nur an älteren Exemplaren, weshalb etwas Geduld gefragt ist. Sie öffnen sich im Herbst aus einem wolligen Schopf am oberen Ende der Pflanze und können weiß, gelb, rosa, violett oder magentarot sein.

TEMPERATUR -10–30 °C; in trockener Erde vertragen die Pflanzen bis -10 °C.

LICHT Volle Sonne, im Sommer die Pflanzen aber etwas beschatten.

WÄSSERN Im Frühjahr und Sommer wässern, wenn der oberste Zentimeter des Substrats trocken ist. Im Herbst nur noch einmal monatlich, im Winter gar nicht mehr gießen.

DÜNGEN Vom späten Frühjahr bis zum Sommer alle 14 Tage einen Kalidünger in der halben empfohlenen Dosis verabreichen.

SUBSTRAT Kakteenerde oder eine 1:1-Mischung aus tonhaltigem, torffreiem Substrat und Feinkies mit 4 mm Körnung.

BLÜTE Nur ältere Pflanzen blühen. Kaufen Sie ein blühendes Exemplar, wenn Sie sich für das nächste Jahr eine sichere Blüte wünschen.

VERMEHRUNG Durch Aussaat.

HÄUFIGE PROBLEME In nasser Erde faulen die Pflanzen. Regelmäßig auf Schmier- bzw. Wollläuse sowie Spinnmilben absuchen.

ARIOCARPUS RETUSUS

syn. *Mammillaria areolosa; Mammillaria prismatica*
Sternkaktus, Wollfruchtkaktus

Ariocarpus retusus gehört zu den am häufigsten erhältlichen Arten der Gattung. Er bildet eine Rosette aus fleischigen, dreieckigen, blaugrünen oder grauen blattartigen Warzen. Sie sind sternförmig angeordnet, daher auch der deutsche Name. Die weißen oder rosa Blüten erscheinen im Herbst. Die Art wächst sehr langsam und eignet sich nur für Kakteenliebhaber, die die entsprechende Geduld aufbringen.

HÖHE UND BREITE Bis zu 8 × 20 cm.

PFLEGE Siehe links.

ASTROPHYTUM

Diese auch Bischofsmützen genannten Kakteen werden wegen ihres runden oder säulenförmigen Wuchses geschätzt und sind bei Sammlern sehr beliebt. Die grünen bis blaugrünen, gerippten Stämme sind bei manchen Arten mit winzigen haarigen Schuppen bedeckt, durch die sie einen silbrigen Glanz bekommen. Viele sind dornenlos, doch gibt es auch Vertreter mit langen oder gedrehten Dornen. Die trichterförmigen Blüten können weiß, gelb, rosa oder rot sein und erscheinen im Sommer an der Pflanzenspitze. Sie erinnern an Pompons oder Mützen.

TEMPERATUR -7–30 °C; die Kakteen vertragen bei trockenem Substrat für kurze Zeit Temperaturen unter dem Gefrierpunkt.

LICHT Volle Sonne; im Sommer ist etwas Schatten ratsam.

WÄSSERN Im Frühjahr und Sommer wässern, wenn der oberste Zentimeter des Substrats trocken ist. Im Herbst nur noch einmal monatlich gießen, im Winter ganz trocken halten. Für gute Durchlüftung sorgen, um Fäulnis zu verhindern.

DÜNGEN Vom späten Frühjahr bis zum Ende des Sommers monatlich einen Kakteendünger in der halben empfohlenen Dosis geben.

SUBSTRAT In Kakteenerde oder einen 1:1-Mix aus tonhaltigem, torffeiem Substrat und Kies mit 4 mm Körnung setzen.

BLÜTE Nur ältere Pflanzen blühen. Um sie zum Blühen zu bringen, regelmäßig wässern und etwas düngen.

VERMEHRUNG Durch Aussaat.

HÄUFIGE PROBLEME Die Pflanzen faulen in feuchtem Substrat. Mögliche Schädlinge sind Schmier- bzw. Wollläuse, Schildläuse, Thripse und Spinnmilben.

ASTROPHYTUM CAPRICORNE

syn. *Echinocactus capricornis*
Bockshornkaktus

Die langen, leicht gedrehten Dornen des Bockshornkaktus ziehen unweigerlich die Blicke auf sich. Anfangs sind die gerippten Stämme rund, doch mit der Zeit wachsen sie zu über 1 m hohen Säulen heran, wenngleich sie in Töpfen in der Regel kleiner bleiben. Die weißwolligen Flecken an den Stämmen bilden ein dekoratives Muster. Ein süßer Duft kennzeichnet die gelben und roten Blüten.

HÖHE UND BREITE Bis 1 m × 15 cm.

PFLEGE Siehe gegenüber.

ASTROPHYTUM MYRIOSTIGMA

syn. *Cereus callicoche; Echinocactus myriostigma*
Bischofsmütze

Die Bischofsmütze trägt breite Rippen und ähnelt tatsächlich dem Birett von Bischöfen und anderen Geistlichen. Jungpflanzen sind rund, bilden aber bald kurze Säulen. Die glänzende silbrige Farbe ist auf einen Überzug aus nicht stechenden haarigen Schuppen zurückzuführen. Vom zeitigen Frühjahr bis in den Herbst hinein erscheinen in unregelmäßigen Abständen blassgelbe, in der Mitte gelegentlich rötliche Blüten.

HÖHE UND BREITE Bis 60 × 10 cm.

PFLEGE Siehe gegenüber.

ASTROPHYTUM ORNATUM

syn. *Echinocactus ornatus*
Mönchskappe

Eine der größten und pflegeleichtesten *Astrophytum*-Arten. Sie ist als Jungpflanze rund, wird mit der Zeit aber zur Säule. Die Stämme sind mit einem ungewöhnlichen Muster aus weißen Schuppen gezeichnet, die Rippen tragen Bündel aus braunen oder weißen Dornen. Im Sommer öffnet der Kaktus gelbe Blüten.

HÖHE UND BREITE Bis 30 × 15 cm.

PFLEGE Siehe gegenüber.

WARNUNG! Den Kaktus nach Möglichkeit nur mit Kakteenhandschuhen anfassen.

CEPHALOCEREUS

In ihrer Heimat Mexiko können diese haarigen Kakteen mächtige 12 m hoch werden. Im Topf indes bleiben sie handlicher. Ihre Stämme bilden hohe, gerippte Säulen. Manche Arten, darunter auch der beliebte *Cephalocereus senilis*, sind dicht mit feinen Haaren besetzt, wodurch sie schon fast kuschelig wirken. Lassen Sie sich von dem wolligen Äußeren aber nicht täuschen, denn zwischen dem Pelz lugen lange, tückische Dornen hervor. Nur ältere Kakteen blühen – Zimmerpflanzen mitunter sogar nie.

TEMPERATUR 5–30 °C.

LICHT Volle Sonne.

WÄSSERN Im Frühjahr und Sommer wässern, sobald die obersten 2 cm des Substrats trocken sind. Im Herbst weniger, im Winter gar nicht mehr wässern.

DÜNGEN Im Frühjahr einen Langzeitdünger in der halben auf dem Etikett empfohlenen Dosis geben.

SUBSTRAT In Kakteenerde oder eine 1:1-Mischung aus tonhaltigem, torffreiem Substrat und Feinkies mit 4 mm Körnung setzen.

BLÜTE Nur ältere Pflanzen (ab einem Alter von 10 bis 20 Jahren) blühen.

VERMEHRUNG Durch Aussaat oder Triebstecklinge.

HÄUFIGE PROBLEME In nassem Substrat faulen die Pflanzen. Mögliche Schädlinge sind Schmier- bzw. Wollläuse, Schildläuse und Spinnmilben.

CEPHALOCEREUS SENILIS

syn. *Cephalophorus senilis; Cereus senilis; Pilocereus senilis*

Greisenhaupt

Die hohen, dornigen Stämme des Greisenhaupts tragen ein gelblich weißes Haarkleid, das einem struppigen weißen Haarschopf ähnelt, daher der Name. An älteren Pflanzen kann dieser wollige Pelz lichter und eher braun werden. Da das Greisenhaupt recht groß wird, sollte man es auf einer breiten Fensterbank vor einem hohen Fenster oder unter einem Oberlicht platzieren. Die trompetenförmigen gelblich-weißen Blüten öffnen sich nachts, doch bilden sie sich meist nur an älteren Kakteen in freier Natur, die eine Mindesthöhe von 6 m haben, während Zimmerpflanzen kaum je blühen.

HÖHE UND BREITE Bis 1 m × 8 cm.

PFLEGE Siehe links.

WARNUNG! Den Kaktus nur mit Kakteenhandschuhen anfassen.

CEREUS

Diese südamerikanischen Wüstenkakteen erreichen in ihrem angestammten Lebensraum baumartige Dimensionen, als Zimmerpflanzen hingegen werden kleinere Arten und Sorten gezogen. Selbst diese können aber manchmal zu groß für Innenräume werden. Informieren Sie sich deshalb vor dem Kauf über ihre endgültige Höhe und Breite, um sicher zu sein, dass ihre hohen, gerippten, dornigen Stämme auch Platz bei Ihnen haben. Man bezeichnet sie mitunter als »nachtblühende Cereus«, da sich ihre großen, duftenden Blüten erst nach Einbruch der Dunkelheit öffnen. Die Blüten sind meist weiß, mitunter aber auch rosa, violett und gelb und erscheinen im Sommer.

TEMPERATUR 5–30 °C.

LICHT Volle Sonne, im Sommer aber etwas beschatten.

WÄSSERN Im Frühjahr und Sommer wässern, sobald die obersten 2 cm der Erde ganz trocken sind. Im Herbst gießt man nur noch einmal im Monat und im Winter gar nicht mehr.

DÜNGEN Vom späten Frühjahr bis zum Ende des Sommers monatlich einen Kali-Dünger in der halben empfohlenen Dosis geben.

SUBSTRAT In Kakteenerde oder einen 1:1-Mix aus tonhaltigem, torffreiem Substrat und Kies mit 4 mm Körnung setzen.

BLÜTE Nur ältere Kakteen blühen. Wer eine Blühgarantie braucht, kauft daher nur blühende Exemplare.

VERMEHRUNG Durch Aussaat oder Triebstecklinge.

HÄUFIGE PROBLEME Die Pflanzen faulen in nassem Substrat. Man sollte sie regelmäßig auf Schmier- bzw. Wollläuse, Schildläuse und Spinnmilben absuchen.

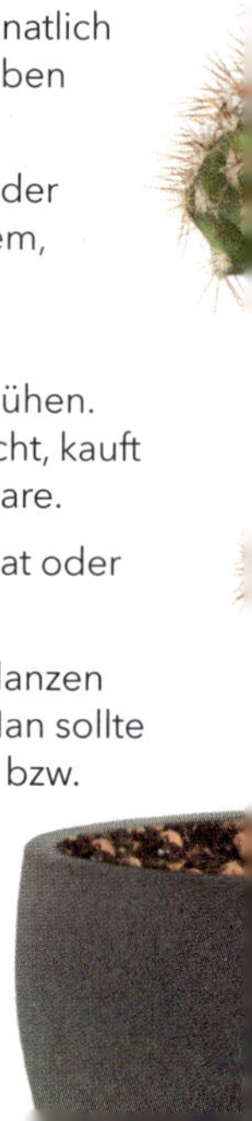

CEREUS URUGUAYANUS 'MONSTROUS'

syn. *Cereus hildmannianus* subsp. *uruguayanus*

Felsenkaktus

Wer genug Platz hat, kann den Felsenkaktus als große pflanzliche Skulptur in einem hellen, sonnigen Raum präsentieren. Die grünen oder blaugrünen, zylindrischen Stämme sind mit markanten Rippen unterteilt, die lange goldgelbe oder braune Dornen tragen. Der Kaktus blüht und fruchtet schon mit etwa vier Jahren und öffnet dann im Sommer entlang der Stämme weiße Blüten. In seiner Heimat Uruguay wird er sogar wegen seiner essbaren Früchte angebaut, die etwa so groß wie Gänseeier werden.

HÖHE UND BREITE Bis 2 m × 15 cm.

PFLEGE Siehe gegenüber.

WARNUNG! Am besten nur mit Kakteenhandschuhen anfassen.

CEREUS VALIDUS

syn. *Cereus forbesii; Cereus hankeanus*

Diese hohe, statueske *Cereus*-Art ist etwas für erfahrene Kakteengärtner. Selbst im Topf wachsen die blaugrünen, zylindrischen, dornenbesetzten Stämme mit der Zeit zu einer baumartigen, verzweigten Pflanze heran. Im Frühjahr und Frühsommer tragen sie große trichterförmige, weiße oder rosaweiße Blüten, auf die ungenießbare rote Früchte folgen.

HÖHE UND BREITE Bis 1,5 m × 10 cm.

PFLEGE Siehe gegenüber.

WARNUNG! Am besten nur mit Kakteenhandschuhen anfassen.

CEREUS VALIDUS 'SPIRALIS'

syn. *Cereus forbesii* 'Spiralis'

Spiralkaktus

Wer einen Star für seine Kakteensammlung braucht, findet ihn mit dieser *Cereus*-Sorte. Ihre hohen, verzweigten Stämme mit spiralig gedrehten, am Rand dornigen Rippen sehen aus wie riesige grüne Korkenzieher. Doch der bizarre Kaktus hat noch mehr zu bieten als ein ungewöhnliches Aussehen: Er trägt im Sommer auch eine Vielzahl weißer und rosa Blüten.

HÖHE UND BREITE 1,5 m hoch und 60 cm breit.

PFLEGE Siehe gegenüber.

WARNUNG! Möglichst nur mit Kakteenhandschuhen anfassen.

CLEISTOCACTUS

Die dornigen Überlebenskünstler aus Südamerikas Wüsten bilden entweder hohe, schlanke Säulen oder Kaskaden aus hängenden Trieben, die sich bestens für Blumenampeln eignen. Ihre zylindrischen, gerippten Stämme tragen einen dichten Harnisch aus Dornen – bei manchen Arten sind sie sogar weich. Ihre langen, schmalen Blüten sehen ein bisschen wie Lippenstifte aus und sprießen aus den Seiten der Pflanze. Ältere Pflanzen können das ganze Jahr Flor tragen, am häufigsten aber blühen sie im Frühjahr und Sommer. Manche Arten blühen erst mit 10–15 Jahren, wenn Sie also Wert auf Blüten legen, sollten Sie ältere Exemplare erstehen.

TEMPERATUR 10–30 °C

LICHT Den Großteil des Jahres in die volle Sonne stellen, im Sommer aber etwas beschatten.

WÄSSERN Im Frühjahr und Sommer immer erst wässern, wenn die oberen 2 cm des Substrats trocken sind. Im Herbst nur noch einmal im Monat gießen, im Winter gar nicht mehr.

DÜNGEN Vom späten Frühjahr bis zum Ende des Sommers alle 14 Tage einen Kalidünger in der halben empfohlenen Dosis verabreichen.

SUBSTRAT In Kakteenerde oder einen 1:1-Mix aus tonhaltigem, torffreiem Substrat und Kies mit 4 mm Körnung pflanzen.

BLÜTE Nur ältere Pflanzen blühen. Regelmäßiges Wässern im Frühjahr und Sommer fördert die Blüte.

VERMEHRUNG Durch Aussaat oder Triebstecklinge.

HÄUFIGE PROBLEME Die Pflanzen faulen in nasser Erde. Mögliche Schädlinge sind Schmier- bzw. Wollläuse und Spinnmilben.

CLEISTOCACTUS COLADEMONONIS

syn. *Cleistocactus winteri* subsp. *colademononis; Hildewintera colademononis; Winterocereus colademononis*
Affenschwanz

Die Triebe dieser ungewöhnlichen Pflanze ähneln behaarten Oktopusarmen und sind garantiert ein Gesprächsthema. Sie können bis zu 2 m lang werden und tragen im Frühjahr, mitunter auch zu anderen Jahreszeiten, kräftig rote, bis zu 8 cm lange Röhrenblüten. Bei den Haaren handelt es sich in Wirklichkeit um lange, weiche Dornen. Der Kaktus gehört in eine große Blumenampel, wo ihm in sonnigen Räumen als Blickfang die Bühne gehört.

HÖHE UND BREITE Jeder Trieb wird bis 5 cm breit und 2 m lang.

PFLEGE Siehe links.

WARNUNG! Pflanze ist giftig.

CLEISTOCACTUS PARVIFLORUS

syn. *Cereus parviflorus*

Die säulenbildende Art der Gattung *Cleistocactus* treibt hohe, bis 3 cm schmale, gerippte Stämme mit feinen braunen bis grüngelben Dornen aus. Die kleinen, röhrenförmigen Blüten sind meist gelb, manchmal auch rot.

HÖHE UND BREITE Jeder Stamm kann 3 m hoch werden und einen Durchmesser von 7 cm erreichen.

PFLEGE Siehe links.

WARNUNG! Pflanze ist bei Verzehr giftig.

CLEISTOCACTUS STRAUSII

syn. *Borzicactus strausii; Cephalocereus strausii; Cereus strausii*

Silberkerzenkaktus

Der Silberkerzenkaktus gehört zu den gängigsten *Cleistocactus*-Arten im Handel. Er bildet hohe, graugrüne, gerippte Stämme mit einem »Fell« aus feinen, weißen, haarartigen Dornen. Ältere Exemplare erreichen eine Höhe von über 45 cm und tragen im Spätsommer dunkelrote, lange zylindrische Blüten, die wie Sternschnuppen an den Stammseiten erscheinen.

HÖHE UND BREITE Bis 3 m hoch und 6 cm breit.

PFLEGE Siehe gegenüber.

WARNUNG! Pflanze ist giftig.

CLEISTOCACTUS WINTERI

syn. *Hildewintera aureispina; Winteria aureispinar; Winterocereus aureispinus*

Wer das Ungewöhnliche und Bizarre bevorzugt, ist mit diesem Kaktus bestens bedient. Sein Gewirr aus ausladenden bis hängenden Trieben erinnert an lange, dornige Würste oder Schlangen. Die orangefarbenen bis lachsrosa Röhrenblüten öffnen sich im Frühjahr und Sommer. Die Art braucht einen großen Topf oder eine Blumenampel, damit sich ihre langen, pelzigen Triebe ungehindert ausbreiten können.

HÖHE UND BREITE Horste werden bis 1 m lang und 60 cm breit.

PFLEGE Siehe gegenüber.

WARNUNG! Pflanze ist giftig.

COPIAPOA

Die hübschen kleinen Kakteen stammen aus den trockenen Küstenwüsten Nordchiles und eignen sich hervorragend für kleine Fensterbankarrangements. Ihre oliv- bis blaugrünen, kugeligen oder leicht säulenförmigen Stämme haben klar definierte Rippen und schwarze oder braune Dornen; manche Arten kommen auch ganz ohne Dornen aus. Ältere Pflanzen bilden mehrstämmige Horste. *Copiapoa* zeichnet sich durch gelbe Blüten aus, die sich im Sommer aus einem wollig behaarten Scheitel öffnen.

TEMPERATUR 10–30 °C.

LICHT Volle Sonne; im Sommer etwas beschatten.

WÄSSERN Vom zeitigen Frühjahr bis in den Herbst hinein mit Regenwasser gießen, den obersten Zenitmeter des Substrats zwischen den Wassergaben aber stets austrocknen lassen. Erde im Winter ganz trocken halten.

DÜNGEN Im Frühjahr und Sommer monatlich mit einem Kalidünger in halber empfohlener Dosierung düngen.

SUBSTRAT In Kakteenerde oder einen 1:1-Mix aus tonhaltigem Substrat ohne Torfanteil und Kies mit 4 mm Körnung setzen.

BLÜTE Angemessenes Wässern und Düngen während der Wachstumsphase vorausgesetzt, blühen die Pflanzen schon jung recht bereitwillig.

VERMEHRUNG Durch Aussaat oder Stecklinge bzw. Kindel.

HÄUFIGE PROBLEME In nasser Erde faulen die Kakteen rasch. Ausschau halten sollte man nach Schmier- bzw. Wollläusen und Spinnmilben.

COPIAPOA HYPOGAEA

syn. *Chileorebutia hypogaea; Neochilenia hypogaea; Pilocopiapoa hypogaea*

In ihrer Heimat Chile wächst diese niedrige Art zum Teil unter der Bodenoberfläche, um sich vor der sengenden Sonne zu schützen. Jungpflanzen tragen nur wenige Dornen, die aus kleinen weißfilzigen Bereichen herausragen, sodass die Pflanze leicht fleckig wirkt. Ihre goldgelben, duftenden Blüten öffnen sich im Sommer.

HÖHE UND BREITE Jeder Stamm kann 7 × 12 cm groß werden.

PFLEGE Siehe links.

WARNUNG! Den Kaktus am besten nur mit Kakteenhandschuhen anfassen.

COPIAPOA TENUISSIMA

syn. *Copiapoa humilis* subsp. *tenuissima; Copiapoa hypogaea* subsp. *tenuissima*

Die olivgrünen, warzigen Stämme dieses kompakten Kaktus sind mit feinen, haarähnlichen Dornen besetzt, die ein bisschen wie Strahlenkränze aussehen. Sie bleiben niedrig und bilden Horste, blühen aber im Frühjahr oder Sommer verlässlich mit kleinen duftenden, gelben Blüten am Scheitel.

HÖHE UND BREITE Bis 7 × 12 cm.

PFLEGE Siehe gegenüber.

WARNUNG! Den Kaktus am besten nur mit Kakteenhandschuhen anfassen.

CORYPHANTHA

Diese runden oder kurz zylindrischen Kakteen bilden hübsche, warzige Stämme. Manche Arten haben kaum Dornen, bei anderen sind sie lang und gebogen und das dekorativste Hauptmerkmal. Die gelben, rosa und manchmal cremeweißen Blüten erscheinen im Frühjahr oder Sommer am Scheitel. Selbst ältere Pflanzen bleiben klein und kompakt, sodass sie ideale Kandidaten für beengte Verhältnisse sind.

TEMPERATUR 5–30 °C; manche Arten vertragen bis zu -10 °C, falls das Substrat trocken ist.

LICHT In die volle Sonne stellen, im Hochsommer aber etwas Schatten geben.

WÄSSERN Von der Frühjahrsmitte bis zum Frühherbst wässern, wenn die obersten 2 cm des Substrat trocken sind. Im Winter trockener halten und nur einmal im Monat leicht wässern.

DÜNGEN Vom späten Frühjahr bis zum Spätsommer alle 14 Tage einen Kalidünger in halber Dosierung verabreichen.

SUBSTRAT In Kakteenerde oder einen 1:1-Mix aus tonhaltigem, torffreiem Substrat und Feinkies mit 4 mm Körnung setzen.

BLÜTE Ältere Pflanzen blühen im Sommer, sofern sie ausreichend Dünger und Wasser bekommen.

VERMEHRUNG Durch Aussaat oder Stecklinge bzw. Kindel.

HÄUFIGE PROBLEME In feuchtem Substrat neigen die Pflanzen zu Fäulnis. Zudem sollte man sie gelegentlich nach Schmierläusen (Wollläusen) und Spinnmilben absuchen.

CORYPHANTHA MACROMERIS

syn. *Echinocactus macromeris; Lepidocoryphantha macromeris; Mammillaria macromeris*

Diese nadelkissenartigen Kakteen kommen in den Wüsten Mexikos und im Süden der USA vor. Sie brauchen wenig Pflege und sind daher ideale Einsteigerpflanzen. Ihre kurzen, zylindrischen Stämme tragen Warzen und Dornen. Sie vermehren sich rasch und bilden kleine Horste. Oben sitzen lange braune, nadelartige Dornen, während sie am Rest des Stamms kürzer und weiß sind. Die trichterförmigen, rosa- oder magentaroten Blüten öffnen sich im Sommer.

HÖHE UND BREITE Bis 15 × 10 cm.

PFLEGE Siehe links.

WARNUNG! Den Kaktus nur mit Kakteenhandschuhen anfassen.

DISOCACTUS

Diese Kakteen unterscheiden sich radikal von ihren in der Wüste beheimateten Vettern. Sie stammen aus den mittelamerikanischen, karibischen und südamerikanischen Tropen, wo sie auf Bäumen und Felsen wachsen. Ihre langen hängenden, zylindrischen oder flach bänderartigen Triebe sind in Blumenampeln ein beeindruckender Blickfang. Die großen roten oder rosa Sternblüten erscheinen im Frühjahr oder Sommer und bieten ein Spektakel sondergleichen.

TEMPERATUR 6–24 °C; im Winter Temperaturen zwischen 11 und 14 °C.

LICHT An einen hellen Platz ohne direkte Sonne stellen. Im Sommer vor praller Mittagssonne schützen.

WÄSSERN Von der Frühjahrsmitte bis zum Frühherbst das Substrat beim Wässern gut durchnässen, dann aber erst wieder gießen, wenn der oberste Zentimeter der Erde trocken ist. Im Winter die Erde nur leicht feucht halten. Triebe gelegentlich besprühen, um die Luftfeuchtigkeit zu erhöhen.

DÜNGEN Vom zeitigen Frühjahr bis zum Herbst alle zwei Wochen einen flüssigen Blattdünger in halber Dosierung auf die Triebe sprühen.

SUBSTRAT In Kakteenerde mit etwas Feinkies oder eine 3:2:1-Mischung aus tonhaltigem, torffreiem Substrat, Feinkies mit 4 mm Körnung und torffreier Blumenerde setzen.

BLÜTE Pflanzen im Winter an einen kühlen (11–14 °C) Platz stellen und Substrat nur ganz leicht feucht halten, damit sich Blütenknospen entwickeln.

VERMEHRUNG Durch Aussaat oder Triebstecklinge im Frühjahr.

HÄUFIGE PROBLEME Schmierläuse (Wollläuse) und Spinnmilben.

DISOCACTUS FLAGELLIFORMIS

syn. *Aporocactus flagelliformis*
Peitschenkaktus

Eine der gängigsten und unkompliziertesten *Disocactus*-Arten. Die hängenden Triebe des Peitschenkaktus vermehren sich rasch und bilden bald eine dornige Kaskade mit bis zu 1 m Länge. Die gerippten, zylindrischen Triebe sind mit winzigen, rötlich gelben Dornen bedeckt, die wie Haare aussehen, aber dennoch tückisch sind und schmerzhaft stechen können. Ein Bonus sind die karminroten und rosa Blüten. Sie öffnen sich im späten Frühjahr, wenn auch nur für ein paar Tage. Man sollte die Pflanze in einer großen Blumenampel präsentieren, wo sie ihr Potenzial voll entfalten kann.

HÖHE UND BREITE Die Horste werden 1,5 × 0,6 m groß.

PFLEGE Siehe links.

WARNUNG! Den Kaktus am besten nur mit Kakteenhandschuhen anfassen.

ECHINOCACTUS

Diese Klassiker sind mit ihrer runden Fassform und den regelmäßig angeordneten, bedornten Rippen Klassiker unter Einsteigern wie Sammlern. *Echinocactus* bringen Farbe und Textur in ein Arrangement aus Wüstenkakteen. Ihre langen gelblichen, cremeweißen und gelegentlich auch roten Dornen sitzen an den Rippenrändern und bilden bei vielen Arten deutlich sichtbare Streifen. Im Sommer erscheinen an der Spitze des Stamms kleine gelbe oder rosa Blüten wie kleine Rosetten.

TEMPERATUR 10–30 °C.

LICHT In die volle Sonne stellen, im Sommer aber leicht beschatten.

WÄSSERN Von der Frühjahrsmitte bis zum Frühherbst nur wässern, wenn die obersten 2 cm des Substrats ganz trocken sind. Im Winter Pflanze trocken halten.

DÜNGEN Vom späten Frühjahr bis zum Spätsommer monatlich einen Kaktusdünger in halber Dosierung geben.

SUBSTRAT In Kakteenerde oder einen 1:1-Mix aus tonhaltigem Substrat ohne Torfanteil und Kies mit 4 mm Körnung setzen.

BLÜTE Ältere Pflanzen blühen im Sommer, sofern man sie mit etwas Dünger und Wasser angemessen versorgt (siehe oben).

VERMEHRUNG Durch Aussaat.

HÄUFIGE PROBLEME Die Pflanze fault leicht, wenn man sie in feuchtem Substrat stehen lässt. Suchen Sie sie zudem regelmäßig nach Blattläusen, Schmierläusen (Wollläusen) und Schildläusen ab.

ECHINOCACTUS GRUSONII

Goldkugelkaktus

Mit seinen farbenfrohen, festen Dornen ist der Goldkugelkaktus, gelegentlich auch Schwiegermuttersessel genannt, ein faszinierendes, außergewöhnlich strukturiertes Dekoelement. Die hellgrünen, stark gerippten Kugeln tragen kurze, dicht stehende gelbe Dornen in Reihen und einen cremegelben wolligen Scheitel. Sie wirken mit ihrer klassischen Kaktussilhouette überaus ansprechend, die kleinen gelben Blüten hingegen sind enttäuschend unscheinbar und werden in der cremefarbenen »Wolle« am oberen Ende des Stamms leicht übersehen. Der Kaktus hat in der Regel einen einzigen Trieb, doch können ältere Pflanzen auch Horste bilden.

HÖHE UND BREITE Bis 60 × 60 cm.

PFLEGE Siehe gegenüber.

WARNUNG! Am besten nur mit Kakteenhandschuhen anfassen.

ECHINOCEREUS

Die im Süden der USA und in Mexiko beheimateten Pflanzen mit dem deutschen Namen Igelsäulenkaktus gehören zu den unkompliziertesten Kakteen überhaupt. Ihre zylindrischen Stämme tragen dornige Rippen, die bei manchen Arten farbig, lang oder gebogen sind und ein kompliziertes Muster auf der gesamten Pflanze bilden. Abgesehen von den dekorativen Stämmen werden diese hübschen Pflanzen wegen ihrer großen, spektakulären Blüten gezogen, deren Farbpalette von Rosa und Rot über Gelb bis hin zu Braun und Grün reicht, wobei manche sogar zweifarbig sind. Die Blüten öffnen sich im Frühjahr oder Sommer am Scheitel der Stämme und bilden später essbare Früchte. Ältere Pflanzen entwickeln große Horste aus dornigen Stämmen.

TEMPERATUR 5–30 °C.

LICHT Braucht volle Sonne, sollte im Hochsommer aber etwas beschattet werden.

WÄSSERN Im Frühjahr und Sommer wird gewässert, wenn die obersten 2 cm des Substrats ganz trocken sind. Im Herbst reicht eine einzige Wassergabe im Monat. Im Winter verzichtet man ganz auf das Gießen.

DÜNGEN Vom Frühjahr bis zum Frühherbst monatlich einen Kaktusdünger in halber empfohlener Dosierung geben.

SUBSTRAT In Kakteenerde oder einen 1:1-Mix aus tonigem Substrat ohne Torf und Kies (4 mm Körnung) setzen.

BLÜTE Um die Blüte zu fördern, die Pflanzen in ein sonniges Fenster stellen (außer im Sommer, siehe oben).

VERMEHRUNG Durch Aussaat oder Stecklinge bzw. Kindel.

HÄUFIGE PROBLEME Wird zu stark gewässert, können die Kakteen faulen. Man sucht sie regelmäßig auf Schmier- und Schildläuse ab.

ECHINOCEREUS PENTALOPHUS

syn. *Cereus pentalophus; Cereus pentalophus* var. *radicans; Cereus pentalophus* var. *simplex*

Ein Muss für Kakteensammler. Die Art entwickelt zahlreiche schmale grüne Stämme, die fast wie gespreizte Finger aussehen. Sie sind besetzt mit langen, spitzen, weißen oder gelblichen Dornen entlang der Rippen. Im späten Frühjahr öffnen sich am Scheitel leuchtend rosa Blüten mit gelber oder cremeweißer Mitte, danach erscheinen essbare grüne Früchte. Man kultiviert den Kaktus am besten in einer Ampel oder einem hohen Topf, sodass die Triebe und Blüten über die Ränder hängen können.

HÖHE UND BREITE Bis 20 × 20 cm.

PFLEGE Siehe links.

WARNUNG! Den Kaktus am besten nur mit Kakteenhandschuhen anfassen.

ECHINOCEREUS PULCHELLUS

syn. *Cereus pulchellus; Echinocactus pulchellus; Echinonyctanthus pulchellus; Echinopsis pulchella*

Die filigranen, blaugrünen, kugeligen Stämme dieses kleinen Kaktus tragen winzige weiße Dornenbündel, die aus wolligen Areolen entlang der Rippen entspringen, sodass die Pflanze fast wie gefleckt wirkt. Am Scheitel jedes kuppelförmigen Stamms erscheinen rosa oder rosaweiße Trichterblüten.

HÖHE UND BREITE Bis 6 × 7 cm.

PFLEGE Siehe S. 205.

WARNUNG! Den Kaktus am besten nur mit Kakteenhandschuhen anfassen.

ECHINOCEREUS REICHENBACHII

syn. *Cereus reichenbachianus; Echinocactus reichenbachianus; Echinocactus reichenbachii*

Die kleinen, zylindrischen, dunkelgrünen Stämme dieses Kaktus sind hinter den vielfarbigen braunen, schwarzen, rosa oder weißen, gebogenen Dornen oft kaum auszumachen. Diese Dornen verweben sich zu einem spitzenartigen Muster. Sie stehen an Rippen, die bei manchen Arten leicht spiralig verlaufen, was den Reiz dieser kleinen Pflanze noch erhöht. Im Frühjahr oder Sommer erscheinen am Scheitel große violette oder rosa Blüten mit süßem Duft.

HÖHE UND BREITE Bis 25 × 10 cm.

PFLEGE Siehe S. 205.

WARNUNG! Den Kaktus am besten nur mit Kakteenhandschuhen anfassen.

ECHINOCEREUS RIGIDISSIMUS subsp. RUBISPINUS

syn. *Echinocereus pectinatus* var. *rubispinus; Echinocereus rigidissimus* var. *rubispinus*

Dieser beliebte Kaktus wird wegen seiner dunkelroten und violetten Dornen geschätzt. Sie überziehen die zylindrischen Stämme wie ein dichtes Geflecht. Als sei das noch nicht auffällig genug, erscheinen im Sommer seitlich auch noch große magentafarbene oder rote Blüten mit weißem Schlund. Die Pflanze bildet mit der Zeit kleine Horste.

HÖHE UND BREITE Bis 25 × 60 cm.

PFLEGE Siehe S. 205.

WARNUNG! Den Kaktus möglichst nur mit Kakteenhandschuhen anfassen.

ECHINOCEREUS VIERECKII

syn. *Echinocereus viereckii subsp. viereckii*

Die dichten Horste dieser Art setzen sich aus apfelgrünen Stämmen zusammen, von denen sich die gelben Dornen kontrastreich absetzen. Wer Kinder hat, sollte sich die im Handel verbreitetere Form Echinocereus viereckii subsp. morricalii (Bild) zulegen, die fast keine Dornen trägt und daher sicherer ist. Beide Arten öffnen im Sommer große, trichterförmige, Blüten in hellem Magenta.

HÖHE UND BREITE Jeder Stamm kann 30 cm hoch und 8 cm breit werden.

PFLEGE Siehe S. 205.

WARNUNG! Den Kaktus am besten nur mit Kakteenhandschuhen anfassen.

ECHINOPSIS

Die Vertreter dieser Gattung zeichnen sich durch eine große Vielfalt an Formen und Größen aus. Sie reicht von winzigen, gedrungenen bis zu großen, baumähnlichen Arten. Die einnehmenden Röhrenblüten gibt es in vielen Farben, etwa in Weiß, Rot, Rosa, Violett, Orange und Gelb. Dafür dass jede nur einen Tag lang hält, öffnen sich im Frühjahr und Sommer monatelang immer neue Blüten. Man nennt die Gattung im Deutschen Seeigelkaktus, weshalb sie oft mit dem Igelsäulenkaktus (*Echinocereus*, siehe S. 205–206) verwechselt werden.

TEMPERATUR 5–30 °C. Im Winter kühl und trocken stellen. Verträgt kurzzeitig bis -5 °C, falls das Substrat trocken bleibt.

LICHT In die volle Sonne stellen, im Sommer leicht beschatten.

WÄSSERN Zwischen Spätfrühling und Frühherbst immer dann wässern, wenn die obersten 2 cm des Substrats komplett trocken sind. Im Herbst nur noch einmal im Monat, im Winter gar nicht mehr gießen.

DÜNGEN Im Sommer alle zwei Wochen einen Kalidünger in der halben empfohlenen Dosierung verabreichen.

SUBSTRAT In Kakteenerde oder eine Mischung aus 1 Teil tonhaltigem und torffreiem Substrat und 1 Teil Kies mit 4 mm Körnung pflanzen.

BLÜTE Bei Temperaturen über 21 °C und viel Sonne blüht die Pflanze im Frühjahr und Frühsommer.

VERMEHRUNG Durch Aussaat oder Stecklinge bzw. Kindel.

HÄUFIGE PROBLEME In feuchter Erde faulen die Pflanzen. Sie sollten regelmäßig auf Schmier- bzw. Wollläuse und Schildläuse hin abgesucht werden.

ECHINOPSIS CHAMAECEREUS

syn. *Cereus silvestrii; Chamaecereus silvestrii; Lobivia silvestrii*

Zwergsäulenkaktus

Zwergsäulenkakteen bilden Horste aus kurzen, fingerartigen, gerippten Stämmen. Jung sind sie mit weichen Dornen besetzt, die mit der Zeit jedoch verschwinden. Sie wachsen anfangs aufrecht, beginnen aber allmählich überzuhängen und eignen sich daher gut für kleine Blumenampeln. Im Frühjahr und Sommer sitzen an den Stämmen große, kräftig rote Blüten mit dunklem Auge.

HÖHE UND BREITE Bis 15 × 30 cm.

PFLEGE Siehe links.

WARNUNG! Den Kaktus am besten nur mit Kakteenhandschuhen anfassen.

ECHINOPSIS FORMOSA

syn. *Lobivia formosa; Soehrensia formosa*

Die gerippten Säulen dieses Kaktus sind mit langen weißen, braunen oder beigen Dornen bewehrt. Sie stehen einzeln, bilden selten aber auch Horste. Die Blüten öffnen sich im Frühsommer. Sie sind normalerweise gelb, bei manchen Exemplaren auch orange oder rötlich orange.

HÖHE UND BREITE Bis 60 × 30 cm.

PFLEGE Siehe S. 207.

WARNUNG! Den Kaktus am besten nur mit Kakteenhandschuhen anfassen.

ECHINOPSIS SUBDENUDATA 'TUFTY'

syn. *Echinopsis ancistrophora; Echinopsis subdenudatus*

Seeigelkaktus

Die graugrünen kugeligen Stämme dieses Kaktus bleiben eher klein, obwohl ältere Exemplare durchaus höher werden und eine zylindrische Form annehmen können. Die Art ist fast dornenlos oder hat nur sehr kurze Dornen und ist daher auch für Kinder geeignet. Bei den hellen Flecken handelt es sich um wollige Areolen. Die spektakulären, süß duftenden Blüten suchen ihresgleichen und begeistern fast durchgehend vom späten Frühjahr bis zum Spätsommer. Sie halten zwar nur einen Tag, doch erscheinen sukkzessiver immer wieder neue Blüten.

HÖHE UND BREITE Bis 30 × 8 cm.

PFLEGE Siehe S. 207.

EPIPHYLLUM

Diese tropischen Kakteen werden wegen ihrer großen orchideenartigen Blüten und langen, oft gewelltrandigen Triebe mit glatter Oberfläche geschätzt. Sie stellen ähnliche Ansprüche wie *Disocactus* (siehe S. 204). Ihre hängenden Triebe bilden in Blumenampeln ein üppiges Laubgewirr. Die duftenden Blüten erscheinen im Sommer oder Herbst; sie sind weiß, orange, rot oder gelb und manchmal sogar zweifarbig. In Mexiko sind die Früchte ein beliebtes Obst.

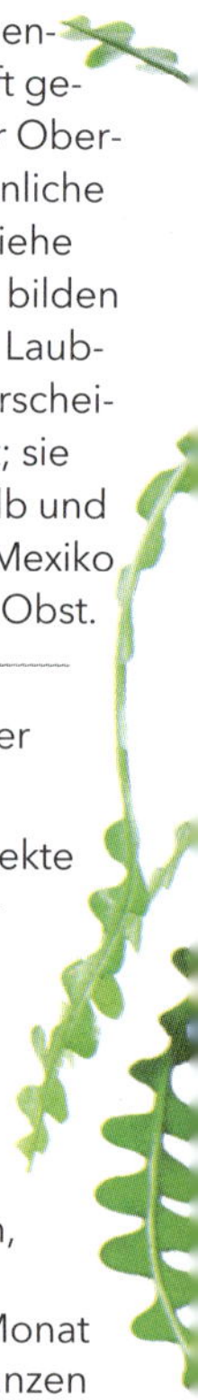

TEMPERATUR 6–24 °C; im Winter sind 11–14 °C ideal.

LICHT Helle Standorte ohne direkte Sonne. Im Sommer vor der Mittagssonne schützen.

WÄSSERN Die meiste Zeit des Jahres kann das Substrat beim Wässern ordentlich eingeweicht werden, dann aber wird erst wieder gegossen, wenn die obersten 1 cm ganz trocken sind. Im Winter einen Monat lang nicht wässern, weil die Pflanzen eine Ruhephase brauchen. *Epiphyllum*-Arten brauchen eine gewisse Luftfeuchtigkeit.

DÜNGEN Im Frühjahr und Sommer alle zwei Wochen mit Kaktusdünger versorgen.

SUBSTRAT In Kakteenerde mit etwas Kies oder eine 3:2:1-Mischung aus tonhaltigem, torffreiem Substrat, Kies mit 4 mm Körnung und torffreier Universalerde setzen.

BLÜTE Pflanzen im Winter kühl (bei 11–14 °C) stellen und Erde nur ganz leicht feucht halten, damit sich Blütenknospen bilden. Im Frühjahr an einen wärmeren Platz stellen.

VERMEHRUNG Durch Aussaat oder Triebstecklinge.

HÄUFIGE PROBLEME Pflanzen regelmäßig auf Schmierläuse (Wollläuse) und Spinnmilben absuchen.

EPIPHYLLUM ANGULIGER

Sägeblattkaktus

Die zu Recht beliebte Pflanze bildet Kaskaden aus ungewöhnlich gewelltrandigen Blättern, die fast einem Sägeblatt ähneln, daher der Name. Die weißen, duftenden Blüten erscheinen im Herbst und öffnen sich nachts - jede hat nur ein, zwei Tage Bestand. Auf sie folgen essbare grünliche Früchte, die ein bisschen wie Stachelbeeren schmecken. In hellen Räumen ist der Sägeblattkaktus in einer Ampel oder einem Topf auf einem Pflanzenständer eine dekorative Bereicherung jedes Interieurs.

HÖHE UND BREITE Die Horste erreichen Dimensionen von 20 × 30 cm.

PFLEGE Siehe gegenüber.

ERIOSYCE

Dank ihres Dornenkleids sind einige *Eriosyce*-Arten sehr beliebt bei Sammlern, die das Besondere suchen. Die rundlichen bis zylindrischen Stämme wirken zwar eher unscheinbar, doch ihre langen, gebogenen, cremeweißen, schwarzen oder braunen Dornen, die bei manchen Arten den ganzen Kaktus bedecken, ziehen die Blicke auf sich. Im Sommer öffnen sich am Scheitel rosa, gelbe oder cremeweiße Blüten.

TEMPERATUR 5–30 °C; verträgt kurzzeitig auch bis zu -4 °C, trockenes Substrat vorausgesetzt.

LICHT Volle Sonne. Im Hochsommer mittags etwas beschatten.

WÄSSERN Vom späten Frühjahr bis zum Herbst immer erst wässern, wenn die obersten 2 cm des Substrats trocken sind. Im Herbst nur noch einmal im Monat, im Winter gar nicht gießen.

DÜNGEN Im Sommer alle zwei Wochen einen Kalidünger in der halben empfohlenen Dosis geben.

SUBSTRAT In Kakteenerde oder einen 1:1-Mix aus tonhaltigem Substrat ohne Torfanteil und Kies mit 4 mm Körnung setzen.

BLÜTE Bei guter Pflege blühen die Pflanzen verlässlich.

VERMEHRUNG Durch Aussaat.

HÄUFIGE PROBLEME Bei zu starkem Wässern drohen die Kakteen zu faulen. Suchen Sie sie ab und an nach Schmier- und Schildläusen ab.

ERIOSYCE SENILIS

syn. *Echinocactus senilis; Euporteria senilis; Neoporteria nidus* fo. *senilis*

Obwohl sehr klein, ist *Eriosyce senilis* in jeder Kakteensammlung unübersehbar. Sein auffälligstes Merkmal sind die gebogenen, borstigen weißen Dornen, die die rundlichen bis kurz säulenförmigen, leicht violetten Stämme wie Zuckerwatte bedecken. Im Sommer zieren ihn zudem magentafarbene, wenn auch nicht sonderlich große Blüten, die seinen Reiz noch erhöhen.

HÖHE UND BREITE Jeder Stamm kann 18 cm hoch und 8 cm breit werden.

PFLEGE Siehe links.

WARNUNG! Den Kaktus am besten nur mit Kakteenhandschuhen anfassen.

ESPOSTOA

Ihr wolliges Kleid schützt diese hohen, schlanken Kakteen in ihrer Heimat, den Anden, vor dem rauen Klima. Die säulenförmigen, wuschelig wirkenden Stämme geben einem gemischten Kaktusarrangement Höhe und Textur. Ältere Pflanzen tragen zudem im Sommer große glockenförmige Blüten, aus denen süße, essbare Früchte entstehen. Zimmerpflanzen blühen allerdings nur selten.

TEMPERATUR 12–30 °C.

LICHT In die volle Sonne stellen, im Hochsommer aber etwas beschatten.

WÄSSERN Vom späten Frühjahr bis zum Herbst immer dann wässern, wenn der oberste Zentimeter des Substrats trocken ist. Im Herbst weniger gießen, im Winter ganz trocken halten.

DÜNGEN Vom Frühjahr bis zum Herbst monatlich einen Kaktusdünger in halber Dosierung verabreichen.

SUBSTRAT In Kakteenerde oder einen 1:1-Mix aus tonhaltigem Substrat ohne Torfanteil und Kies mit 4 mm Körnung setzen.

BLÜTE Es blühen nur ältere Pflanzen, die sehr hell stehen.

VERMEHRUNG Durch Aussaat.

HÄUFIGE PROBLEME Wird zu stark gewässert, können die Pflanzen faulen. Regelmäßig auf Schmier- und Schildläuse untersuchen.

ESPOSTOA LANATA

syn. *Cleistocactus lanatus; Oreocereus lanatus*

Mit seinen hohen, gerippten, von einem Dickicht haarähnlicher Dornen überzogenen Säulen bildet dieser Kaktus eine auffällige Silhouette. Fast möchte man ihn streicheln, doch sollte man das lieber lassen: Seine Dornen können ordentlich stechen. Der Kaktus bildet mit der Zeit Horste, ältere Pflanzen verzweigen sich zudem. Blüten sind, vor allem bei Zimmerpflanzen, eher selten, sollten sie aber dennoch erscheinen, dann vom späten Frühjahr bis zum Frühsommer und auch nur nachts. Sie sind weiß oder violett.

HÖHE UND BREITE Jede Säule kann 3 m hoch und 20 cm breit werden.

PFLEGE Siehe links.

WARNUNG! Den Kaktus am besten nur mit Kakteenhandschuhen anfassen.

ESPOSTOA MELANOSTELE

syn. *Cephalocereus melanostele; Cereus melanostele*

Wie sein naher Verwandter (siehe links) wächst auch dieser Kaktus zu einer hohen Pflanze heran. Seine graugrünen Säulen sind bewehrt mit spitzen gelben Dornen zwischen feinen weißen, haarartigen Dornen, die wie Wolle aussehen. In einen großen Topf gepflanzt bildet die Pflanze bald vielstämmige Horste. Die Blüten sind weiß, erscheinen bei Zimmerpflanzen aber nur selten.

HÖHE UND BREITE Bis 1 × 0,6 m.

PFLEGE Siehe links.

WARNUNG! Sollte man nur mit Kakteenhandschuhen anfassen.

FEROCACTUS

Die Vertreter dieser Gattung - sie stammen aus den südlichen USA und Mexiko - werden wegen ihrer pummeligen Fassform und des wehrhaften Besatzes aus Dornen geschätzt. Letztere sind gerade oder hakig und bei einigen Arten sogar kräftig rot oder rosa gefärbt. Die kleinen Trichterblüten leuchten gelb, violett oder rot und erscheinen im Sommer im Dornendickicht. Lassen Sie Kinder und Haustiere nicht in die Nähe dieser Pflanzen.

TEMPERATUR 10–30 °C. Pflanze vom Spätherbst bis zum Spätwinter an einen 10–12 °C kühlen Platz stellen.

LICHT Volle Sonne, aber im Hochsommer etwas beschatten.

WÄSSERN Vom Frühjahr bis zum Frühherbst immer erst dann wässern, wenn die obersten 2 cm des Substrats ausgetrocknet sind. Reichlich wässern, dann wieder austrocknen lassen. Vom Spätherbst bis zum Spätwinter Substrat fast ganz trocken halten.

DÜNGEN Vom Frühjahr bis zum Frühherbst alle 3–4 Wochen einen Kaktusdünger in schwacher Dosierung geben.

SUBSTRAT In Kakteenerde oder eine 3:1:1-Mischung aus tonhaltigem Substrat, Sand und Feinkies setzen.

BLÜTE Bei ausreichend Licht und geringen Düngergaben blühen die Pflanzen.

VERMEHRUNG Durch Aussaat.

HÄUFIGE PROBLEME Fault in nasser Erde oder bei hoher Luftfeuchtigkeit oftmals. Schmier- und Schildläuse können zum Problem werden.

FEROCACTUS EMORYI subsp. RECTISPINUS

syn. *Ferocactus rectispinus; Echinocactus emoryi* var. *rectispinus; Echinocactus rectispinus*

Mit seinem Panzer aus furchterregenden roten, bis zu 25 cm langen Dornen ist dieser Kaktus garantiert Gesprächsthema. Die Pflanze hat aber auch eine zarte Seite: Sie bildet im Sommer schöne große, hellgelbe Blüten. Passen Sie auf, dass sich niemand an den Dornen verletzen kann. Ideal ist ein Regal, das tiefer ist als die Dornen lang und an das weder Haustiere noch Kinder gelangen können.

HÖHE UND BREITE Bis 60 × 30 cm.

PFLEGE Siehe links.

WARNUNG! Den Kaktus nur mit festen Kakteenhandschuhen anfassen.

FEROCACTUS FORDII subsp. BOREALIS

syn. *Echinocactus fordii*

In voller Blüte ist dieser rundliche Kaktus kaum zu übersehen. Man kann ihn als Leitpflanze oder Solitär einsetzen. Seine spektakulären, langen, rot getönten, gebogenen, von dünneren weißen Dornen gesäumten »Krallen« sitzen sternförmig entlang graugrüner Rippen. Die großen, violettrosa Blüten erscheinen im Sommer am Scheitel. Wer noch längere, schwertartige Dornen haben möchte, sollte sich für die reine Art *Ferocactus fordii* entscheiden.

HÖHE UND BREITE Bis 45 × 30 cm.

PFLEGE Siehe links.

WARNUNG! Den Kaktus nur mit Kakteenhandschuhen anfassen.

FEROCACTUS GLAUCESCENS

syn. *Ferocactus pfeifferi; Echinocactus glaucescens; Echinocactus pfeifferi*

Jungpflanzen dieses bläulichen Kaktus sind rund, entwickeln mit der Zeit aber eine eher zylindrische Form. Der Kaktus ist anspruchslos und hat lange gelbe Dornen, die an den Rändern ausgeprägter Rippen in sternförmigen Bündeln sitzen. Im Sommer trägt die Pflanze lange geöffnete gelbe Trichterblüten. Mit der Zeit bildet die dekorative Art mehrstämmige Horste.

HÖHE UND BREITE Bis 60 × 50 cm.

PFLEGE Siehe S. 211.

WARNUNG! Den Kaktus nach Möglichkeit mit Kakteenhandschuhen anfassen.

FEROCACTUS GRACILIS

syn. *Ferocactus peninsulae* var. *gracilis*

Mit seinen spektakulären rosa Dornen zieht dieser farbenfrohe Kaktus alle Blicke auf sich. In jungen Jahren ist er wie seine Vettern rundlich, wird mit der Zeit aber säulenförmiger. Horste hingegen bildet er nur sehr langsam. Die rosaroten Blüten öffnen sich im Frühsommer am Scheitel.

HÖHE UND BREITE Bis 60 × 30 cm.

PFLEGE Siehe S. 211. Wenn die Dornen im Sommer ihre Färbung verlieren, sollte man die Pflanze an einen helleren Platz stellen.

WARNUNG! Kann nur mit Kakteenhandschuhen angefasst werden.

FEROCACTUS LATISPINUS

syn. *Ferocactus latispinus* var. *latispinus*; *Echinocactus cornigerus* var. *latispinus*; *Echinocactus latispinus*
Teufelszunge

Es ist unschwer zu erkennen, woher dieser Kaktus seinen Namen hat: Jeweils einer der gebogenen roten Dornen pro Bündel ist größer und länger als die anderen und erinnert tatsächlich an eine herausgestreckte Zunge. In Kombination mit kleineren roten und cremeweißen Dornen anderer Kakteen ergibt sich ein reizvolles Zusammenspiel. Der blaugrüne, gerippte Stamm behält im Alter eine rundlichere Form als der vieler anderer Ferocactus-Arten. Ältere Exemplare tragen im Sommer violettrosa Blüten.

HÖHE UND BREITE Bis 25 × 25 cm.

PFLEGE Siehe S. 211.

WARNUNG! Den Kaktus nur mit Kakteenhandschuhen anfassen.

FEROCACTUS MACRODISCUS

syn. *Echinocactus macrodiscus*

Die Art entwickelt mit der Zeit einen niedrigen, breiten, kuppelförmigen Stamm, durch den sie sich von anderen Arten der Gattung unterscheidet. An ihren graugrünen Rippen sitzen gebogene, cremefarbene Dornen. Diese sind zwar nicht so spektakulär wie die einiger anderer Ferocactus-Arten, dafür bietet diese Art im Frühjahr große weiße und rosa Blüten an – sogar junge Exemplare schmücken sich schon damit.

HÖHE UND BREITE Bis 10 × 25 cm.

PFLEGE Siehe S. 211.

WARNUNG! Den Kaktus nach Möglichkeit nur mit Kakteenhandschuhen anfassen.

FEROCACTUS VIRIDESCENS

syn. *Echinocactus viridescens*

Eine einnehmende rundliche Form und kräftig grüne gerippte Stämme zeichnen diesen Kaktus aus. Seine gebogenen gelben Dornen sind anfangs rosa, sodass sich im Verbund mit älteren Dornen ein reizvoller Zweifarbeneffekt ergibt. Im Frühsommer bilden sich grüne oder rot getönte Blüten. Man kann diesen eher unscheinbaren Kaktus als Hintergrund für farbkräftigere Vertreter einsetzen.

HÖHE UND BREITE Bis 25 × 30 cm.

PFLEGE Siehe S. 211.

WARNUNG! Den Kaktus am besten nur mit Kakteenhandschuhen anfassen.

GYMNOCALYCIUM

Die Angehörigen dieser Gattung pflegeleichter südamerikanischer Kakteen bleiben rund und kompakt. Sie tragen weiße, braune oder schwarze Dornen, die strahlenförmig aus wolligen Areolen an den Rippen entspringen. Die Stämme sind grau- oder blaugrün und bei manchen Arten ungewöhnlich breit gerippt, sodass sie im Prinzip aus dreieckigen Segmenten bestehen, die wie kleine Kinne aussehen. Die meisten *Gymnocalycium*-Vertreter tragen im Frühjahr oder Sommer weiße, cremefarbene oder blassrosa Blüten, bei manchen der beliebtesten Arten sind sie auch dunkelrot oder gelb.

TEMPERATUR 10–30 °C. Manche Arten vertragen bis -15 °C.

LICHT In die volle Sonne, im Hochsommer in lichten Schatten stellen.

WÄSSERN Vom späten Frühjahr bis zum Frühherbst immer erst dann wässern, wenn die oberste 1-cm-Schicht des Substrats trocken ist, dann reichlich gießen und Wasser ablaufen lassen. Vom Spätherbst bis zum Spätwinter gar nicht wässern.

DÜNGEN Vom Frühjahr bis zum Spätsommer monatlich einen Kalidünger in halber Dosierung geben.

SUBSTRAT In Kakteenerde oder eine 3:1:1-Mischung aus tonhaltigem Substrat, Sand und Kies setzen.

BLÜTE Die Pflanzen blühen bereitwillig, brauchen dazu aber viel Wärme und Licht. Bleibt die Blüte aus, stellen Sie die Kakteen heller.

VERMEHRUNG Durch Aussaat.

HÄUFIGE PROBLEME Fault in feuchter Erde leicht. Regelmäßig auf Schmier- bzw. Wollläuse absuchen.

GYMNOCALYCIUM BALDIANUM

syn. *Echinocactus baldianus; Gymnocalycium platense* var. *baldianum; Gymnocalycium venturianum*

Dieser reich blühende, unkomplizierte Kaktus ist eine ideale Einsteigerpflanze. Im Gegensatz zu vielen seiner Verwandten aus der *Gymnocalycium*-Sippe haben seine Rippen eine warzigere Oberfläche, an denen hellbraune, spinnenähnliche Dornen sitzen. Mit den großen, violettroten oder rosavioletten Blüten ist im Frühsommer zu rechnen. Selbst recht junge Pflanzen blühen schon.

HÖHE UND BREITE Bis 10 × 13 cm.

PFLEGE Siehe links.

WARNUNG! Der Kaktus sollte nur mit Kakteenhandschuhen angefasst werden.

GYMNOCALYCIUM BALDIANUM var. ALBIFLORUM

syn. *Gymnocalycium kieslingii*

Er sieht fast genauso aus wie *Gymnocalycium baldianum* (siehe links) und ist ebenso pflegeleicht, trägt allerdings im Sommer weiße Blüten, die einen auffälligen Kontrapunkt zu den dunkel blaugrünen Stämmen setzen.

HÖHE UND BREITE Bis 10 × 13 cm.

PFLEGE Siehe links.

WARNUNG! Den Kaktus am besten nur mit Kakteenhandschuhen anfassen.

GYMNOCALYCIUM BRUCHII

syn. *Astrophytum bruchii; Frailea bruchi*

Der Minikaktus entwickelt runde, oben abgeflachte, blaugrüne Stämme. Seine Rippen sind besetzt mit langen, gebogenen weißen Dornen. Die Blüten erscheinen im Frühjahr wie ein Strauß winziger Seerosen zu mehreren am Scheitel der Pflanze und sind ungewöhnlich lilaweiß gefärbt. Die Art verträgt bei trockenem Substrat bis -15 °C und damit tiefere Temperaturen als die meisten Kakteen.

HÖHE UND BREITE Bis 4 × 6 cm.

PFLEGE Siehe gegenüber.

WARNUNG! Den Kaktus am besten nur mit Kakteenhandschuhen anfassen.

GYMNOCALYCIUM CALOCHLORUM

syn. *Echinocactus calochlorus; Gymnocalycium proliferum* var. *calochlorum; Gymnocalycium quehlianum* var. *calochlorum*

Er steht wegen seiner kleinen, runden, kleinwarzigen Stämme hoch im Kurs. Zur Abwehr bildet *Gymnocalycium calochlorum* weiße gebogene Dornen, die sich an der Oberfläche zu einem hübschen spitzenartigen Muster zusammentun. Seine großen, eleganten, blassrosa bis weißen Blüten öffnen sich im späten Frühjahr oder Sommer an unbedornten Röhren und bilden ungenießbare grüne Früchte. Nach einigen Jahren entstehen kleine Horste.

HÖHE UND BREITE Bis 4 × 6 cm.

PFLEGE Siehe gegenüber.

WARNUNG! Beim Umgang mit der Pflanze Kakteenhandschuhe tragen.

GYMNOCALYCIUM HORSTII var. BUENEKERI

syn. *Gymnocalycium buenekeri*

Diese Art hat die klassische breit gerippte, rundliche Form, wie sie für die Gattung *Gymnocalycium* typisch ist. Die spärlichen langen, gelben, gebogenen Dornen heben sich von den blaugrünen Stämmen ab, die rasch kleine Horste bilden. Im Sommer kommen blassrosa Blüten zum Vorschein. In trockenem Substrat verträgt der Kaktus bis zu -4 °C.

HÖHE UND BREITE Bis 10 × 10 cm.

PFLEGE Siehe gegenüber.

WARNUNG! Das Tragen von Kakteenhandschuhen beim Anfassen dieser Art ist ratsam.

LEUCHTENBERGIA

Diese Gattung mit nur einer Art, *Leuchtenbergia principis,* ist in der mexikanischen Chihuahua-Wüste beheimatet und ein ideales Gewächs für alle, die eine ungewöhnliche Bereicherung ihrer Sammlung suchen. Die dreikantigen Triebe – ihnen verdankt die Pflanze ihren Namen »Prismakaktus« – erinnern an Agavenblätter. Ältere Pflanzen tragen in den Sommermonaten blassgelbe Blüten.

TEMPERATUR -8–30 °C.

LICHT Volle Sonne.

WÄSSERN Vom späten Frühjahr bis zum Herbst immer dann reichlich wässern, wenn die oberste 1-cm-Schicht des Substrats trocken ist. Im Winter überhaupt nicht gießen.

DÜNGEN Im Frühjahr und Sommer monatlich einen Kaktusdünger in halber Dosierung geben.

SUBSTRAT Kakteenerde.

BLÜTE Die Chancen, dass der Kaktus blüht, sind höher, wenn man ihn im Sommer nach draußen stellt, wo er kräftigere Sonne abbekommt.

VERMEHRUNG Durch Aussaat.

HÄUFIGE PROBLEME Feuchtes Substrat lässt die Triebe faulen. Suchen Sie den Kaktus regelmäßig nach Schild- und Schmierläusen sowie Spinnmilben ab.

LEUCHTENBERGIA PRINCIPIS

Prismakaktus

Sie entspricht nicht gerade jedermanns Vorstellung von einer schönen Pflanze, ist aber für ihr ungewöhnliches Aussehen bekannt. An den Enden der äußerst langen Warzen befinden sich Areolen, aus denen weiche, papierartige Dornen entspringen. Im Sommer öffnen sich duftende, hellgelbe Blüten, die jeweils nur 2–3 Tage lang geöffnet bleiben, aber sukzessive über viele Wochen hinweg erscheinen.

HÖHE UND BREITE Bis 60 × 30 cm.

PFLEGE Siehe gegenüber.

LOPHOPHORA

Diese kleinen und eleganten, niedrigen, kugeligen Kakteen sehen wie winzige Äpfel aus. Die Gattung setzt sich aus lediglich zwei Arten zusammen: *Lophophora diffusa* mit glatten, gelbgrünen Trieben und *Lophophora williamsii* mit höckerigen blaugrünen, gerippten Trieben. Sie sind beide unbedornt, tragen aber eine weiche, cremeweiße Wolle, die bei manchen Exemplaren haarschopfartig über den Trieb verteilt ist. Mescalkakteen, so ihr deutscher Name, blühen erst im Alter. Die kleinen, hellrosa Blüten bilden sich aus einer wolligen Areole am Scheitel.

TEMPERATUR 5–40 °C. Vertragen in trockener Erde bis zu -7 °C.

LICHT In die volle Sonne, im Sommer aber in lichten Schatten stellen.

WÄSSERN Im Sommer gut wässern, dazwischen aber die oberste 1-cm-Schicht austrocknen lassen. Im Frühjahr und Herbst spärlich, im Winter gar nicht gießen.

DÜNGEN Im Sommer zweimal mit einem Kakteendünger in halber Dosierung düngen.

SUBSTRAT In Kakteenerde mit etwas Kiesanteil oder eine 3:2:1-Mischung aus tonhaltigem, torffreiem Substrat (Lehmerde bzw. Einheitserde vom Typ T), Kies mit 4 mm Körnung und torffreier Universalerde setzen.

BLÜTE Es blühen nur mindestens 5 Jahre alte Pflanzen. Dazu in einen warmen Raum in die Sonne stellen. Im zeitigen Frühjahr einige Wochen gar nicht wässern, dann wieder gut gießen.

VERMEHRUNG Durch Aussaat.

HÄUFIGE PROBLEME Neigt bei zu starkem Wässern zum Faulen. Regelmäßig auf Schmierläuse, auch Wollläuse genannt, untersuchen.

LOPHOPHORA WILLIAMSII

syn. *Echinocactus lewinii; Echinocactus williamsii; Echinocactus williamsii* var. *anhaloninicus; Echinocactus williamsii* var. *pellotinicus*

Peyote

Die haarartige Wolle, die punktuell die Oberfläche des Peyote ziert, ist bei manchen Exemplaren lang und büschelig, bei anderen kaum zu erkennen. Der Kaktus bildet mit der Zeit auffällige Horste. Ältere Pflanzen tragen im Sommer hellrosa Blüten. Sie brauchen wegen ihrer langen Wurzeln einen hohen Topf.

HÖHE UND BREITE Bis 6 × 12 cm.

PFLEGE Siehe links.

WARNUNG! Pflanze ist giftig.

MAMMILLARIA

Warzenkakteen (*Mammillaria*) gehören zu den beliebtesten und am häufigsten im Handel erhältlichen Kakteen. Die Gattung umfasst mehr als 200 Arten und Formen. Die meisten sind kugelig, doch bilden einige auch kurze zylindrische Stämme, die solitär oder in kuppelförmigen Horsten wachsen. Die Dornen sind entweder steif und fest oder haarartig. Einige Arten tragen sogar Wolle oder Borsten. Die Blüten sind eher klein und stehen in hübschen Ringen am Stamm. Ihre Farbpalette ist beachtlich.

TEMPERATUR 5–30 °C.

LICHT In die volle Sonne stellen, im Sommer aber etwas beschatten.

WÄSSERN Vom Frühjahr bis zum Herbst ordentlich wässern, dazwischen die obersten 1–2 cm jedoch austrocknen lassen. Im Winter nicht gießen, aber gelegentlich besprühen.

DÜNGEN Vom Frühjahr bis zum Frühherbst monatlich einen Kakteendünger in der halben empfohlenen Dosis verabreichen.

SUBSTRAT In Kakteenerde mit etwas Kies oder eine 3:2:1-Mischung aus tonhaltigem, torffreiem Substrat, Kies mit 4 mm Körnung und torffreier Universalerde pflanzen.

BLÜTE Um die Blühwilligkeit anzuregen, die Pflanzen im Winter an einen kühlen Platz stellen und nicht wässern. Ab dem Frühjahr wieder wässern und wärmer stellen.

VERMEHRUNG Durch Aussaat oder Stecklinge bzw. Kindel.

HÄUFIGE PROBLEME Die Pflanzen faulen in nassem Substrat. Prüfen Sie regelmäßig, ob die Pflanze Schmierläuse (Wollläuse) hat.

MAMMILLARIA BAUMII

syn. *Dolichothele baumii; Ebnerella baumii*

Sternförmige Gruppen aus weichen weißen Dornen bedecken diesen kleinen kugeligen Kaktus wie Zuckerwatte, sodass die graugrünen Stämme dahinter fast gar nicht mehr zu sehen sind. Er bildet bald kleine Horste, die im späten Frühjahr mit relativ großen, duftenden goldgelben Blüten besetzt sind.

HÖHE UND BREITE Jeder Stamm wird 7 × 15 cm groß.

PFLEGE Siehe links.

WARNUNG! Beim Umgang mit diesem Kaktus sollten Kakteenhandschuhe getragen werden.

MAMMILLARIA BOMBYCINA

syn. *Chilita bombycina; Ebnerella bombycine; Escobariopsis bombycine; Neomammillaria bombycina*

Seidiger Warzenkaktus

Die kurzen zylindrischen Stämme des Seidigen Warzenkaktus vermehren sich rasch und bilden große kuppelförmige Horste. Jeder Stamm ist dicht mit kurzen weißen und längeren braunen, gebogenen Dornen besetzt, die aus daunigen Areolen wachsen, wodurch sich ein ansprechendes zweifarbiges Muster ergibt. Im Frühjahr und Sommer öffnen sich am Scheitel Ringe aus magentaroten Blüten.

HÖHE UND BREITE Horste werden 20 cm hoch und 30 cm breit.

PFLEGE Siehe links.

WARNUNG! Den Kaktus mit Kakteenhandschuhen anfassen.

MAMMILLARIA CARMENAE

syn. *Escobariopsis carmenae*

Die kleinen, von pickelartigen Warzen übersäten kugeligen Stämme dieses Kaktus sind mit feinen, weichen, weißen oder blassgelben Dornen in dichten strahligen Bündeln besetzt. Im Frühjahr und Sommer öffnet sich am Scheitel ein Ring kleiner weißer oder rosa getönter Blüten mit gelber Mitte.

HÖHE UND BREITE Jeder Stamm erreicht eine Höhe und Breite von 10 cm.

PFLEGE Siehe gegenüber.

WARNUNG! Kakteenhandschuhe sind beim Umgang mit diesem Kaktus ratsam.

MAMMILLARIA ELONGATA

syn. *Leptocladia elongate; Leptocladodia elongata; Neomammillaria elongata*

Diese beliebte Art bildet Horste aus fingerartigen Stämmen, die mit einem Netz cremegelber bis brauner, gebogener Dornen in radialen Büscheln bedeckt sind. Mit seinen aufrechten oder sogar leicht überhängenden Stämmen ist dieser kleine Kaktus ein guter Kandidat für Blumenampeln. Seine hellgelben oder rosa Blüten präsentiert er im Frühjahr.

HÖHE UND BREITE Die Horste können 15 cm hoch und 20 cm breit werden.

PFLEGE Siehe gegenüber.

WARNUNG! Den Kaktus am besten nur mit Kakteenhandschuhen anfassen.

MAMMILLARIA HAHNIANA

syn. *Neomammillaria hahniana*

Die langen, weichen, silbrigen Dornen dieses Kaktus erinnern an flaumig feines Haar. Seine kugeligen oder kurzen, zylindrischen Stämme blühen schon jung reichlich. Ihr Flor ist rosarot und erscheint im Frühjahr, gefolgt von ungenießbaren roten Früchten. Die pflegeleichte Pflanze eignet sich bestens für Einsteiger.

HÖHE UND BREITE Die Horste erreichen 10 cm Höhe und 20 cm Breite.

PFLEGE Siehe gegenüber.

WARNUNG! Beim Umgang mit der Pflanze Kakteenhandschuhe tragen.

MAMMILLARIA LONGIFLORA

syn. *Neomammillaria longiflora; Phellosperma longiflora*

Der warzige Kaktus ist zunächst gedrungen und rund, wird mit der Zeit aber etwas höher und kuppelförmiger. Er trägt kurze weiße Dornen mit kontrastierenden, längeren, rötlich braunen Haken in der Mitte jeder spinnenartigen Areole. Die rosa Trichter- oder Glockenblüten sind oft so groß wie der Stamm selbst.

HÖHE UND BREITE Bis 6 × 9 cm.

PFLEGE Siehe S. 218.

WARNUNG! Den Kaktus nur mit Kakteenhandschuhen anfassen.

MAMMILLARIA MAGNIMAMMA

syn. *Mammillaria centricirrha* var. *magnimamma; Neomammillaria magnimamma*

Die gebogenen Dornen dieser Art variieren von Pflanze zu Pflanze: Manchmal werden sie bis zu 5 cm lang, dann wieder bleiben sie wesentlich kürzer. Sie sitzen an rundlichen, graugrünen Stämmen, die sich bald zu kuppelförmigen Horsten ausbreiten. Im Frühjahr treibt am Scheitel der Stämme ein Ring weißer oder cremegelber Blüten mit zarter roter oder rosavioletter Äderung aus.

HÖHE UND BREITE Die Horste können 30 cm Höhe und 45 cm Breite erreichen.

PFLEGE Siehe S. 218.

WARNUNG! Kakteenhandschuhe sind beim Umgang mit dieser Art ratsam.

MAMMILLARIA PLUMOSA

syn. *Escobariopsis plumosa; Neomammillaria plumosa*

Gefiederter Warzenkaktus

Auf den ersten Blick erkennt man kaum, dass es sich um eine Pflanze handelt, da sie dicht mit Bündeln aus feinen, daunenartig wirkenden Dornen besetzt ist, die den kleinen runden Stamm komplett bedecken. Dieses dichte Dornenkleid hat die Pflanze als Schutz vor der sengenden Sonne in ihrem Herkunftsland Mexiko entwickelt. Im Spätsommer öffnen sich am Scheitel kleine, cremeweiße bis blassrosa Blüten mit süßem Duft.

HÖHE UND BREITE Horste werden bis 10 cm hoch und 40 cm breit.

PFLEGE Siehe S. 218.

WARNUNG! Nur mit Kakteenhandschuhen anfassen.

MAMMILLARIA SPINOSISSIMA

syn. *Mammillaria spinosissima* fo. *rubrispina; Neomammillaria spinosissima*

Dieser Warzenkaktus trägt im oberen Bereich der Triebe rostrote, borstige Dornen, während sie weiter unten kürzer, feiner und heller sind. Er bildet runde oder kurz säulenförmige Stämme, die sich bald zu dekorativen Horsten ausweiten. Im Frühjahr erscheinen am Scheitel »Heiligenscheine« aus kleinen violetten oder rosa Blüten.

HÖHE UND BREITE Die Horste werden bis zu 10 cm hoch und 30 cm breit.

PFLEGE Siehe S. 218.

WARNUNG! Nur mit Kakteenhandschuhen anfassen.

MAMMILLARIA ZEILMANNIANA

syn. *Mammillaria crinita* fo. *zeilmanniana; Neomammillaria zeilmanniana*

Muttertags-Warzenkaktus

Auffällige Horste aus runden Stämmen mit borstigen, rosa getönten Dornen sind das augenfälligste Merkmal dieses Kaktus. Für die Farbwirkung sorgen lange, rötliche Dornen inmitten eines Kranzes aus feinen weißen Dornen, die die rundlichen bis kurz zylindrischen grünen Triebe bedecken. Jeder Stamm trägt am Scheitel einen Ring aus violettrosa Blüten. Sie erscheinen meist im Sommer, mitunter auch zu anderen Jahreszeiten.

HÖHE UND BREITE Bis 12 × 20 cm.

PFLEGE Siehe S. 218.

WARNUNG! Diesen Kaktus sollten Sie nur mit Kakteenhandschuhen anfassen.

MATUCANA

Matucana-Kakteen sind rundliche bis kurz zylindrische Pflanzen mit kräftig grünen bis blaugrünen Stämmen. Manche Arten verlieren die Dornen, wenn sie älter werden, andere entwickeln Büschel aus langen, spitzen Dornen, die gelb, weiß, schwarz oder braun sein können. Die Angehörigen der Gattung blühen früh. Ihre Trichterblüten, von denen manche länger sind als die Stämme, bilden sich im späten Frühjahr oder im Sommer am Scheitel der Pflanzen. Sie sind meistens rot, gelb oder rosa, doch es gibt sie auch in anderen Farben.

TEMPERATUR 10–30 °C.

LICHT Braucht volle Sonne. Im Hochsommer leicht beschatten.

WÄSSERN Im Frühjahr und Sommer wässern, sobald die obersten 2 cm des Substrats trocken sind. Im Herbst nur noch einmal im Monat, im Winter gar nicht mehr gießen.

DÜNGEN Einmal im Frühjahr einen Kakteendünger in halber Dosierung geben.

SUBSTRAT In Kakteenerde oder einen 1:1-Mix aus tonhaltigem Substrat ohne Torfanteil und Kies mit 4 mm Körnung setzen. In einen relativ hohen Topf pflanzen, damit die Wurzeln ausreichend Platz finden.

BLÜTE Die Blühwilligkeit wird gefördert, indem man die Kakteen in die volle Sonne stellt und für gute Luftzirkulation sorgt.

VERMEHRUNG Durch Aussaat oder Stecklinge bzw. Kindel.

HÄUFIGE PROBLEME Die Pflanzen faulen in nassem Substrat. Untersuchen Sie sie regelmäßig auf Schmierläuse (Wollläuse) und Spinnmilben.

MATUCANA AURANTIACA

syn. *Arequipa aurantiaca; Borzicactus aurantiacus; Echinocactus aurantiacus; Submatucana aurantiaca*

Die Art bildet einen Horst aus kleinen, rundlichen, hellgrünen Stämmen mit langen, rötlich braunen Dornen, die strahlig aus wolligen Areolen entlang der Rippen wachsen. Die großen, orangeroten Blüten können bis zu 10 cm lang werden und stellen die kleinen Stämme beim Austrieb im Sommer förmlich in den Schatten.

HÖHE UND BREITE Jeder Stamm kann 15 cm hoch und 15 cm breit werden.

PFLEGE Siehe links.

WARNUNG! Nur mit Kakteenhandschuhen anfassen.

MATUCANA AUREIFLORA

syn. *Borzicactus aureiflorus; Submatucana aureiflora*

Ihre ungewöhnlichen Dornen und leuchtenden Blüten machen diese Art mit abgeflachtem Stamm zu einer Favoritin unter Kakteenbegeisterten. Die Büschel aus langen, gebogenen Dornen sitzen an den Rippen. Sie sind am Ansatz bernsteinfarben und an der Spitze fast durchscheinend. Im Frühjahr und Sommer erscheinen in mehreren Schüben große, goldgelbe Blüten. Sie bleiben – eine Seltenheit bei Kakteen – Tag und Nacht geöffnet.

HÖHE UND BREITE Jeder Stamm wird bis 10 cm hoch und 12 cm breit.

PFLEGE Siehe links.

WARNUNG! Für diese Art brauchen Sie Kakteenhandschuhe.

MATUCANA INTERTEXTA

syn. *Borzicactus intertextus; Submatucana intertexta*

Dieser kleine, niedliche Kaktus sieht aus wie eine runde grüne Koralle mit Baby-Seeigeln darauf und hat die Form eines Igelballs. Bei den »Seeigeln« handelt es sich um Büschel aus gebogenen weißen Dornen mit brauner Spitze. Im späten Frühjahr oder im Frühsommer öffnen sich orange Röhrenblüten.

HÖHE UND BREITE Jeder Stamm erreicht bis zu 20 cm Höhe und 18 cm Breite.

PFLEGE Siehe gegenüber.

WARNUNG! Den Kaktus nur mit Kakteenhandschuhen anfassen.

MATUCANA KRAHNII

syn. *Borzicactus krahnii*

Ein winziger Kaktus, der schon früh kleine Horste aus graugrünen, kugeligen Stämmen bildet, aber immer kompakt bleibt und daher auch nach Jahren noch auf kleine Fensterbänke passt. An seinen Warzen sitzen schwarze Dornen mit brauner Spitze. Im Frühjahr und Sommer öffnet er über mehrere Wochen hinweg schubweise kleine, kräftig rote Blüten.

HÖHE UND BREITE Jeder Stamm erreicht eine Höhe und Breite von 8 cm.

PFLEGE Siehe gegenüber.

WARNUNG! Beim Umgang mit diesem Kaktus sind Kakteenhandschuhe empfehlenswert.

MATUCANA POLZII

syn. *Matucana aurantiaca* subsp. *polziiare*

Die Kindel dieses kleinen Kaktus gruppieren sich um den Ansatz des Mutterstamms herum, wodurch die Pflanze recht ungewöhnlich aussieht. Die dunkelroten bis orangen, trichterförmigen Blüten machen einiges her, bilden sich aber nur an älteren Stämmen.

HÖHE UND BREITE Horste können 5 × 15 cm groß werden.

PFLEGE Siehe gegenüber.

MELOCACTUS

Obwohl sie wie Wüstenkakteen aussehen, sind die Angehörigen der Gattung *Melocactus* Tropenpflanzen. Sie kommen im karibischen Raum sowie in Mittel- und Südamerika vor. Sie sind nicht unbedingt einfach zu kultivieren, belohnen Ihre Mühe aber mit schönen dornigen Stämmen, auf denen sich ungewöhnliche rote oder weiße, borstige Blütenstände entwickeln, die Cephalien genannt werden und wie ein kleiner Fez aussehen. Während die Cephalien immer größer werden, stellen die Stämme ihr Wachstum ein. Aus den Cephalien bilden sich kleine Blüten, auf die rote oder rosa röhrige Früchte folgen, die an Kerzen erinnern.

TEMPERATUR 12–30 °C.

LICHT In die volle Sonne stellen, im Sommer aber etwas beschatten.

WÄSSERN Das Substrat vom späten Frühjahr bis zum Spätsommer feucht halten und immer dann wässern, wenn sich die Oberfläche der Erde trocken anfühlt. Im Herbst und Winter Erde nur leicht feucht halten, aber nicht komplett austrocknen lassen.

DÜNGEN Vom Frühjahr bis zum Herbst alle zwei Wochen einen flüssigen Volldünger in halber Dosierung verabreichen.

SUBSTRAT In Kakteenerde mit etwas Feinkies setzen.

BLÜTE Blüten erscheinen an älteren Pflanzen, falls diese an einem hellen, gut durchlüfteten Platz in feuchter, aber nicht zu nasser Erde stehen.

VERMEHRUNG Durch Aussaat.

HÄUFIGE PROBLEME In zu nassem Substrat droht Fäulnis. Als Schädlinge kommen Schmierläuse und Spinnmilben infrage.

MELOCACTUS MATANZANUS

Melonenkaktus

Er gehört zu den kleinsten, aber auch beliebtesten *Melocactus*-Arten und bildet schon recht früh rote Cephalien (siehe links) am Scheitel der Stämme. Die sternförmigen Büschel aus weißen oder braunen Dornen sitzen entlang der gerippten, kugeligen Stämme. Ab einem Alter von 4–5 Jahren erscheint an deren Ende ein Ring kleiner, fliederfarbener Blüten. Wer eine sichere Blüte wünscht, sollte Exemplare kaufen, die schon blühen.

HÖHE UND BREITE Bis 18 × 9 cm.

PFLEGE Siehe links.

WARNUNG! Den Kaktus nur mit Kakteenhandschuhen anfassen.

OPUNTIA

Nur wenige Kakteen sind so leicht zu bestimmen wie die Opuntien. Ihr Spektrum reicht von kompakten, niedrigen, breitwüchsigen Arten bis zu baumgroßen Vertretern, die in freier Natur über 5 m hoch werden können. Ihre Stämme setzen sich aus charakteristischen flachen, paddelförmigen Segmenten zusammen, die Kladodien genannt werden und von Büscheln aus feinen, haarartigen, hautreizenden Borsten, den Glochidien, geschützt werden. Manche Arten bilden sogar längere Dornen. Wegen ihrer roten essbaren Früchte werden Opuntien auch Feigenkakteen genannt. Sie tragen im Frühjahr oder Sommer ansehnliche gelbe, rosa oder orange Blüten.

TEMPERATUR 5–30 °C; manche Arten überstehen in trockenem Substrat bis -10 °C.

LICHT Ganzjährig in die volle Sonne stellen.

WÄSSERN Im Frühjahr und Sommer wässern, wenn die obersten 2 cm des Substrats ganz trocken sind. Im Herbst zurückhaltender wässern, im Winter gar nicht mehr.

DÜNGEN Vom Frühjahr bis zum Herbst monatlich einen Kakteendünger in halber Dosierung verabreichen.

SUBSTRAT In Kakteenerde oder einen 1:1-Mix aus tonhaltigem, torffreiem Substrat und Feinkies mit 4 mm Körnung setzen.

BLÜTE Ältere Pflanzen können blühen, sofern sie viel Licht bekommen und im Winter kühl stehen.

VERMEHRUNG Durch Aussaat oder Stecklinge.

HÄUFIGE PROBLEME In nasser Erde faulen die Pflanzen leicht. Zusetzen können ihnen außerdem Schmierläuse und Spinnmilben.

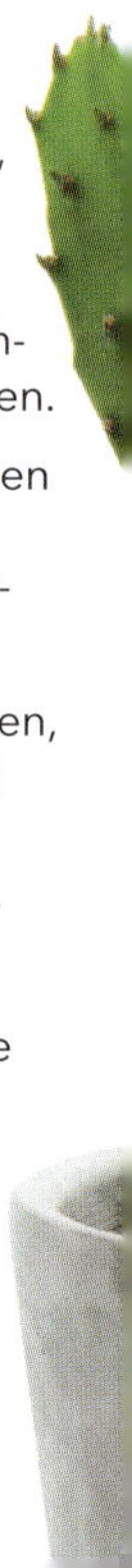

OPUNTIA CANTABRIGIENSIS

syn. *Opuntia engelmannii* var. *cuija*

Wer zwei Exemplare dieses Kaktus kauft, wird feststellen, dass sie sich etwas voneinander unterscheiden. Das liegt daran, dass die Art variabel ist. Allen ihren Vertretern aber ist gemeinsam, dass sie zu strauchartigen Pflanzen aus ovalen bis runden Kladodien mit großen, spitzen Dornen heranwachsen. Sie können groß werden und brauchen Platz, damit ihre elegante Form zur Geltung kommt. Im Frühjahr öffnen sich große gelbe Blüten, gefolgt von violettroten, feigenartigen Früchten.

HÖHE UND BREITE Bis 0,9 × 1,2 m.

PFLEGE Siehe gegenüber; im Winter bei 10–18 °C halten.

WARNUNG! Den Kaktus nur mit Kakteenhandschuhen anfassen.

OPUNTIA MICRODASYS

Hasenohrkaktus, Goldpunkt-Opuntie

Dank seiner relativ geringen Größe und der Silhouette, die an Zeichentrickfiguren erinnert, ist der Hasenohrkaktus bei erfahrenen Sammlern wie Anfängern begehrt. Die fleckenartigen Glochidien bilden ein gleichmäßiges Punktmuster, daher der Name Goldpunkt-Opuntie, während die ovalen, immer zu zweit erscheinenden Stammabschnitte wie Hasenohren aussehen. Fassen Sie die Pflanze besser nicht an, denn sie ist trotz ihres weichen, niedlichen Aussehens mit hautreizenden Borsten besetzt. An den Rändern der Kladodien erscheinen im Sommer gelbe Blüten, gefolgt von violetten bis roten Früchten.

HÖHE UND BREITE Bis 45 × 60 cm.

PFLEGE Siehe gegenüber.

WARNUNG! Für diesen Kaktus brauchen Sie Kakteenhandschuhe.

OPUNTIA MICRODASYS 'ALBATA'

syn. *Opuntia microdasys* var. *albispina*

Eine hübsche Sorte der Art *Opuntia microdasys* (siehe links). Sie trägt weiße, punktartige Glochidien, die fast aussehen wie Schneeflocken. Im Sommer öffnen sich zitronengelbe Blüten, aus denen rote Früchte reifen. So schön und einladend 'Albata' auch aussieht, man sollte den Kaktus nicht anfassen, denn die borstigen Glochidien sind schmerzhaft und lassen sich nur schwer aus der Haut ziehen.

HÖHE UND BREITE Bis 45 × 60 cm.

PFLEGE Siehe gegenüber.

WARNUNG! Nur mit Kakteenhandschuhen anfassen.

OPUNTIA MONACANTHA

syn. *Cactus monacanthos*
Gewöhnliche Opuntie

In freier Natur wächst diese Opuntie zu einem baumartigen Kaktus heran. Im Topf bleibt sie naturgemäß kleiner, doch sollte man ihr einen Platz zuweisen, an dem die großen, dornigen, verzweigten Stämme niemanden verletzen können. Die Pflanze bildet einen kurzen Stamm und schlanke, ovale bis längliche grüne Abschnitte mit langen, spitzen, braunen Dornen, die sich bei Berührung leicht lösen. Die gelben oder orangen Blüten erscheinen im späten Frühjahr und entwickeln sich zu birnenförmigen, violettroten Früchten.

HÖHE UND BREITE Bis 90 × 80 cm.

PFLEGE Siehe S. 224.

WARNUNG! Kakteenhandschuhe tragen.

OREOCEREUS

Der Name *Oreocereus* bedeutet »Berg-Cereus« und verweist auf die Heimat des Kaktus in den Hochlagen der südamerikanischen Anden. Zum Schutz vor der rauen Umgebung tragen die kurzen Säulen einen weißwolligen Flaum, der wie eine feine Behaarung aussieht, in der jedoch lange, spitze Dornen versteckt sind. Im Frühjahr entfalten sich Blüten in strahlendem Orange oder Rot.

TEMPERATUR 5–30 °C, verträgt jedoch in trockenem Substrat bis -10 °C.

LICHT In die volle Sonne stellen, im Sommer aber etwas beschatten.

WÄSSERN Im Frühjahr und Sommer wässern, sobald die obersten 2 cm des Substrats trocken sind. Im Herbst Wassergaben reduzieren, im Winter Pflanze trocken halten.

DÜNGEN Vom Frühjahr bis zum Spätsommer monatlich einen Kakteendünger in halber Dosierung geben.

SUBSTRAT In Kakteenerde oder einen 1:1-Mix aus tonhaltigem, torffreiem Substrat und Kies mit 4 mm Körnung setzen.

BLÜTE Nur ältere Pflanzen tragen Flor. Wer Wert auf Blüten legt, sollte daher bereits blühende Exemplare kaufen.

VERMEHRUNG Durch Aussaat.

HÄUFIGE PROBLEME Die Pflanzen faulen in nasser Erde. Suchen Sie den Kaktus regelmäßig auf Schädlinge ab, insbesondere auf Spinnmilben und Schmierläuse, auch Wollläuse genannt.

OREOCEREUS CELSIANUS

syn. *Borzicactus celsianus; Cereus celsianus; Cleistocactus celsianus; Pilocereus celsianus*

Alter Mann der Anden

Die gerippten, säulenförmigen Stämme des Alten Mannes der Anden sind über und über mit seidig weißen, nach oben zu dichter werdenden Haaren bedeckt. Zwischen diesem Pelz ragen nadelfeine Dornen hervor. Im Frühjahr erscheinen entlang des Stamms blass-violettrosa bis dunkelrote Trichterblüten.

HÖHE UND BREITE Bis 60 × 8 cm.

PFLEGE Siehe gegenüber.

WARNUNG! Den Kaktus nur mit Kakteenhandschuhen anfassen.

OROYA

Die Gattung ist nach der peruanischen Stadt Oroya benannt, weil sie dort erstmals entdeckt wurde. Ihre dekorativen, dornigen Kugeln oder kurzen, breiten Säulen erreichen bis zu 30 cm Durchmesser und setzen auf einer breiten Fensterbank oder unter einem Oberlicht ein spektakuläres Zeichen. Die Rippen sind dicht mit langen, gebogenen Dornen besetzt. Im Frühjahr oder Sommer erscheint am Scheitel ein Ring aus kleinen gelben oder rosa Blüten an langen rosa bis roten Stängeln.

TEMPERATUR 5–30 °C; manche Arten halten in trockener Erde bis -7 °C aus.

LICHT Die meiste Zeit des Jahres in der vollen Sonne stehen lassen, im Sommer aber etwas beschatten.

WÄSSERN Im Frühjahr und Sommer immer dann wässern, wenn die obersten 2 cm des Substrats ganz trocken sind. Im Herbst nur noch einmal monatlich wässern. Im Winter die Pflanze gänzlich trocken halten.

DÜNGEN Vom Frühjahr bis zum Frühherbst einmal im Monat einen Kakteendünger in halber Dosierung geben.

SUBSTRAT In Kakteenerde oder einen 1:1-Mix aus tonhaltigem, torffreiem Substrat (Einheitserde Typ T) und Kies mit 4 mm Körnung pflanzen.

BLÜTE Blüht bei ausreichend Licht und Dünger.

VERMEHRUNG Durch Aussaat.

HÄUFIGE PROBLEME Diese Pflanzen faulen in nassem Substrat. Möglich ist außerdem ein Schädlingsbefall durch Schmierläuse und Spinnmilben.

OROYA PERUVIANA

syn. *Echinocactus peruvianus*

Eine der beliebtesten *Oroya*-Arten – und eine der unkompliziertesten. Der dornige Kaktus sieht ein bisschen wie ein Vogelnest aus. Seine kräftig grünen bis blaugrünen, anfangs rundlichen, später kurz säulenförmigen Stämme sind mit einem Gestrüpp aus langen, gebogenen, strohgelben und rötlich braunen Dornen bedeckt. Vom Frühjahr bis zum Sommer entfalten sich rosa oder orangerote Blüten. Selbst junge Exemplare blühen.

HÖHE UND BREITE Bis 25 × 15 cm.

PFLEGE Siehe links.

WARNUNG! Kakteenhandschuhe zum Schutz vor den Dornen tragen.

PARODIA

Die leicht zu kultivierenden, in der Regel recht kleinen *Parodia*-Vertreter sind ideale Einsteigerkakteen. Die Gattung umfasst rund 50 Arten, deren Gestalt von kleinen Kugeln bis hin zu hohen zylindrischen Säulen reicht. Ihre gerippten, dornigen Stämme tragen im Frühjahr am Scheitel einzelne Blüten. Diese sind gelb, orange oder rot, doch gibt es auch Hybriden mit weiteren Farben. Manche Arten bilden Horste, andere bleiben solitär.

TEMPERATUR 10–30 °C.

LICHT In die volle Sonne stellen, im Hochsommer ist aber etwas Schatten ratsam.

WÄSSERN Von der Frühjahrsmitte bis zum Spätsommer immer dann wässern, wenn der oberste Zentimeter des Substrats trocken ist. Ansonsten weniger wässern und vor allem im Winter fast gänzlich trocken halten und nur gelegentlich an warmen Spätwintertagen besprühen.

DÜNGEN Von der Frühjahrsmitte bis zum Spätsommer monatlich einen Kakteendünger in halber Dosierung verabreichen.

SUBSTRAT In Kakteenerde oder einen 1:1-Mix aus tonhaltigem, torffreiem Substrat und Kies mit 4 mm Körnung pflanzen.

BLÜTE Ist es ausreichend hell, blühen ältere Pflanzen.

VERMEHRUNG Durch Aussaat oder Stecklinge bzw. Kindel.

HÄUFIGE PROBLEME Die Pflanzen faulen in nassem Substrat. Regelmäßig auf Schmier- bzw. Wollläuse und Spinnmilben absuchen.

PARODIA CHRYSACANTHION

syn. *Echinocactus chrysacanthion*

Fast wie ein goldener Bausch wirkt dieser kleine, runde Kaktus mit seinen langen, feinen, haarartigen Dornen, die allerdings stärker stechen können, als es den Anschein hat, weshalb man ihn auch nur mit Kakteenhandschuhen anfassen sollte. Im Frühjahr bildet sich in der Wolle am Scheitel ein Büschel goldgelber Blüten.

HÖHE UND BREITE Jeder Stamm kann 12 cm hoch und 10 cm breit werden.

PFLEGE Siehe links.

WARNUNG! Fassen Sie den Kaktus nur mit Kakteenhandschuhen an.

PARODIA LENINGHAUSII

syn. *Echinocactus leninghausii; Eriocactus leninghausii; Notocactus leninghausii*

Die hohen, kerzenähnlichen Stämme dieser Art sind dicht mit weichen, harmlosen goldgelben Dornen besetzt. Damit ist der Kaktus ideal für Familien mit Kindern oder Haustieren. Die gerippten, pelzig wirkenden Stämme verzweigen sich mit der Zeit an der Basis und bilden so kleine Horste. Ältere Pflanzen treiben am Scheitel mehrere sonnengelbe Blüten in straußähnlichen Büscheln aus, allerdings meist erst, wenn die Stämme mindestens 20 cm hoch sind.

HÖHE UND BREITE Jeder Stamm kann 60 cm hoch und 12 cm breit werden.

PFLEGE Siehe links.

WARNUNG! Trotz der weichen Dornen sollte man den Kaktus mit Handschuhen anfassen.

PARODIA MAGNIFICA

syn. *Eriocactus magnificus; Notocactus magnificus*

Die spektakulären Stämme dieses Kaktus werden von hohen Rippen geprägt, auf denen Reihen aus feinen gelben Dornen sitzen. Sie bilden ein geometrisches Muster aus vertikalen Streifen. Die anfangs rundlichen Stämme wachsen mit der Zeit zu kurzen Säulen heran und weiten sich zu kleinen Horsten aus. Am Scheitel erscheinen leuchtend gelbe Blüten, die sich bei älteren Pflanzen den ganzen Sommer über in mehreren Schüben öffnen.

HÖHE UND BREITE Jeder Stamm erreicht rund 30 × 15 cm.

PFLEGE Siehe gegenüber.

WARNUNG! Den Kaktus nur mit Kakteenhandschuhen anfassen.

PARODIA SCOPA subsp. SCOPA

syn. *Cereus scopa; Echinocactus scopa; Echinopsis scopa; Notocactus scopa; Parodia scopa*

Die auffallenden Kugeln junger Exemplare sind dicht mit weißwolligen Areolen und dichten, feinen, weißen oder hellbraunen Dornen besetzt, die im Sonnenlicht glänzen. Die bedornten Rippen bilden schöne gerade oder spiralig verlaufende Streifen. Mit der Zeit bekommen die Stämme eine Säulenform. Am Scheitel der Pflanze öffnet sich ein Ring gelber Blüten aus einer wolligen Mitte, wodurch sich eine reizvolle Kombination aus dekorativem Stamm und Blüten ergibt.

HÖHE UND BREITE Jeder Stamm wird bis 50 cm hoch und 15 cm breit.

PFLEGE Siehe gegenüber.

WARNUNG! Nur mit Kakteenhandschuhen anfassen.

PARODIA SUBTERRANEA

syn. *Notocactus occultus; Parodia maassii* var. *subterranean*

Ungewöhnlich abgeflachte, rundliche oder säulenförmige Stämme sind typisch für diese Art. In freier Natur wachsen sie zum Großteil unter der Erde, wo sie vor Sonne und Wind geschützt sind. Die Rippen verlaufen oft spiralig um die Pflanze und tragen kurze, krallenartige braune Dornen, die von feineren weißen Borsten gesäumt werden. Im Sommer öffnen sich aus einem wolligen Schopf am Scheitel Blüten. Sie sind meist rot, doch findet man vereinzelt auch leuchtend orange oder violette Blüten.

HÖHE UND BREITE Jeder Stamm kann bis 45 cm hoch und 10 cm breit werden.

PFLEGE Siehe gegenüber.

WARNUNG! Fassen Sie den Kaktus nur mit Kakteenhandschuhen an.

PILOSOCEREUS

Die Kakteen der Pilosocereus-Gattung wachsen strauchig oder baumartig. Ihre oft dekorativ blauen, verzweigten Stämme können in ihrer brasilianischen Heimat bis zu 10 m hoch werden. Die Rippen tragen lange Dornen. Im Sommer öffnen sich röhrenförmige Blüten. Obwohl die Gattung einige Arten umfasst, ist nur Pilosocereus pachycladus (siehe rechts) als Zimmerpflanze im Handel leicht aufzutreiben.

TEMPERATUR 12–30 °C.

LICHT In die volle Sonne stellen.

WÄSSERN Im Frühjahr und Sommer immer dann wässern, wenn die obersten 2 cm des Substrats ganz trocken sind. Im Herbst nur noch einmal monatlich, im Winter gar nicht mehr wässern.

DÜNGEN Vom Frühjahr bis zum Spätsommer monatlich einen Kakteendünger in halber Dosierung verabreichen.

SUBSTRAT In Kakteenerde oder einen 1:1-Mix aus tonhaltigem, torffreiem Substrat und Kies mit 4 mm Körnung setzen.

BLÜTE Nur ältere, mindestens 1 m hohe Pflanzen blühen.

VERMEHRUNG Durch Aussaat oder Kindel.

HÄUFIGE PROBLEME In nasser Erde faulen die Pflanzen. Zusetzen können ihnen ferner Schmierläuse (Wollläuse) und Spinnmilben.

PILOSOCEREUS PACHYCLADUS

syn. *Pilosocerus azureus; Pseudopilocereus pachycladus; Pseudopilocereus pernambucoensis*

Wer einen Wüstenkaktus sucht, der Bilder aus alten Cowboyfilmen heraufbeschwört, ist mit dieser Art bestens bedient. Ihre zylindrischen Stämme leuchten in lebhaftem Himmelblau und tragen einen weichen Schopf orangeweißer Haare. Die kurzen gelben Dornen säumen die Kanten der Rippen. Die Pflanze wird mit der Zeit ziemlich hoch und verzweigt sich zu einer klassischen Kaktussilhouette. Selbst ohne die großen, nachts geöffneten weißen oder roten Blüten, die im Sommer am Scheitel älterer Pflanzen sitzen, ist diese Art ein Hingucker. Weil sie groß wird, sollten Sie vor dem Kauf überlegen, ob Sie ihr genügend Platz bieten können.

HÖHE UND BREITE Jeder Stamm wird bis 1 m hoch und 15 cm breit.

PFLEGE Siehe links.

WARNUNG! Den Kaktus nur mit Kakteenhandschuhen anfassen.

PYGMAEOCEREUS

Diese Winzlinge bilden Horste aus kurzen zylindrischen Stämmen. Ihre Rippen sind mit weichen Dornen besetzt und laufen bei einigen Arten spiralig um den Stamm. Kakteenliebhaber schätzen *Pygmaeocereus* wegen der nachts geöffneten, duftenden, meist weißen, langstieligen Blüten, die wie ein Feuerwerk aus den Seiten der Stämme »schießen«.

TEMPERATUR 5–30 °C.

LICHT In die volle Sonne, im Hochsommer in lichten Schatten stellen.

WÄSSERN Im Frühjahr und Sommer wässern, wenn die obersten 2 cm der Erde trocken sind. Im Herbst weniger, während der Ruhephase im Winter gar nicht mehr wässern. Im Sommer für gute Luftzirkulation sorgen.

DÜNGEN Im späten Frühjahr einmal einen Kakteendünger in halber Dosierung verabreichen.

SUBSTRAT In Kakteenerde oder einen 1:1-Mix aus tonhaltigem, torffreiem Substrat und Kies mit 4 mm Körnung setzen.

BLÜTE Bei ausreichend Licht blühen die Kakteen.

VERMEHRUNG Durch Aussaat oder Kindel bzw. Ableger.

HÄUFIGE PROBLEME In nassem Substrat faulen die Pflanzen. Möglich ist auch ein Befall mit Schmierläusen, Spinnmilben, Schildläusen, Thripsen und Blattläusen.

PYGMAEOCEREUS BYLESIANUS

syn. *Arthrocereus bylesianus*

Die dunkelgrünen, säulenförmigen Stämme dieses kleinen Kaktus tragen gewellte Rippen mit rostbraunen oder grauen Dornen. Das Schönste an ihm aber sind die weißen Blüten, die im Sommer erscheinen, jeweils nur eine Nacht lang geöffnet sind und einen ungewöhnlichen Duft verströmen. Der Kaktus ist eher etwas für erfahrene Kaktusgärtner als für Einsteiger, da er viel Sonne und gute Luftzirkulation braucht und bei Überwässerung sehr leicht fault.

HÖHE UND BREITE Jeder Stamm wird bis zu 8 cm hoch und 2 cm breit.

PFLEGE Siehe gegenüber.

REBUTIA

Mit ihren leuchtenden Blüten und kleinen, rundlichen, warzigen Stämmen sind diese pflegeleichten Kakteen die idealen Einsteigerpflanzen. Durch die Büschel aus kurzen Dornen an wolligen Areolen am Stamm wirken sie fast wie gefleckt. Die Blüten können weiß, rosa, rot und gelb sein. Sie öffnen sich am Ansatz der Stämme im Frühjahr oder Sommer schon an relativ jungen Exemplaren. Rebutia-Arten setzen auch viele Samen an, die um die Elternpflanze herum bereitwillig keimen.

TEMPERATUR 5–30 °C; im Winter kühl stellen bei 5-10 °C.

LICHT Die Kakteen sollten einen Großteil des Jahres in der vollen Sonne stehen, im Sommer aber leicht beschattet werden.

WÄSSERN Im Frühjahr und Sommer immer dann wässern, wenn das Substrat bis in 1 cm Tiefe trocken ist. Im Herbst weniger, im Winter gar nicht mehr wässern.

DÜNGEN Vom Frühjahr bis zum Spätsommer monatlich mit einem Kakteendünger in halber Dosierung versorgen.

SUBSTRAT In Kakteenerde oder einen 1:1-Mix aus tonhaltigem, torffreiem Substrat (Einheitserde Typ T) und Feinkies mit 4 mm Körnung setzen.

BLÜTE Die Kakteen tragen reichlich Blüten, blühen aber besser, wenn sie im Winter kühl stehen.

VERMEHRUNG Durch Aussaat oder Kindel.

HÄUFIGE PROBLEME In nasser Erde faulen die Pflanzen. Man sollte sie gelegentlich auf Schmierläuse (Wollläuse) und Spinnmilben absuchen.

REBUTIA ARENACEA

syn. *Sulcorebutia arenacea*

Die ansehnliche kleine Art bildet grüne, runde Stämme mit abgeflachtem Scheitel und einem wirbelnden, symmetrischen Muster aus hellgelben und orangen Dornen. Ältere Exemplare entwickeln dekorative Horste. Im Frühjahr erscheinen am Ansatz der Stämme Büschel aus gelblich orangen Blüten.

HÖHE UND BREITE Jeder Stamm wird bis 4 cm hoch und 6 cm breit.

PFLEGE Siehe links.

WARNUNG! Nur mit Kakteenhandschuhen anfassen.

REBUTIA 'CARNIVAL'

syn. *Aylostera* 'Carnival'; *Sulcorebutia* 'Carnival'

Die Pflanze ist wegen ihrer leuchtenden Blüten beliebt und zählt zu einer Hybridengruppe mit roten, rosa, weißen, orangen und auch einigen zweifarbigen Blüten. Die kleinen, rundlichen Stämme werden mit der Zeit zylindrischer. Sie tragen einen dichten Besatz aus kurzen weißen oder sandfarbenen Dornen. Blütezeit ist das Frühjahr.

HÖHE UND BREITE 4 × 6 cm pro Stamm.

PFLEGE Siehe S. 231.

WARNUNG! Den Kaktus mit Kakteenhandschuhen anfassen.

REBUTIA FLAVISTYLA

syn. *Aylostera flavistyla*

Im Frühling scheint diese Art eine Woche lang vor orangefarbenen Sternchenblüten förmlich zu explodieren, denn diese bedecken dann fast den ganzen kleinen Stamm. Der zu Recht beliebte, warzige, rundliche Kaktus trägt kurze, glasig weiße Dornen, die sich weich anfühlen und wie Haare aussehen.

HÖHE UND BREITE Bis 5 × 5 cm.

PFLEGE Siehe S. 231.

WARNUNG! Trotz der weichen Dornen fasst man die Stämme besser mit Kakteenhandschuhen an.

REBUTIA HELIOSA

syn. *Aylostera heliosa*

Die großen strahligen Blüten dieser Art legen im Frühjahr einen spektakulären Auftritt hin und bedecken die winzigen kugeligen bis zylindrischen Stämmchen völlig, sodass die Pflanze aussieht wie ein kleiner Strauß. Sie ist bedeckt von kurzen braunen und feinen weißen, haarartigen Dornen. Die Stämme bilden rasch kleine Horste.

HÖHE UND BREITE Die Horste werden 4 cm hoch und 10 cm breit.

PFLEGE Siehe S. 231.

REBUTIA HELIOSA x ALBIFLORA

syn. *Aylostera heliosa*

Wem die orangen Blüten von *Rebutia heliosa* zu aufdringlich grell sind, der bekommt mit dieser Hybride eine Alternative, die zwar ähnlich aussieht, aber dezentere, cremeweiße Blüten mit blassrosa Streifen trägt. Mitunter wird sie auch als *Rebutia heliosa* 'Sunrise' verkauft.

HÖHE UND BREITE 4 × 10 cm.

PFLEGE Siehe S. 231.

WARNUNG! Beim Umgang mit diesem Kaktus sollte man Kakteenhandschuhe anziehen.

REBUTIA MINISCULA 'KRAINZIANA'

syn. *Rebutia krainziana*

Man schätzt diese Variante für ihre dunkelgrünen, warzigen Stämme und das regelmäßige Fleckenmuster aus weißen, weichen Dornen. Im zeitigen Frühjahr überzeugt der Kaktus ferner mit Strahlenblüten. Weil es von diesem Kaktus viele natürliche Variationen gibt, können Sie ihn mit weißen, gelben, orangen und hellroten Blüten entdecken.

HÖHE UND BREITE Jeder Stamm wird bis zu 7 cm hoch und 10 cm breit.

PFLEGE Siehe S. 231.

WARNUNG! Mit Kakteenhandschuhen anfassen.

REBUTIA SENILIS

syn. *Rebutia senilis* var. *senilis*

Im Prinzip dienen die kleinen, kugeligen, abgeflachten Stämme mit ihren langen, glasig weißen, borstigen Dornen nur als Kulisse für die großen Blüten, die die eigentliche Attraktion sind, wenn sie sich im Frühjahr öffnen. Sie strahlen meist orange oder karminrot, können aber auch weiß, rot oder gelb ausfallen.

HÖHE UND BREITE Bis 7 × 7 cm.

PFLEGE Siehe S. 231.

WARNUNG! Beim Umgang mit diesem Kaktus Kakteenhandschuhe tragen.

REBUTIA VIOLACIFLORA

syn. *Rebutia minuscula* subsp. *violaciflora*; *Rebutia minuscula* fo. *violaciflora*

Borstige, gelbe oder hellbraune Dornen, die länger sind als die anderer *Rebutia*-Arten, formieren sich bei dieser Art auf den winzigen runden Stämmen zu einem Muster aus sternförmigen Areolen. Die im Frühjahr erscheinenden Trichterblüten sind zart hellviolett.

HÖHE UND BREITE Die Stämmchen werden bis 2 cm hoch und 4 cm breit.

PFLEGE Siehe S. 231.

RHIPSALIS

Rhipsalis sind auf den ersten Blick nicht als Kakteen erkennbar. Sie entstammen den tropischen Regenwäldern Süd- und Mittelamerikas sowie der Karibik, wo sie epiphytisch, also auf Bäumen, wachsen. Die meisten Arten bilden lange, hängende oder kriechende, unbedornte Triebe und kommen daher in einer Blumenampel am besten zur Geltung. Im Gegensatz zu ihren Vettern aus der Wüste bevorzugen sie Schatten. Manche Arten bilden zylindrische Triebe aus, die wie grünes Haar hängen, bei anderen sind sie abgeflacht und bandförmig; einige wenige tragen sogar Borsten oder Dornen. Die kleinen Blüten sind meist weiß, doch gibt es auch gelbe und rote Varianten. Sie öffnen sich im Winter oder zeitigen Frühjahr entlang der Triebe und reifen zu ungenießbaren weißen Beeren heran.

TEMPERATUR 10–30 °C.

LICHT In lichtem Schatten ohne direkte Sonne.

WÄSSERN Im Frühjahr und Sommer gut wässern, sobald sich die Substratoberfläche fast trocken anfühlt. Im Herbst und Winter weniger wässern, Erde aber nicht komplett austrocknen lassen. Triebe regelmäßig besprühen, um ein Milieu mit hoher Luftfeuchtigkeit zu schaffen.

DÜNGEN Vom Frühjahr bis zum Frühherbst monatlich einen Volldünger geben.

SUBSTRAT In Orchideenerde pflanzen.

BLÜTE An einem Platz mit gleichmäßig hoher Temperatur und Schatten blühen die Pflanzen reichlich. Stellt man sie um, verlieren sie ihre Blüten.

VERMEHRUNG Durch Triebstecklinge.

HÄUFIGE PROBLEME In der Regel keine.

RHIPSALIS BACCIFERA

syn. *Cassytha baccifera;*
Rhipsalis baccifera subsp. *baccifera;*
Rhipsalis cassytha

Binsenkaktus

Im Englischen wird die Art wegen ihrer nicht essbaren weißen Beeren, die sich im Frühjahr bilden, auch »Mistelkaktus« genannt. Die Triebe der Pflanze hängen elegant über den Rand von Blumenampeln und können mehr als 1 m lang werden, weshalb man sie ziemlich hoch hängen sollte. Die cremeweißen Blüten erscheinen vor den Beeren an den Triebspitzen.

HÖHE UND BREITE Länge bis 1,5 m, Durchmesser bis 0,6 m.

PFLEGE Siehe gegenüber.

RHIPSALIS CEREUSCULA

syn. *Erythrorhipsalis cereuscula;*
Hariota cereuscula

Korallenkaktus

Ein ungewöhnlicher Kaktus, der an eine grüne Koralle erinnert, daher auch der Name. Er ist wie geschaffen für hohe Töpfe oder Blumenampeln. Seine zylindrischen Triebe tragen weiche, borstige Dornen und verzweigen sich an den Spitzen. Im Spätwinter oder Frühjahr öffnen sich an den Triebspitzen winzige cremeweiße Blüten, die wie Schneeflocken aussehen.

HÖHE UND BREITE Bis 60 × 60 cm.

PFLEGE Siehe gegenüber.

RHIPSALIS MONACANTHA

syn. *Acanthorhipsalis monacantha; Hariota monacantha; Pfeiffera monacantha*

Diese *Rhipsalis*-Art hat im Gegensatz zu den meisten ihrer Verwandten spitze schwarze Dornen und weiße Borsten an den Rändern der bandartigen, gesägten Triebe. Im Spätwinter oder Frühjahr öffnen sich neben den schwarzen Dornen oft monatelang kleine, orange Glockenblüten. Wenn die Pflanze aufgrund schlechter Pflege gestresst ist, färben sich die Triebe mitunter rot.

HÖHE UND BREITE Bis 20 × 45 cm.

PFLEGE Siehe S. 234.

WARNUNG! Den Kaktus mit Kakteenhandschuhen anfassen.

RHIPSALIS MICRANTHA

Der elegante Tropenkaktus eignet sich vorzüglich für große Blumenampeln und überzeugt mit wallenden grünen, bandartigen, gewelltrandigen Trieben. Platzieren Sie ihn bevorzugt dort, wo man die kleinen weißen Blüten, die zum Winterende entlang der Triebränder erscheinen, und die darauffolgenden ungenießbaren, weißen Beeren im Frühjahr und Sommer gut sehen kann.

HÖHE UND BREITE Bis 0,6 × 1 m.

PFLEGE Siehe S. 234.

RHIPSALIS PACHYPTERA

syn. *Hariota pachyptera*

Die kriechenden, abgeflachten Triebe dieser ansehnlichen Pflanze sind in große, blattförmige, unbedornte Abschnitte untergliedert. Weitere dekorative Besonderheiten sind die gelappten Ränder und die bisweilen rötliche Farbe der Abschnitte. Entlang der Ränder öffnen sich cremegelbe bis weißliche, duftende Blüten aus dekorativen rosa Knospen. Auf sie folgen nicht essbare, runde weiße Beeren.

HÖHE UND BREITE Bis 1,5 × 0,6 m.

PFLEGE Siehe S. 234.

RHIPSALIS PILOCARPA

syn. *Erythrorhipsalis pilocarpa*

Mit seinen ungewöhnlich verästelten, weich behaarten, an der Spitze mit feinen Borsten besetzten Trieben, fällt dieser Kaktus Besuchern sogleich ins Auge und ist ein häufiges Gesprächsthema. Im Winter oder zeitigen Frühjahr erscheinen weiße, duftende Blüten, gefolgt von ungenießbaren roten Beeren.

HÖHE UND BREITE Bis 0,6 m × 1 m.

PFLEGE Siehe S. 234.

SCHLUMBERGERA

Diese kleine Gattung tropischer Kakteen setzt sich aus neun Arten zusammen, doch nur zwei – *Schlumbergera × buckleyi* und *Schlumbergera truncata* – treibt man im Handel problemlos auf. Beide werden gemeinhin als Weihnachtskaktus bezeichnet. Sie wachsen epiphytisch und siedeln in den Regenwäldern ihrer Heimat Brasilien auf Bäumen. Typisch sind die kaskadenartig wachsenden Triebe aus blattartigen Abschnitten. Kultiviert werden sie vor allem wegen ihrer farbenfrohen Winterblüten.

TEMPERATUR 12–24 °C; nach der Blüte und ein weiteres Mal im Herbst kühl stellen bei 12-15 °C.

LICHT Braucht lichten Schatten ohne direkte Sonne.

WÄSSERN Im Sommer und Spätwinter immer dann gut wässern, wenn sich die Substratoberfläche trocken anfühlt. Nach der Blüte die Erde fast trocken halten, im Sommer aber wieder häufiger wässern. Vor der Blütenbildung im Herbst Wassergaben erneut drosseln, aber stärker gießen, sobald die Knospen erscheinen. Triebe regelmäßig besprühen, um die Luftfeuchtigkeit zu erhöhen.

DÜNGEN Vom Frühjahr bis zum Frühherbst monatlich einen ausgewogenen Volldünger ins Gießwasser geben.

SUBSTRAT In Orchideenerde pflanzen.

BLÜTE Weihnachtskakteen blühen bereitwillig, werfen ihre Blüten aber ab, wenn man sie während der Blüte an einen anderen Platz stellt.

VERMEHRUNG Durch Aussaat oder Triebstecklinge.

HÄUFIGE PROBLEME Probleme sind sehr selten, doch sollte man die Pflanze regelmäßig auf Schmierläuse absuchen.

SCHLUMBERGERA TRUNCATA

syn. *Schlumbergera x bridgesii; Epiphyllum truncatum* var. *bridgesii*
Weihnachtskaktus, Gliederkaktus

Die hängenden rosa Blüten des Weihnachtskaktus öffnen sich, wie der Name der Pflanze schon sagt, um die Weihnachtszeit. Sie erinnern etwas an den Flor von Fuchsien und sitzen am Ende der glänzenden grünen, übergebogenen Stämme, die in stachelrandige Segmente untergliedert sind und zusammen eine Art Schopf bilden.

HÖHE UND BREITE Bis 45 × 45 cm.

PFLEGE Siehe gegenüber.

STENOCACTUS

Die kleinen, runden, unkomplizierten Kakteen sind ideale Einsteigergewächse. Sie blühen üppig und machen sich, wenn ihre weißen Blüten im zeitigen Frühjahr erscheinen, gut auf einer schmalen Fensterbank. Weitere hübsche Elemente sind bei einigen Arten die ungewöhnlich gefältelten Rippen, durch die sie fast wie kleine runde Korallen aussehen. Die spärlichen Dornen sind oft lang und bilden sternförmige Gruppen.

TEMPERATUR 5–30 °C.

LICHT Die meiste Zeit des Jahres in die volle Sonne stellen, im Sommer aber etwas beschatten.

WÄSSERN Im Frühjahr und Sommer immer dann wässern, wenn das Substrat bis in 1 cm Tiefe ausgetrocknet ist. Im Herbst nur noch einmal monatlich, im Winter gar nicht mehr gießen.

DÜNGEN Vom späten Frühjahr bis zum Spätsommer monatlich einen Dünger in halber Dosis geben.

SUBSTRAT In Kakteenerde oder einen 1:1-Mix aus tonhaltigem, torffreiem Substrat und Kies mit 4 mm Körnung setzen.

BLÜTE Ältere Pflanzen blühen reichlich, sofern sie genügend Licht und Dünger bekommen.

VERMEHRUNG Durch Aussaat oder Stecklinge bzw. Kindel.

HÄUFIGE PROBLEME In nassem Substrat droht Fäulnis. Als Schädlinge kommen Spinnmilben und Schmierläuse, auch Wollläuse genannt, infrage.

STENOCACTUS MULTICOSTATUS

syn. *Echinocactus multicostatus; Echinofossulocactus multicostatus*
Lamellenkaktus

Auch wenn er etwas klein ist, so hat er doch Vorzüge, mit denen er seine bescheidene Größe wettmacht. Die langen, gebogenen, cremegelben und kurzen weißen Dornen stehen büschelig an den spiralig gefältelten Rippen. Bei manchen Pflanzen sitzen zudem rote Dornen schopfig am Scheitel. Die Blüten öffnen sich im Frühjahr am oberen Ende. Sie können weiß, rosaviolett oder blauviolett mit dunkleren Streifen sein.

HÖHE UND BREITE Jeder Stamm erreicht bis zu 12 cm Höhe und 15 cm Breite.

PFLEGE Siehe links.

WARNUNG! Beim Umgang mit diesem Kaktus sind Kakteenhandschuhe ratsam.

STENOCEREUS

Die säulenförmigen oder baumartigen Kakteen mit spitzen Dornen können zu stattlichen Pflanzen heranwachsen, wenngleich sie im Topf drinnen etwas kleiner bleiben. Man sollte ihnen reichlich Platz zugestehen - nicht zuletzt, damit man sich nicht an ihren tückischen Dornen verletzt. Die Blüten öffnen sich überwiegend nachts am oberen Ende der Stämme. *Stenocereus*-Kakteen sind pflegeleicht und dankbar. Sie tragen essbare Früchte.

TEMPERATUR 5–30 °C; im Winter kühl bei 8–12 °C stellen.

LICHT In die volle Sonne stellen, im Sommer aber etwas beschatten.

WÄSSERN Im Frühjahr und Sommer wässern, wenn die obersten 2 cm des Substrats sich trocken anfühlen. Im Herbst nur noch monatlich, im Winter gar nicht mehr gießen.

DÜNGEN Vom Frühjahr bis zum Spätsommer einen Kakteendünger in halber empfohlener Dosierung geben.

SUBSTRAT In Kakteenerde oder einen 1:1-Mix aus tonhaltigem, torffreiem Substrat und Kies mit 4 mm Körnung setzen.

BLÜTE Steht der Kaktus im Winter kühl, fällt die Blüte reichlicher aus.

VERMEHRUNG Durch Aussaat oder Stecklinge.

HÄUFIGE PROBLEME In nassem Substrat können die Pflanzen faulen. Man sucht sie regelmäßig nach Schmier- bzw. Wollläusen, Schildläusen und Spinnmilben ab.

STENOCEREUS THURBERI

syn. *Cereus thurberi; Pilocereus thurberi*

Orgelpfeifenkaktus

Wie der Name schon andeutet, wachsen die Stämme dieser Art zu hohen, schmalen, dornigen Säulen heran. Ältere Pflanzen können auch mehrstämmig werden. Die weißen bis blasslila Blüten erscheinen vom Frühjahr bis zum Spätsommer in mehreren Schüben. Sie bleiben nur eine Nacht und den darauffolgenden Tag geöffnet, dann welken sie. Die dornigen, süßen, essbaren Früchte, *pitahaya* genannt, werden in der mexikanischen Heimat des Kaktus höher geschätzt als die Blüten.

HÖHE UND BREITE Die Stämme können bis zu 1,5 m hoch und 0,15 m breit werden.

PFLEGE Siehe links.

WARNUNG! Beim Umgang mit dieser Pflanze sollten Sie Kakteenhandschuhe tragen.

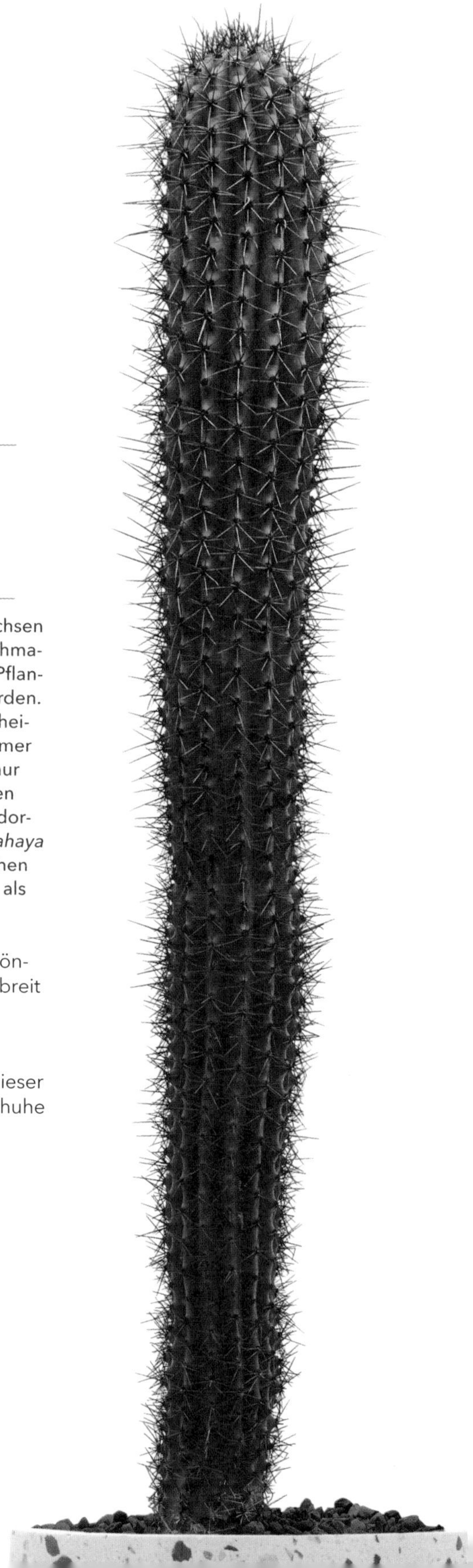

SULCOREBUTIA

Diese kleinen Kakteen bilden kugelige Stämme, die sich nach und nach zu Horsten ausweiten. Ein paar Arten zeichnen sich durch auffällig violette oder rote Stämme aus, andere sind dornig und wieder andere tragen sehr kurze, fast nicht zu erkennende Dornen. Die Blüten - sie öffnen sich im Frühjahr - sitzen am Stammansatz und können rosa oder gelb sein, es kommen aber auch andere Farben vor.

TEMPERATUR 5–30 °C; im Winter brauchen die Pflanzen einen kühlen Standort bei 5–10 °C. In trockenem Substrat überstehen sie kurzzeitig sogar bis -5 °C.

LICHT Einen Großteil des Jahres in die volle Sonne stellen, im Sommer aber leicht beschatten. Jungpflanzen generell vor zu starker Sonne schützen.

WÄSSERN Im Frühjahr und Sommer sollte man die Pflanzen erst dann wieder wässern, wenn der oberste Zentimeter des Substrats völlig trocken ist. Im Herbst reicht monatliches Wässern, im Winter sollte man ganz darauf verzichten.

DÜNGEN Vom späten Frühjahr bis zum Spätsommer einmal im Monat einen Kakteendünger in halber Dosis verabreichen.

SUBSTRAT In Kakteenerde oder einen 1:1-Mix aus tonhaltigem Substrat ohne Torfanteil und Kies mit 4 mm Körnung pflanzen.

BLÜTE Die Blühwilligkeit der Kakteen wird angeregt, wenn man sie im Winter kühl stellt, für einen möglichst hellen Standort sorgt und angemessen düngt.

VERMEHRUNG Durch Aussaat oder Kindel.

HÄUFIGE PROBLEME Diese Kakteen vertragen kein dauerhaft nasses Substrat. Mögliche Schädlinge sind Schmier- und Schildläuse sowie Spinnmilben.

SULCOREBUTIA LANGERI

syn. *Rebutia cardenasiana*

Diese kleine Art wird gelegentlich auch als *Rebutia cardenasiana* bezeichnet. Wer sie kaufen möchte, sollte daher nach beiden Namen Ausschau halten. Man schätzt *Sulcorebutia langeri* wegen der winzigen, dunkelgrünen Kugeln mit fiedrigen weißen, weichen Dornen, die ein spitzenartiges Geflecht bilden. Die sonnengelben Strahlenblüten werden oft größer als die Stämme selbst und öffnen sich im Frühjahr.

HÖHE UND BREITE Bis 8 × 15 cm.

PFLEGE Siehe links.

SULCOREBUTIA RAUSCHII

syn. *Rebutia caniguerali* subsp. *rauschii; Rebutia rauschii* fo. *violacidermis; Sulcorebutia rauschii* fo. *violacidermis*

So winzig die hübschen violetten und grünen, warzigen Stämme dieser horstbildenden Art auch sind, sie ziehen die Blicke trotzdem auf sich. Sie sind besetzt mit kurzen schwarzen Dornen, die flach auf der Oberfläche anliegen und ein Fischgrätmuster bilden. Weiterer Bonus: die auffälligen magentaroten Blüten, die sich im späten Frühjahr zeigen und den Zierwert der Pflanze zusätzlich erhöhen.

HÖHE UND BREITE Bis 2 × 3 cm.

PFLEGE Siehe S. 241.

THELOCACTUS

Die kleinen, dornigen Stämme dieser Kakteen sind anfangs kugelig, entwickeln mit der Zeit aber oft kurze Zylinderformen. Alle Arten lassen sich problemlos kultivieren und sind daher wie geschaffen für Einsteiger. Viele rüsten sich allerdings mit spitzen Dornen, weshalb man sie außerhalb der Reichweite von Kindern und Haustieren platzieren sollte. Manche *Thelocactus*-Vertreter tragen klar definierte Rippen, die bei einigen wenigen sogar spiralig angeordnet sind. Andere haben erhabene Bereiche, Warzen genannt, die die Oberfläche in sechseckige, kissenartige Segmente gliedern. Die trichterförmigen Blüten können gelb, rot oder violett sein. Sie öffnen sich zwischen Spätwinter und Spätsommer am Scheitel der Stämme.

TEMPERATUR 5–30 °C; hält in trockenem Substrat aber bis zu -5 °C aus.

LICHT In die volle Sonne stellen, im Hochsommer aber etwas beschatten.

WÄSSERN Im Frühjahr und Sommer immer dann wässern, wenn sich die obersten 2 cm des Substrats trocken anfühlen. Im Herbst nur noch monatlich, im Winter gar nicht mehr gießen. Für gute Durchlüftung des Standorts sorgen, um Fäulnis zu verhindern.

DÜNGEN Vom späten Frühjahr bis zum Spätsommer monatlich mit halber empfohlener Dosierung düngen.

SUBSTRAT In Kakteenerde oder einen 1:1-Mix aus tonhaltigem, torffreiem Substrat und Feinkies mit 4 mm Körnung setzen.

BLÜTE Nur ältere Pflanzen, die viel Licht und etwas Dünger bekommen, tragen Blüten.

VERMEHRUNG Durch Aussaat.

HÄUFIGE PROBLEME In nasser Erde faulen diese Pflanzen. Achten Sie auf einen Befall durch Schmier- und Schildläuse sowie Spinnmilben.

THELOCACTUS BICOLOR

syn. *Echinocactus bicolor; Ferocactus bicolor*

Der Wald aus langen, spitzen, strohgelben Dornen, die strahlig an den Rippen dieser beliebten Art wachsen, steht in auffälligem Kontrast zu den grünen Stämmen darunter. Jungpflanzen sind kugelig, verlängern sich aber mit der Zeit zu kurzen Säulen. Die magentaroten Blüten mit rotem Schlund erscheinen vom Frühjahr bis zum Herbst.

HÖHE UND BREITE Jeder Stamm wird 20 cm hoch und 10 cm breit.

PFLEGE Siehe links.

WARNUNG! Beim Umgang mit der Pflanze Kakteenhandschuhe tragen.

THELOCACTUS MACDOWELLII

syn. *Echinocactus macdowellii; Thelocactus conothelos* var. *macdowellii*

Dieser kleine, kugelige Kaktus hüllt sich in ein borstiges Kleid aus langen, glasig weißen, spitzen Dornen und zeigt damit unmissverständlich, dass man ihn besser mit Warnung! behandeln sollte. Seine rosa Blüten mit gelber Mitte öffnen sich im Frühjahr aus dunkelrosa Knospen, die in Gruppen zwischen den Dornen erscheinen. Mitunter blühen sie später noch ein zweites Mal.

HÖHE UND BREITE Jeder Stamm kann 10 cm hoch und breit werden.

PFLEGE Siehe gegenüber.

WARNUNG! Tragen Sie Kakteenhandschuhe, wenn Sie diese Pflanze anfassen.

THELOCACTUS HEXAEDROPHORUS

syn. *Echinocactus hexaedrophorus; Thelomastus hexaedrophorus*

Er mag eher klein geraten sein, ist aber dank seines ungewöhnlichen Aussehens bei Sammlern sehr begehrt. Die oliv- bis graugrünen Stämme haben sechseckige Segmente, die sich bei starker Sonneneinstrahlung rosa oder violett färben können. In der Mitte jedes Segments sitzen in Sternform lange, gebogene, rötlich braune Dornen. Die eleganten, silbrig weißen Blüten mit blassrosa Streifen in der Mitte öffnen sich am Scheitel.

HÖHE UND BREITE Jeder Stamm kann 7 cm breit und 15 cm hoch werden.

PFLEGE Siehe gegenüber.

WARNUNG! Den Kaktus nur mit Kakteenhandschuhen anfassen.

SUKKULENTEN

Als gärtnerischer Begriff bezeichnet »Sukkulente« eine Reihe unterschiedlicher Pflanzentypen, darunter auch einige, die Sammlernovizen nicht als solche erkannt hätten, etwa *Hoya* (siehe S. 283) und *Sansevieria* (siehe S. 294). Als Zimmerpflanzen werden Sukkulenten in erster Linie wegen ihres auffälligen Laubs kultiviert, das es in den unterschiedlichsten Formen und Farben gibt. Bei guter Pflege kann man sie sogar zum Blühen bringen, was zusätzliche auffällige Farbtupfer liefert. Sukkulenten sind zwar meist relativ pflegeleicht, leiden aber, wenn sie nicht genügend Licht bekommen oder zu stark gewässert werden.

ADROMISCHUS

Zur Gattung *Adromischus* werden allerlei Arten mit ungewöhnlichen Blattformen gezählt. Sie sind zwar recht klein, machen dieses Manko aber mit schöner Färbung und abwechslungsreicher Textur wett. Manche tragen kräftig grüne, abgeflachte Blätter, andere sind grau und erinnern eher an Kiesel oder Muscheln. Einige wenige ähneln sogar Ravioli mit gewellten Rändern. Sie tragen im späten Frühjahr oder Sommer winzige, sternförmige Blüten an langen Stängeln. Manche Leute zwicken sie allerdings ab, weil ihr Nektar Pilzbefall fördert.

TEMPERATUR 5–30 °C.

LICHT Hell stellen, aber nicht in die volle Sonne.

WÄSSERN Vom Frühjahr bis zum Frühherbst immer dann wässern, wenn sich die Oberfläche des Substrats trocken anfühlt. Im Herbst und Winter weniger gießen, sodass die Erde nur ganz leicht feucht ist und die Blätter nicht schrumpfen.

DÜNGEN Vom Frühjahr bis zum Spätsommer monatlich einen Kakteendünger in halber Dosis geben.

SUBSTRAT In Kakteenerde oder einen 1:1-Mix aus tonhaltigem, torffreiem Substrat und Kies mit 4 mm Körnung setzen.

BLÜTE Die Pflanzen blühen auch ohne Sonderbehandlung.

VERMEHRUNG Durch Blatt- oder Triebstecklinge.

HÄUFIGE PROBLEME In nassem Substrat können die Pflanzen faulen. Man sollte sie regelmäßig auf Schmierläuse absuchen. Welke Blüten abzwicken, damit sie nicht auf das Substrat fallen und von Pilzen befallen werden.

ADROMISCHUS COOPERI

Kiebitzei-Kurzstiel

Charakteristisch für diese Sukkulente ist nicht so sehr die Form der grünen Blätter, die an winzige Zahnpastatuben erinnert, sondern die dunkelvioletten Flecken darauf. Wie die meisten *Adromischus*-Arten ist auch diese hübsche Vertreterin eine gute Wahl für Plätze ohne direkte Sonne, denn in leichtem Schatten behält sie ihre dekorative Zeichnung. Im Sommer erscheinen kleine rosa Blüten an hohen Stängeln, die aus der Pflanzenmitte austreiben.

HÖHE UND BREITE 7 × 15 cm.

PFLEGE Siehe gegenüber.

ADROMISCHUS TRIGYNUS

syn. *Adromischus rupicola*

Dreigriffliger Kurzstiel

Diese winzige Sukkulente wird wegen ihrer eleganten, paddelförmigen, graugrünen Blätter mit violettbraunen Flecken gezogen, die sich am Haupttrieb bilden. Sie blüht drinnen zwar nur selten, aber da die gelbgrünen Blüten nicht so interessant sind wie das Laub, werden sie auch nicht vermisst.

HÖHE UND BREITE Bis 15 × 15 cm.

PFLEGE Siehe gegenüber.

AEONIUM

Die Gattung umfasst hohe, bizarre Pflanzen mit dekorativem Laub und holzigen Trieben, an deren Spitzen Rosetten aus fleischigen Blättern sitzen, ferner einige kleinere, weniger spektakuläre Arten mit flachen Rosetten. Sie alle tragen an langen Stängeln sternförmige Blüten, die sich zwischen Spätwinter und dem Sommerende öffnen. Danach sterben die blühenden Rosetten ab, doch entstehen in der Regel frische Triebe, die ihren Platz einnehmen, wobei man neue Pflanzen auch durch Stecklinge heranziehen kann (siehe S. 334–335). Viele Arten der Gattung treten in heißen Sommern in eine Art Ruhephase aber ihr Laub welkt nicht, solange man sie draußen in den lichten Schatten stellt.

TEMPERATUR 10–24 °C.

LICHT In die volle Sonne stellen, im Sommer aber etwas beschatten.

WÄSSERN Vom Herbst bis zum Spätwinter nur wässern, wenn das Substrat bis in 1 cm Tiefe ausgetrocknet ist. Im Sommer, wenn die Pflanzen in eine Ruhephase treten, Wassergaben verringern. Nach dem letzten Frost am besten nach draußen stellen, da sie viel Luftfeuchtigkeit brauchen.

DÜNGEN Während der Vegetationsperiode vom Winter bis zum späten Frühjahr monatlich einen Flüssigvolldünger in halber Dosierung geben.

SUBSTRAT In Kakteenerde oder einen 1:1-Mix aus tonigem, torffreiem Substrat und Kies (4 mm Körnung) setzen.

BLÜTE Die Pflanzen blühen im Frühjahr, wenn sie regelmäßig gedüngt und gewässert werden. Jungpflanzen blühen meist erst nach einigen Jahren.

VERMEHRUNG Durch Aussaat oder Stecklinge im zeitigen Frühjahr.

HÄUFIGE PROBLEME Bei Überwässerung droht Fäule. Pflanzen regelmäßig auf Schmierläuse absuchen.

AEONIUM ARBOREUM 'ATROPURPUREUM'

syn. *Aeonium arboreum* var. *atropurpureum*
Rosetten-Dickblatt

Ältere, dunkelviolette Dickblattbäume bekommen eine auffällige Silhouette. Die hohen, verzweigten Triebe erinnern an Kerzenhalter mit Rosetten obenauf. Im späten Frühjahr wachsen kegelförmige Büschel aus gelben, sternförmigen Blüten aus den Rosetten.

HÖHE UND BREITE Einzelne Exemplare können 1,5 m hoch und 90 cm breit werden.

PFLEGE Siehe links.

AEONIUM 'BLUSHING BEAUTY'

Die begehrte, farbenfrohe Hybride 'Blushing Beauty' ähnelt in ihrem Wuchs *Aeonium arboreum* (siehe gegenüber), bleibt aber kompakter. Ihre grünen Blattrosetten sind rosarot getönt. Im Frühjahr und Sommer erscheinen winzige gelbe Blüten in großen Büscheln.

HÖHE UND BREITE Bis 70 × 60 cm.

PFLEGE Siehe gegenüber.

AEONIUM CANARIENSE var. SUBPLANUM

syn. *Aeonium subplanum*

Aeonium canariense var. *subplanum* ist für eine strauchig wachsende *Aeonium*-Art nicht sonderlich hoch, ihre Blattrosetten aber fallen umso größer aus. Die glänzenden, rundlichen, hellgrünen Blätter sind bei niedrigen Temperaturen im Winter oder in sehr trockenem Substrat rosaviolett überlaufen, sodass ein ansprechender Zweifarbeneffekt entsteht. Aus der Mitte der Blattrosetten treiben im Frühjahr gestielte Blütenstände mit gelben Blüten aus.

HÖHE UND BREITE Bis 50 × 40 cm.

PFLEGE Siehe gegenüber.

AEONIUM DECORUM

Die leuchtenden Farben dieser Art kommen erst so richtig zur Geltung, wenn man sie mit dunkellaubigen oder normal grünen Pflanzen kombiniert. Ihre dicken Triebe tragen Rosetten aus blassgrünen, eiförmigen Blättern mit orangeroten bis roten Rändern, deren Farbe in der vollen Sonne kräftiger wird. Im Frühjahr erscheinen sternförmige rosa Blüten. Halten Sie auch Ausschau nach *Aeonium decorum* var. *guarimiarense*, diese Variante hat grüne Blätter mit roten Spitzen.

HÖHE UND BREITE Bis 60 × 50 cm.

PFLEGE Siehe gegenüber.

AEONIUM HAWORTHII

Eine elegante, gefragte Art mit verzweigten Trieben, an deren Enden Rosetten aus großen, bläulich grünen, am Rand oft rot getönten Blättern sitzen. Im späten Frühjahr öffnen sich blass cremegelbe, mitunter rosa überlaufene Blüten.

HÖHE UND BREITE Bis 60 × 60 cm.

PFLEGE Siehe S. 246.

AEONIUM TABULIFORME

syn. *Aeonium berthelotianum; Aeonium macrolepum*

Diese Art unterscheidet sich nicht unwesentlich von ihren strauchigen, verzweigten Verwandten. Ihre niederliegenden, flachen Rosetten aus dicht an dicht stehenden, überlappenden, hellgrünen Blättern können so groß wie Speiseteller werden. Aus ihrer Mitte wachsen im Frühjahr hohe Stiele mit kleinen gelben Sternblüten. Die Pflanze braucht eine flache Schale in einem hellen Zimmer, etwa einem Wintergarten, und muss regelmäßig gedreht werden, damit sie gleichmäßig wächst.

HÖHE UND BREITE Bis 10 × 30 cm.

PFLEGE Siehe S. 246.

AEONIUM 'VELOUR'

syn. *Aeonium arboreum* 'Velour'

Dieser *Aeonium*-Sorte ist Aufmerksamkeit in jedem Fall sicher. Man kultiviert sie wegen ihrer dunkelvioletten Blattrosetten mit grüner Mitte und ihrem weichen, samtigen Erscheinungsbild. Mit der Zeit treiben immer mehr Rosetten an verzweigten Trieben aus, die viel Wirkung entfalten. Im zeitigen Frühjahr ist mit gelben Blüten zu rechnen.

HÖHE UND BREITE Bis 60 × 50 cm.

PFLEGE Siehe S. 246.

AEONIUM 'ZWARTKOP'

syn. *Aeonium arboreum* 'Zwartkop'

Die ausgesprochen begehrte Sorte ähnelt *Aeonium arboreum* 'Atropurpureum' (siehe S. 246). Ihre dunkel weinroten, nahezu schwarzen Blattrosetten sind in der Mitte kräftig grün gefärbt. Man kultiviert 'Zwartkop' am besten gemeinsam mit farbenfroheren Arten oder einer rein grünen Form, sodass die Farbkontraste zum Tragen kommen. Im Winter öffnen sich kräftig gelbe Blüten, die zusammen mit dem dunklen Laub eine schillernde Kombination ergeben.

HÖHE UND BREITE Bis 60 × 60 cm.

PFLEGE Siehe S. 246.

AGAVE

Mit ihren zackigen Blättern und der bizarren Silhouette stehen Agaven als Zimmer- und Gartenpflanzen gleichermaßen hoch im Kurs. Sie bilden eine Rosette aus dicken, fleischigen Blättern, die bei vielen Arten in einem Dorn enden. Agaven sind in erster Linie Blattschmuckpflanzen und in allen möglichen Grüntönen oder auch panaschiert mit gelben oder cremefarbenen Streifen erhältlich. Zimmerpflanzen bilden selten Blüten, der Nektar von Freiluftpflanzen ist als Süßstoff jedoch eine gute Alternative zu Zucker. Kleinere Formen oder junge Pflanzen eignen sich am besten für Zimmerpflanzen-Sammlungen, denn ältere Exemplare werden für die meisten Räume einfach zu groß.

TEMPERATUR -5–30 °C; verträgt in trockener Erde durchaus etwas Frost.

LICHT Braucht volle Sonne, im Sommer aber in lichten Schatten stellen.

WÄSSERN Im Frühjahr und Sommer wird immer dann gewässert, wenn das Substrat bis in 2 cm Tiefe ausgetrocknet ist. Im Herbst und Winter hält man die Erde fast trocken und wässert nur so viel, dass die Blätter nicht schrumpfen.

DÜNGEN Vom Frühjahrs- bis zum Sommerende brauchen Agaven monatlich einen Flüssigdünger in halber Dosierung.

SUBSTRAT In Kakteenerde oder einen 1:1-Mix aus tonhaltigem, torffreiem Substrat und Kies (Körnung ca. 4 mm) setzen.

BLÜTE Zimmerpflanzen blühen selten.

VERMEHRUNG Durch Aussaat oder Stecklinge bzw. Kindel.

HÄUFIGE PROBLEME In nassem Substrat faulen die Pflanzen. Agaven können von Schmier- und Schildläusen befallen werden.

AGAVE AMERICANA 'MEDIOPICTA ALBA'

syn. *Agave americana* fo. *medio-picta alba*
Hundertjährige Agave

Die skulpturalen Blätter dieser beliebten Sorte der Hundertjährigen Agave tragen weiße und graublaue Streifen und setzen in großen, hellen Räumen einen spektakulären Akzent. In südlichen Gegenden, wo die Pflanze im Freiland gezogen wird, kann sie mehr als 1 m Höhe erreichen, als Zimmerpflanze im Topf aber bleibt sie kleiner. Trotzdem braucht sie drinnen reichlich Platz, damit man keine Bekanntschaft mit den spitzen Dornen macht, die an den gezähnten Blatträndern sitzen. Ihre Blüten sind gelbgrün, allerdings blüht die Sorte als Zimmerpflanze nicht.

HÖHE UND BREITE Bis 1 × 1 m.

PFLEGE Siehe links.

WARNUNG! Fassen Sie die Pflanze nur mit Kakteenhandschuhen an. Ihre Dornen sind spitz und ihr Saft kann Hautreizungen hervorrufen.

AGAVE AMERICANA 'VARIEGATA'

Hundertjährige Agave

Mit ihren gelb gerandeten, graugrünen Blättern ist diese große Form der Hundertjährigen Agave der Star in jeder Wohnung. Kaufen Sie am besten junge Exemplare, die Sie dorthin stellen, wo Sie ihr wunderschönes Laub genießen können, ohne sich versehentlich an den Dornen zu verletzen. Die Art verträgt zwar einige Minusgrade, im Freiland übersteht sie den Winter in der Regel aber nicht.

HÖHE UND BREITE Bis 1,5 × 1,5 m.

PFLEGE Siehe links.

WARNUNG! Tragen Sie beim Umgang mit der Pflanze Kakteenhandschuhe als Schutz vor den Dornen. Außerdem kann der Saft Hautreizungen hervorrufen.

AGAVE COLORATA

Die Beliebtheit dieser Art ist auf ihre relativ geringe Größe und die farbkräftigen, gewelltrandigen Blätter in frostigem Graublau oder Hellgrau zurückzuführen. Weil sie mit tückischen Dornen besetzt ist, sollte man ihr genügend Platz einräumen. Ihre Blütenknospen sind rot, die Blüten selbst aber gelb und orange.

HÖHE UND BREITE Bis 1,2 × 1,2 m.

PFLEGE Siehe gegenüber.

WARNUNG! Für diese Sukkulente sind Kakteenhandschuhe ratsam. Ihr Saft kann zudem Hautreizungen hervorrufen.

AGAVE FILIFERA

syn. *Agave filamentosa*
Faden-Agave

Die spitzen Blätter der Faden-Agave sind mit langen weißen Fäden besetzt, denen sie ihren Namen verdankt. Zudem ist das Laub dieser ungewöhnlichen Art weiß gerandet, was ihren Dekorwert zusätzlich erhöht. Ihre grünlich weißen Blüten sitzen an der Spitze hoher Stängel, entwickeln sich bei Zimmerpflanzen aber nur selten.

HÖHE UND BREITE Bis 45 × 45 cm.

PFLEGE Siehe gegenüber.

WARNUNG! Beim Umgang mit dieser Art sind Kakteenhandschuhe ratsam. Ihr Saft kann Hautreizungen hervorrufen.

AGAVE PARRASANA

syn. *Agave wislizenii*

Als eine der kleineren Arten der Gattung ist *Agave parrasana* eine echte Bereicherung für Sukkulentenarrangements auf Fensterbrettern – zumindest, solange sie noch jung ist. Ihre kurzen und breiten, blass blaugrünen Blätter haben dornig gezähnte Ränder und einen wächsernen Überzug. Man kann sich an ihnen verletzen, daher ist Vorsicht geboten. Die Blüten sind im Knospenstadium rot, geöffnet hingegen gelb.

HÖHE UND BREITE Bis 60 × 60 cm.

PFLEGE Siehe S. 250.

WARNUNG! Fassen Sie die Pflanze wegen der Dornen am besten nur mit Kakteenhandschuhen an. Der Saft kann zudem die Haut reizen.

AGAVE PARRASANA 'FIREBALL'

Eine seltene Sorte von *Agave parrasana* (siehe links). 'Fireball' unterscheidet sich von der Art nur durch die Farbe der Blätter, die graugrün mit schmalem, cremegelbem Rand sind. Bei Gegenlicht sieht das Laub aus, als würde es brennen.

HÖHE UND BREITE Bis 60 × 60 cm.

PFLEGE Siehe S. 250.

WARNUNG! Pflanze wegen der Dornen nur mit Kakteenhandschuhen anfassen. Zudem kann der Saft die Haut reizen.

AGAVE PARRYI

Mescal-Agave

Auffälligstes Merkmal der Mescal-Agave ist das elegante, silbrig blaugraue Laub mit kurzen dunklen Dornen am Rand und an der Spitze. Ältere Exemplare, die draußen wachsen, können gelbe, im Knospenstadium rote oder rosa Blüten ansetzen. An Zimmerpflanzen zeigen sich nur selten Blüten.

HÖHE UND BREITE Bis 60 × 80 cm.

PFLEGE Siehe S. 250.

WARNUNG! Pflanze nur mit Kakteenhandschuhen anfassen. Ihr Saft kann zudem Hautreizungen verursachen.

AGAVE PARRYI subsp. NEOMEXICANA

syn. *Agave neomexicana*

Mescal-Agave

Diese Unterart der Mescal-Agave bildet eine aufrechte Rosette aus schmalen grün- bis graublauen Blättern, die am Rand mit dunkelroten Dornen gezähnt sind. Bei Freilandpflanzen bilden sich im Sommer manchmal goldgelbe Blüten an langen Stängeln.

HÖHE UND BREITE 45 × 60 cm.

PFLEGE Siehe S. 250.

WARNUNG! Beim Umgang mit der Pflanze Kakteenhandschuhe tragen. Der Saft kann Hautreizungen verursachen.

AGAVE STRICTA

syn. *Agave striata* subsp. *stricta*

Im Gegensatz zu ihren Verwandten hat diese Agave eine strahlig wachsende Krone aus spießförmigen Blättern mit je einem kräftigen Dorn an der Spitze. Sie bleibt relativ kompakt und entwickelt früh Ausläufer, die jeweils selbst wieder Horste aus Blattrosetten bilden, sodass Kolonien mit ganz eigentümlichem Aussehen entstehen. Ältere Pflanzen öffnen im Sommer kleine rote Blüten.

HÖHE UND BREITE Bis 40 × 40 cm.

PFLEGE Siehe S. 250.

AGAVE VICTORIAE-REGINAE

syn. *Agave ferdinandi-regis;*
Agave scabra x *victoriae-reginae*
Königs-Agave

Die kompakte Königs-Agave bleibt in keinem Raum unbeachtet. Sie treibt eine rundliche Rosette aus, die ein bisschen an eine Artischockenblüte erinnert. Ihre dreikantigen, mittelgrünen Blätter enden in einer Dornspitze und haben glatte, unbedornte, weiß oder schwarz gezeichnete Ränder. Ältere Pflanzen setzen im Sommer cremeweiße Blüten an langen Stängeln an, die aus der Mitte der Rosetten wachsen.

HÖHE UND BREITE Bis 30 × 30 cm.

PFLEGE Siehe S. 250.

ALBUCA

Die Angehörigen dieser Gattung sind zwar streng genommen keine Sukkulenten, werden jedoch oft von Sukkulenten-Spezialanbietern verkauft. Sie brauchen eine etwas andere Pflege als die übrigen Pflanzen in diesem Kapitel. Man schätzt vor allem die spiralförmigen korkenzieherähnlichen Blätter. *Albuca* sind Zwiebelpflanzen, die jeweils einen einzigen Blütenstand mit nickenden, glockenförmigen grünen Blüten mit blassgelbem Rand bilden. Nach der Blüte im Sommer treten sie in eine Ruhephase. Im Herbst setzt das Wachstum wieder ein.

TEMPERATUR 5–30 °C.

LICHT In die volle Sonne stellen, im Sommer aber etwas beschatten.

WÄSSERN Während der Wachstumsphase vom Herbst bis zum Spätwinter sollte man spärlich wässern und immer nur dann, wenn sich die Substratoberfläche trocken anfühlt, da die Blätter bei Wassermangel stärker spiralig wachsen. Während der Vegetationsruhe im Sommer wässert man fast gar nicht, ab dem Austrieb im Herbst aber wieder häufiger.

DÜNGEN Geben Sie der Pflanze im Herbst einen Langzeitdünger in der halben auf der Verpackung angegebenen Dosierung.

SUBSTRAT Ein Spezialsubstrat für Zwiebelpflanzen oder ein 1:1-Mix aus tonhaltigem, torffreiem Substrat und Kies mit 4 mm Körnung.

BLÜTE Bei ausreichender Versorgung mit Wasser und Dünger stehen die Chancen gut, dass die Pflanze blüht.

VERMEHRUNG Durch Stecken von Zwiebeln im Herbst oder Teilen bestehender Horste.

HÄUFIGE PROBLEME In nasser Erde droht Fäunis. Ansonsten sind die Vertreter der Gattung wenig anfällig für Schädlinge und Krankheiten.

ALBUCA SPIRALIS 'FRIZZLE SIZZLE'

Ornithogalum circinatum 'Frizzle Sizzle'

Eine erstaunliche Pflanze, deren Anschaffung sicht lohnt. 'Frizzle Sizzle' trägt rasch wachsende, eng geringelte, dunkelgrüne Blätter. Die Blütenstände erscheinen im Spätwinter oder zeitigen Frühjahr zwischen dem Laubhorst und tragen zart duftende gelbe oder grüne, nickende Blüten. Während der Ruhephase im Sommer zieht das Laub ein.

HÖHE UND BREITE Bis 20 × 20 cm.

PFLEGE Siehe links.

ALOE

Fast jeder kennt die *Aloe vera* (siehe S. 259). Sie wird unter anderem zu Heilmitteln gegen Sonnenbrand und zu Hautcremes verarbeitet. Die beliebte Pflanze ist aber nur eine von vielen als Zimmerpflanzen erhältlichen Arten der Gattung. Die meisten bilden eine dekorative Rosette aus großen, dicken, fleischigen Blättern, die kräftig grün, panaschiert oder gefleckt sein können. Bei manchen wächst die Blattrosette direkt aus der Basis, bei anderen aus einem verzweigten Trieb. Die Büschel aus meist gelben, orangen, rosa oder roten Röhrenblüten erscheinen im Frühjahr oder Sommer an hohen Stängeln. Allerdings blühen nicht alle Arten bei Zimmerkultur.

TEMPERATUR 5–30 °C.

LICHT In die volle Sonne stellen, im Sommer aber etwas beschatten.

WÄSSERN Vom Frühjahr bis zum Frühherbst wird immer dann gewässert, wenn die Substratoberfläche trocken ist. Im Herbst und Winter drosselt man die Wassergaben, sodass die Erde nur ganz leicht feucht ist und die Blätter nicht runzelig werden.

DÜNGEN Vom Frühjahr bis zum Spätsommer ist monatliches Düngen mit einem Kakteendünger in halber Dosierung ratsam.

SUBSTRAT Kakteenerde oder eine 1:1-Mischung aus tonhaltigem, torffreiem Substrat und Kies mit 4 mm Körnung.

BLÜTE Steht die Pflanze im Winter bei Temperaturen um 5–10 °C, blüht sie wesentlich bereitwilliger.

VERMEHRUNG Durch Kindel oder Blattstecklinge.

HÄUFIGE PROBLEME In nassem Substrat können die Pflanzen faulen. Möglich ist ein Befall durch Schmierläuse und Spinnmilben.

ALOE ARISTATA

syn. *Aloe ellenbergeri; Aloe longiaristata*
Bebänderte Aloe

Ihren Namen hat diese Art von den weißen Flecken auf dem grünen Laub. Sie bilden ein horizontales, bandartiges Muster, durch das sich die Pflanze von ihren rein grünen Verwandten unterscheidet. Die orangeroten Röhrenblüten öffnen sich im Herbst an langen Stängeln. Sie erscheinen regelmäßiger als bei anderen Arten.

HÖHE UND BREITE Bis 20 × 20 cm.

PFLEGE Siehe links.

ALOE ARISTATA 'GREEN PEARL'

syn. *Aloe* 'Cosmo'
Bebänderte Aloe

Die auch unter der Sortenbezeichnung 'Cosmo' im Handel angebotene Aloe treibt elegante dunkelgrüne Blätter mit einer zarten Zeichnung aus weißen Punkten aus, die auf der Oberseite der Blätter entlang der Ränder und auf der Unterseite horizontal gebändert verlaufen. Wie die Art *Aloe aristata* (siehe links) wartet sie im Herbst mit orangeroten, röhrenförmigen Blüten auf.

HÖHE UND BREITE Bis 20 × 20 cm.

PFLEGE Siehe links.

ALOE ERINACEA

syn. *Aloe melanacantha* var. *erinacea*

Es lohnt sich, nach dieser wehrhaften kleinen Pflanze Ausschau zu halten. Sie bildet rundliche Rosetten aus bräunlich grünen, dreieckigen Blättern mit dornig gezähnten Rändern und nach innen gebogenem Wuchs. Ältere Pflanzen können kleine Horste aus mehreren Rosetten bilden. Die zunächst roten, dann gelben Blüten öffnen sich im Sommer, sind bei Zimmerpflanzen aber selten.

HÖHE UND BREITE Bis 25 × 25 cm.

PFLEGE Siehe gegenüber.

WARNUNG! Fassen Sie die Pflanze nur mit Kakteenhandschuhen an.

ALOE HUMILIS

syn. *Aloe perfoliata* var. *humilis*

Igel-Aloe

Die kleine, kompakte Igel-Aloe ist eine schöne Begleiterin anderer Zwergsukkulenten und -kakteen. Ihre hell blaugrünen Blätter wachsen vertikal, biegen sich aber leicht nach innen. Sie tragen graugrüne Warzen und dünne, weiche, weiße Randdornen. Im Frühjahr öffnen sich an hohen Stängeln hängende, leuchtend orangerote, kurzgestielte Röhrenblüten.

HÖHE UND BREITE Bis 20 × 20 cm.

PFLEGE Siehe gegenüber.

ALOE PLICATILIS

Fächer-Aloe

Die ungewöhnliche Art wächst in ihrer Heimat Südafrika strauchig oder als kleiner Baum und kann selbst als Zimmerpflanze im Topf noch bis zu 1,5 m hoch werden. Sie bildet einen holzigen Stamm und dornlose, bandförmige, blassgrüne bis blaugraue, fächerartig angeordnete Blätter, daher auch der Name. Aus den Fächern wachsen im Frühjahr hohe Stängel mit leuchtend roten, später gelbgrünen Blüten.

HÖHE UND BREITE Bis 1,5 × 0,9 m.

PFLEGE Siehe S. 256.

ALOE VARIEGATA

syn. *Aloe variegata* var. *haworthii*

Tiger-Aloe

Die weiß und dunkelgrün gestreiften Außenseiten der nach außen gebogenen Blätter machen die Tiger-Aloe unverwechselbar. Weil sie weder Dornen noch spitz gezähnte Ränder hat, kann man sie sich auch dann anschaffen, wenn man Kinder oder Haustiere hat. Im Frühjahr oder Sommer treiben hohe Stängel mit orangeroten Blüten aus.

HÖHE UND BREITE Bis 20 × 20 cm.

PFLEGE Siehe S. 256.

ALOE VERA

syn. *Aloe perfoliata* var. *vera*
Echte Aloe

Die Rosetten aus fleischigen, stumpfgrünen Blättern mit weich bedornten Rändern sehen vielleicht nicht ganz so spektakulär aus wie die anderer Aloe-Arten, trotzdem ist die Echte Aloe eine nützliche Zimmerpflanze. Das Fleisch der Blätter eignet sich für die Behandlung leichter Verbrennungen wie Sonnenbrand. Schneidet man einzelne Blätter ab, werden sie bald durch neue ersetzt. Zimmerpflanzen setzen nur selten die grünlich gelben Röhrenblüten an.

HÖHE UND BREITE Bis 60 × 60 cm.

PFLEGE Siehe S. 256.

APTENIA

Diese kleinen strauchigen Sukkulenten aus Südafrika bilden kriechende oder kletternde Triebe mit winzigen herzförmigen Blättern. Im Gegensatz zu anderen Sukkulenten wird diese hübsche Pflanze für ihre reiche Blüte im Sommer ebenso geschätzt wie für ihr Laub. Die kleinen Strahlenblüten entwickeln sich an den Spitzen der beblätterten Triebe und können rosa, violett, gelb oder weiß sein.

TEMPERATUR -7 °C bis 30 °C; in trockenem Substrat stecken die Pflanzen sogar einige Minusgrade weg.

LICHT Volle oder indirekte Sonne. Im Sommer etwas beschatten.

WÄSSERN Vom Frühjahr bis zum Frühherbst wässert man, sobald sich die Oberfläche des Substrats trocken anfühlt. Im Herbst und Winter wird weniger gewässert, sodass die Erde nur noch ganz leicht feucht ist und die Blätter nicht schrumpelig werden.

DÜNGEN Eine Langzeitdüngergabe im Frühjahr in halber empfohlener Dosierung reicht.

SUBSTRAT In Kakteenerde oder einen 1:1-Mix aus tonhaltigem, torffreiem Substrat und Kies mit 4 mm Körnung setzen.

BLÜTE Die Pflanze blüht auch ohne Sonderbehandlung reichlich.

VERMEHRUNG Durch Triebstecklinge.

HÄUFIGE PROBLEME In nassem Substrat faulen die Pflanzen. Sie können sich Schmierläuse (Wollläuse) und Spinnmilben einfangen.

APTENIA CORDIFOLIA 'VARIEGATA'

syn. *Mesembryanthemum cordifolium* 'Variegata'
Eiskraut

Die schönen niederliegenden Triebe mit weiß gerandeten, herzförmigen Blättern sind ganzjährig schön anzusehen, wenn man die Pflanze in einem hohen Topf oder einer Blumenampel zieht. Integriert man sie in eine gemischte Sukkulentenpflanzung, sollte man sie in ein separates Gefäß setzen, da sie sehr wüchsig ist und ihre Nachbarn überwuchern kann. Die Pflanze zeigt dunkelrosa Blüten, die sich im Frühjahr und Sommer öffnen.

HÖHE UND BREITE Bis 10 × 90 cm.

PFLEGE Siehe links.

CEROPEGIA

Die meisten Arten der Gattung *Ceropegia* werden wegen ihrer kriechenden, drahtigen Triebe (einige wachsen auch aufrecht) und gezeichneten, herzförmigen, fleischigen Blätter gezogen. Gerade in Blumenampeln kommen sie daher gut zur Geltung. Die leicht zu kultivierenden Pflanzen tragen eigentümliche Röhrenblüten, die wie altmodische Tabakpfeifen aussehen. Sie bilden sich im Sommer entlang der Triebe.

TEMPERATUR 8–30 °C.

LICHT In die volle Sonne stellen, im Sommer aber etwas beschatten.

WÄSSERN Im Frühjahr und Sommer wässern, wenn das Substrat bis in 1 cm Tiefe trocken ist. Im Herbst und Winter nur noch so viel wässern, dass die Erde ganz leicht feucht ist und die Blätter nicht schrumpfen.

DÜNGEN Vom späten Frühjahr bis zum Spätsommer monatlich einen Flüssigvolldünger in halber Dosierung ins Gießwasser geben.

SUBSTRAT In Kakteenerde oder einen 1:1-Mix aus tonhaltigem, torffreiem Substrat und Kies mit 4 mm Körnung setzen.

BLÜTE Bei angemessenem Wässern und Düngen blüht die Pflanze bereitwillig.

VERMEHRUNG Durch Aussaat oder Triebstecklinge.

HÄUFIGE PROBLEME In nasser Erde fault die Pflanze. Sie kann von Schmier- bzw. Wollläusen und Spinnmilben befallen werden.

CEROPEGIA LINEARIS subsp. WOODII

syn. *Ceropegia woodii*
Leuchterblume

Lange, dünne Triebe mit herzförmigen Blättern sind das unverwechselbare Merkmal dieser Pflanze. Das Laub ist grün und an der Oberseite mit einem cremefarbenen, spitzenartigen Muster gezeichnet, während die Unterseite violett schimmert, was einen reizvollen Zweifarbeneffekt ergibt. Im Sommer öffnen sich rosa und violette Röhrenblüten. Die Leuchterblume ist ausgesprochen unkompliziert und verzeiht sogar längere Perioden ohne Wässern. Man stellt sie am besten auf ein hohes Regalbrett oder in eine Blumenampel, wo die langen Triebe frei hängen können, ohne sich zu sehr zu verknäueln.

HÖHE UND BREITE Die Triebe werden mit Blättern bis zu 5 cm breit und 2 m lang.

PFLEGE Siehe links.

COTYLEDON

Mit ihren weich texturierten Blättern und farbenfrohen Blüten sind diese kleinen bis mittelgroßen Sukkulenten zu beliebten Zimmerpflanzen avanciert. Das Laub einiger Arten zeichnet sich durch pulverige Bereifung oder daunige Behaarung aus, wodurch die Pflanzen ein samtiges Aussehen bekommen. Die Röhrenblüten sind orange oder rosa und öffnen sich für gewöhnlich im Sommer.

TEMPERATUR 5–30 °C; kurzzeitig vertragen die Pflanzen sogar bis -2 °C.

LICHT In die volle Sonne stellen, aber im Sommer für etwas Schatten sorgen.

WÄSSERN Vom späten Frühjahr bis in den Herbst von unten wässern, sobald sich der oberste Zentimeter des Substrats trocken anfühlt. Im Winter seltener wässern, sodass das Substrat fast ganz trocken bleibt.

DÜNGEN Vom späten Frühjahr bis zum Spätsommer einen Flüssigvolldünger in halber Dosis verabreichen.

SUBSTRAT In Kakteenerde oder eine Mischung aus 1 Teil tonhaltigem, torffreiem Substrat und 1 Teil Kies mit 4 mm Körnung setzen.

BLÜTE Die Pflanzen blühen ohne Sonderbehandlung bereitwillig.

VERMEHRUNG Durch Aussaat und Trieb- oder Blattstecklinge.

HÄUFIGE PROBLEME Wenn man zu intensiv wässert oder die Pflanzen zu lange in nassem Substrat stehen, können sie faulen. Man sollte sie zudem regelmäßig nach Schmierläusen (Wollläusen) absuchen.

COTYLEDON ORBICULATA

syn. *Cotyledon ramosa*
Schweinsohr

Ein bisschen erinnern die graugrünen, eiförmigen, mit einem weißen wächsernen Überzug bedeckten und rot geranderten Blätter tatsächlich an Schweinsohren. Der verzweigte Strauch kann mehr als 1 m Höhe erreichen, bleibt im Topf aber kleiner. Im Spätsommer und Herbst ist mit kleinen, orangeroten, ebenfalls wächsern überzogenen Glockenblüten an einem langen Stängel zu rechnen.

HÖHE UND BREITE Bis 1 m × 60 cm.

PFLEGE Siehe links.

WARNUNG! Pflanze ist bei Verzehr giftig.

COTYLEDON UNDULATA

syn. *Cotyledon orbiculata* fo. *undulata*
Muschelblatt

Das Muschelblatt trägt schöne fächerförmige, graue Blätter mit gekräuseltem Rand und einem weichen, silbrig weißen, pulverigen Überzug. Seine gelben oder orangen Blüten erscheinen im Sommer.

HÖHE UND BREITE Bis 50 × 40 cm.

PFLEGE Siehe links.

WARNUNG! Bei Verzehr giftig.

CRASSULA

Bei vielen *Crassula*-Arten handelt es sich um hohe, verzweigte Sträucher mit farbenfrohem Laub. Andere bilden dichte Rosetten und wieder andere bleiben winzig und bekommen eine geometrische Form. Das Laub variiert von Art zu Art und kann rund, ei-, pfeil- oder herzförmig sein. Im Frühjahr oder Sommer tragen die Sukkulenten auffällige Büschel aus weißen bis rosa Sternblüten, wenngleich Zimmerpflanzen nur selten blühen. Die Triebe brechen leicht ab und können dann als Stecklinge genutzt werden, da sie bereitwillig einwurzeln (siehe S. 339).

TEMPERATUR 5–30 °C. Im Winter kühl, aber frostfrei stellen. Die Pflanzen vertragen kurzzeitig bis -2 °C, wenn das Substrat trocken ist.

LICHT Volle Sonne, im Sommer leicht beschatten.

WÄSSERN Vom späten Frühjahr bis zum Herbst nur dann wässern, wenn die obersten 2 cm des Substrats ganz trocken sind. Im Winter Erde fast völlig trocken halten und nur so viel gießen, dass die Blätter nicht schrumpfen.

DÜNGEN Im späten Frühjahr einen Langzeitdünger in der halben empfohlenen Dosierung geben.

SUBSTRAT In Kakteenerde oder einen 1:1-Mix aus tonhaltigem, torffreiem Substrat und Kies mit 4 mm Körnung setzen.

BLÜTE Zimmerpflanzen blühen selten.

VERMEHRUNG Durch Trieb- oder Blattstecklinge.

HÄUFIGE PROBLEME Wässert man zu viel oder lässt die Pflanzen in nassem Substrat stehen, können sie faulen. Achten Sie auf Schmierläuse.

CRASSULA ARBORESCENS

syn. *Cotyledon arborescens*

Pfennigbaum

Der Pfennigbaum ist ein verzweigter, baumförmiger Strauch mit dicken, rundlichen, glänzenden, silbergrauen Blättern, die rotbraun gerandet sein können und auf der Oberseite bisweilen rötliche Flecken tragen. Ältere Pflanzen, die in wärmeren Klimazonen draußen kultiviert werden, bilden im Frühjahr Büschel aus rosaweißen, sternförmigen Blüten. Die Unterart *Crassula arborescens* subsp. *undulatifolia* (Bild unten) hat elliptische Blätter mit welligem Rand.

HÖHE UND BREITE Bis 1 × 0,6 m.

PFLEGE Siehe links.

CRASSULA OVATA

syn. *Cotyledon ovata*

Geldbaum

Sein ruhiger Charme zeichnet den Geldbaum aus. Er hat verzweigte Triebe, die dicht mit dicken, dunkelgrünen, eiförmigen, oft rot gerandeten Blättern besetzt sind. Ältere Freilandexemplare in frostfreien Klimazonen treiben im Spätsommer mitunter flache Blütenstände mit weißen oder schwach rosa getönten, sternförmigen Blüten aus.

HÖHE UND BREITE Bis 1,5 × 0,9 m.

PFLEGE Siehe gegenüber.

CRASSULA OVATA 'HOBBIT'

Geldbaum 'Hobbit'

Die Sorte 'Hobbit' wächst ebenso baumförmig wie die reine Art (siehe links), hat aber kuriose schlauchförmige Blätter. Sie bleibt zudem kleiner und ist damit eine bessere Kandidatin für beengtere Standorte.

HÖHE UND BREITE Bis 90 × 80 cm.

PFLEGE Siehe gegenüber.

CRASSULA OVATA 'HUMMEL'S SUNSET'

syn. *Crassula ovata* 'Sunset'
Geldbaum 'Hummel's Sunset'

Die beliebte *Crassula ovata*-Sorte 'Hummel's Sunset' trägt grüne Blätter, die leuchtend gelb gerandet und rot überlaufen sind, wodurch sich ein auffälliger Dreifarbeneffekt ergibt. Zimmerpflanzen treiben nur selten die kleinen, weißen oder blassrosa Sternblüten aus.

HÖHE UND BREITE Bis 90 × 80 cm.

PFLEGE Siehe S. 262; bei zu wenig Licht verblasst die Blattfarbe.

CRASSULA PELLUCIDA subsp. MARGINALIS fo. RUBRA

syn. *Crassula marginalis rubra* 'Variegata'

Wer eine farbenfrohe Sukkulente mit langen, überhängenden Trieben für eine Blumenampel oder einen hohen Topf sucht, ist mit dieser Art bestens bedient. Die winzigen, rot gerandeten, herzförmigen, violettrosa, gelben oder grünen Blätter sitzen dicht an den Trieben, sodass die Pflanze ganzjährig schön anzusehen ist. Im Sommer können sich an den Triebspitzen weiße Blüten bilden.

HÖHE UND BREITE Bis 15 × 45 cm.

PFLEGE Siehe S. 262.

CRASSULA PERFORATA

syn. *Crassula perfossa; Crassula nealeana*

Die Art ist südafrikanischer Herkunft. Ihre Triebe wachsen zunächst aufrecht, neigen sich dann aber nach außen, sodass die Pflanze eine Springbrunnen-Form annimmt. Die kleinen eiförmigen, graugrünen, rosa gerandeten Blätter sehen ein bisschen aus wie Knöpfe, die man auf ein Stöckchen gefädelt hat. Im Frühjahr öffnen sich winzige, sternförmige, weiße Blüten.

HÖHE UND BREITE: Bis 45 × 45 cm.

PFLEGE Siehe S. 262.

CRASSULA PERFOLIATA var. FALCATA

syn. *Crassula falcata* 'Rochea'; *Crassula perfoliata* var. *minor*
Propellerpflanze, Sicheldickblatt

Ihren Namen verdankt die Pflanze der auffallenden Anordnung der sichelförmigen, silbrig graugrünen Blätter, die viel Gesprächsstoff liefern. Bei älteren Pflanzen wächst das Laub etagenförmig, sieht aber nach wie vor ganz ungewöhnlich aus. An Freiluftpflanzen in frostfreiem Klima bilden sich im Spätsommer mitunter Büschel aus kleinen, duftenden, scharlachroten Blüten.

HÖHE UND BREITE Bis 90 × 90 cm.

PFLEGE Siehe S. 262.

CRASSULA RUPESTRIS subsp. MARNIERIANA

syn. *Crassula marnieriana*
Felsen-Dickblatt

Das Felsen-Dickblatt bietet sich für beengte Räume oder Blumenampeln an. Seine niederliegenden oder hängenden Triebe sind dicht besetzt mit kantigen, wie aufgefädelt wirkenden, oft rot überlaufenen Blättern. Es ist trotz seiner geringen Größe ein echter Blickfang, dabei pflegeleicht und eine gute Wahl für Einsteiger. Im Sommer öffnen sich mitunter kleine, sternförmige rosa Blüten.

HÖHE UND BREITE Bis 10 × 20 cm.

PFLEGE Siehe S. 262.

CURIO

Die gängigsten *Curio*-Arten, ob hängend oder aufrecht, tragen interessante Blätter, die wie Perlen bzw. Erbsen oder wie dicke Finger aussehen. Das Laub kann blaugrün, graugrün oder kräftig grün sein. Alle Arten der Gattung bereichern Sukkulenten- und Kakteensammlungen mit ihrer Textur und Farbe. Ältere Exemplare werden oft licht und langtriebig, doch kann man sie jährlich zurückschneiden, damit sie buschig bleiben.

TEMPERATUR 5–30 °C; kurzzeitig vertragen die Pflanzen in trockener Erde auch -2 °C.

LICHT In die volle Sonne oder in den lichten Schatten stellen, im Sommer etwas beschatten.

WÄSSERN Im Frühjahr und Sommer wässern, wenn sich das Substrat trocken anfühlt. Im Herbst und Winter Erde gerade noch so viel wässern, dass die Blätter nicht schrumpelig werden.

DÜNGEN Einmal jährlich im späten Frühjahr einen Flüssigdünger in halber Dosierung ins Gießwasser geben.

SUBSTRAT In Kakteenerde oder einen 1:1-Mix aus tonhaltigem, torffreiem Substrat und Kies mit 4 mm Körnung setzen.

BLÜTE Zimmerpflanzen blühen nur selten.

VERMEHRUNG Durch Kindel oder Triebstecklinge.

HÄUFIGE PROBLEME In nasser Erde fault die Pflanze. Wird zu viel gewässert, schwellen die Blätter zu sehr. Man sollte die Pflanze regelmäßig nach Schmierläusen absuchen.

CURIO REPENS

syn. *Senecio serpens*; *Senecio talinoides* subsp. *mandraliscae*

Die oft unter der alternativen Bezeichnung *Senecio serpens* im Handel angebotene Art trägt blaugrüne, zylindrische Blätter, die durch ihren weißen Überzug aussehen, als seien sie mit Kreidestaub überzogen. Die beblätterten Triebe bilden große Horste und können einen Topf rasch ausfüllen. Im Sommer zeigen sich gelegentlich kleine weiße Blüten.

HÖHE UND BREITE Bis 20 × 30 cm.

PFLEGE Siehe links.

WARNUNG! Die Blätter sind bei Verzehr giftig für Mensch und Tier.

CURIO ROWLEYANUS

syn. *Senecio rowleyanus*
Erbsenpflanze

Die Erbsenpflanze ist einzigartig. Sie bildet Kaskaden aus grünen, perlförmigen Blättern an drahtigen Trieben, die über die Seiten eines Topfs oder einer Ampel hängen. Die pflegeleichte Art eignet sich bestens für Einsteiger. Obwohl die Triebe brüchig sind, wächst und wächst die Erbsenpflanze selbst dann frohgemut weiter, wenn sie einmal einige davon verliert. Das einzige Problem ist eigentlich, sie nicht zu übermächtig werden zu lassen, denn die Triebe werden über 1 m lang. Die Pflanze muss daher hoch aufgehängt oder auf einen Sockel gestellt werden.

HÖHE UND BREITE Bis 10 × 90 cm.

PFLEGE Siehe gegenüber.

WARNUNG! Die Blätter sind bei Verzehr für Tier und Mensch giftig.

DUDLEYA

Die oft mit *Echeveria* (siehe S. 268–272) verwechselten *Dudleya* gedeihen selbst dann, wenn sie vernachlässigt werden, und sind ausgesprochen pflegeleicht. Beliebt sind sie wegen ihrer Rosetten, die in verschiedensten Grün- oder Blaugrautönen leuchten. Manche Pflanzen verzweigen sich und bilden an niedrigen Trieben Rosettengruppen, andere bestehen aus einzelnen Rosetten. Die Blüten öffnen sich im Frühjahr und sind meist gelb. Sie werden von rosaroten Hochblättern eingefasst und stehen an hohen, farbigen Stängeln. Dudleya wächst in freier Natur auf felsigen Aufschlüssen und Klippen in den trockenen Bundesstaaten im Südwesten der USA und in Mexiko. Bei großer Sommerhitze treten sie in eine Ruhephase.

TEMPERATUR 5–30 °C.

LICHT In die volle Sonne stellen, im Sommer etwas beschatten.

WÄSSERN Vom Frühjahr bis zum Herbst wässern, wenn der oberste Zentimeter des Substrats trocken ist. Im Winter die Erde fast trocken halten und nur wässern, damit die Blätter nicht schrumpelig werden.

DÜNGEN Vom Spätwinter bis zum Spätfrühling monatlich einen Flüssigdünger in halber Dosierung ins Gießwasser geben.

SUBSTRAT In Kakteenerde oder einen 1:1-Mix aus tonhaltigem, torffreiem Substrat und Kies mit 4 mm Körnung setzen.

BLÜTE Blüht auch ohne Sonderbehandlung bereitwillig.

VERMEHRUNG Durch Aussaat oder Stecklinge bzw. Kindel.

HÄUFIGE PROBLEME Stehen die Wurzeln längere Zeit in der Nässe, faulen die Pflanzen. Möglich ist ein Schädlingsbefall durch Schmier- und Blattläuse.

DUDLEYA BRITTONII

Diese ungewöhnlich gefärbte *Dudleya*-Art verdankt ihre Beliebtheit als Zimmerpflanze ihren schönen meergrünen Blättern, die einen weißen, pudrigen, kreideähnlichen Überzug haben. Er reflektiert die Sonne und hilft der Pflanze Hitze und Trockenheit besser zu überstehen. Man sollte die Blätter aber nach Möglichkeit nicht berühren, da Fingerabdrücke zurückbleiben können. Im Frühjahr bilden sich aus den Rosetten lange rote Blütenstände mit sternförmigen, gelben oder orangefarbenen Blüten, die von rosa Hochblättern eingefasst werden. Vertrocknete Blätter an älteren Pflanzen können Sie vorsichtig entfernen.

HÖHE UND BREITE Bis 45 × 45 cm.

PFLEGE Siehe links.

ECHEVERIA

Man schätzt Echeverien vor allem wegen ihrer ansehnlichen Blattrosetten, die bei manchen Arten an Seerosen erinnern. Zur Gattung zählen etliche pflegeleichte Arten mit einem breiten Spektrum an Laubfarben und Texturen. Die Rosetten bilden rasch kleine Horste. Im Frühjahr und Sommer erscheinen ohne besondere Behandlung der Pflanzen zuverlässig laternenförmige Blüten. Mit einer Reihe kontrastierender *Echeveria*-Exemplare können Einsteiger problemlos eine pflegeleichte Sammlung für die Fensterbank zusammenstellen.

TEMPERATUR 5–30 °C; manche Arten halten in trockenem Substrat sogar kurzzeitig Temperaturen bis -3 °C aus.

LICHT In die volle Sonne stellen, im Sommer aber etwas beschatten.

WÄSSERN Im Frühjahr und Sommer wird gewässert, wenn der oberste Zentimeter des Substrats trocken ist. Im Herbst und Winter hält man die Erde fast völlig trocken und gießt nur, damit die Blätter nicht schrumpfen.

DÜNGEN Vom späten Frühjahr bis zum Spätsommer monatlich einen Flüssigdünger in halber Dosierung ins Gießwasser geben.

SUBSTRAT In Kakteenerde oder einen 1:1-Mix aus tonhaltigem, torffreiem Substrat und Kies mit 4 mm Körnung setzen.

BLÜTE Die Pflanzen blühen, ohne dass eine Sonderbehandlung nötig wäre.

VERMEHRUNG Durch Aussaat oder Stecklinge bzw. Kindel.

HÄUFIGE PROBLEME In ständig nasser Erde faulen Echeverien. Ein Befall durch Schmierläuse ist möglich.

ECHEVERIA AGAVOIDES

Die Rosetten aus dicken, hellgrünen, an der Spitze roten Blättern sind von einem wächsernen Überzug bedeckt. Empfehlenswert ist auch die farbenfrohere Sorte *Echeveria agavoides* 'Red Edge' mit rot gerandeten Blättern. Sowohl die Art als auch die Sorte bilden im Sommer zarte rote Blüten mit gelber Spitze.

HÖHE UND BREITE Bis 12 × 30 cm.

PFLEGE Siehe links.

ECHEVERIA AGAVOIDES 'EBONY'

Diese Sorte punktet mit einer auffälligen Farbkombination aus hellgrünen Blattspreiten und dunkelroten Spitzen. Die roten Blüten mit gelbem Rand öffnen sich im Sommer.

HÖHE UND BREITE Bis 10 × 15 cm.

PFLEGE Siehe gegenüber.

ECHEVERIA AGAVOIDES 'RED TAURUS'

Die Sorte 'Red Taurus', manchmal auch als 'Taurus' im Handel, trägt rötlich grüne bis dunkelrote Blätter. Im Sommer erscheinen rote Blüten.

HÖHE UND BREITE Bis 12 × 30 cm.

PFLEGE Siehe gegenüber.

ECHEVERIA AMOENA

syn. *Echeveria purpusii*; *Echeveria pusilla*

Die winzigen Rosetten dieser hübschen kleinen Echeverie setzen sich aus dicken, rautenförmigen, blaugrünen Blättern zusammen, die eine rosa Tönung bekommen können, wenn die Pflanze an einer leicht schattigen Stelle steht. Sehr schön sieht es aus, wenn im späten Frühjahr blassgelbe und korallenrote Blüten am Ende leuchtend roter Stängel erscheinen. Sie bleiben rund einen Monat lang geöffnet.

HÖHE UND BREITE Bis 2,5 × 5 cm.

PFLEGE Siehe gegenüber.

ECHEVERIA 'BLACK PRINCE'

Eine seltene, aber begehrte *Echeveria*. Die kleine Sukkulente bildet Rosetten aus schokoladenbraunen Blättern, die nach innen zu grün werden. Die dunkelroten Blüten tragen im Sommer das Ihre zur Farbenvielfalt bei.

HÖHE UND BREITE Bis 10 × 20 cm.

PFLEGE Siehe S. 268.

ECHEVERIA COLORATA

syn. *Echeveria colorata* fo. *colorata*; *Echeveria lindsayana*

Die Rosetten dieser preisgekrönten Echeverie sind relativ groß. Sie setzen sich aus silbrig blaugrünen, rosarot getönten Blättern zusammen, die leicht nach oben gebogen wachsen, sodass die Rosetten wie kleine Blüten aussehen. Die eigentlichen Blüten sind rosa und erscheinen im Frühsommer an langen Stängeln.

HÖHE UND BREITE Bis 30 × 40 cm.

PFLEGE Siehe S. 268.

ECHEVERIA ELEGANS

Die Rosetten dieser Art bestehen aus silbrigen, eisblauen, spatelförmigen Blättern, die in der Sonne schön glänzen. Im zeitigen Frühjahr treiben an langen rosa Stängeln rosa Blüten mit gelber Spitze aus, die sich mit den Rosetten zu einem farbenfrohen Reigen zusammentun.

HÖHE UND BREITE Bis 10 × 20 cm.

PFLEGE Siehe S. 268.

ECHEVERIA LAUI

Echeveria laui gehört zweifellos zu den schönsten Arten der Gattung. Ihre dicken, spatelförmigen Blätter zeichnen sich durch einen ausgesprochen feinen hellblauen Farbton aus. Sie sind zwar weich, doch sollte man sie nicht berühren, da auf dem wächsernen Überzug sonst dauerhafte Abdrücke zurückbleiben. Die rosa und orangen Blüten, die sich im Sommer zeigen, bilden einen ausgeprägten Kontrast zum Pastellblau des Laubs.

HÖHE UND BREITE Bis 10 × 15 cm.

PFLEGE Siehe S. 268.

ECHEVERIA LEUCOTRICHA

Durch ihr weiches, daunig behaartes Laub bekommt diese Art ein samtiges Aussehen. Die zu Berührungen einladende Oberflächentextur ist das Ergebnis silbriger Härchen auf den Rosettenblättern, die zur Spitze hin brauner werden. Sie dienen im Sommer den orangeroten Blüten als dekorative Kulisse für ihren großen Auftritt.

HÖHE UND BREITE 15 × 30 cm.

PFLEGE Siehe S. 268.

ECHEVERIA LILACINA

Mit einer ungewöhnlichen Farbe zieht diese Art die Aufmerksamkeit auf sich. Sie unterscheidet sich von ihren Verwandten durch klar gegliederte Rosetten aus spatelförmigen Blättern in perlmuttartigen Blautönen, die einen Lila- oder Violettton bekommen, wenn die Pflanze in der vollen Sonne steht. Im Frühjahr öffnen sich prächtige rosaorange Blüten.

HÖHE UND BREITE Bis 12 × 20 cm.

PFLEGE Siehe S. 268.

ECHEVERIA SECUNDA var. GLAUCA

syn. *Echeveria glauca*

Die überaus beliebte, von vielen Händlern und Gartencentern angebotene, bereifte Echeverie bildet Horste aus blass blaugrauen Blattrosetten. Sie wird größer als viele ihrer Verwandten derselben Gattung und ist in einem breiten Topf ein ansehnlicher Zimmerschmuck. Die roten und gelben Blüten öffnen sich im Sommer an rosavioletten Stängeln.

HÖHE UND BREITE Die Horste werden bis 30 cm hoch und 45 cm breit.

PFLEGE Siehe S. 268.

ECHEVERIA. SECUNDA var. GLAUCA 'COMPTON CAROUSEL'

Die Sorte 'Compton Carousel' ist mit ihren cremegelb und blaugrün panaschierten Blättern unübersehbar. Die Ränder älterer Blätter bekommen eine rosa Tönung, wodurch die Pflanze noch bunter wird. Ansonsten unterscheidet sich die Sorte nicht von der Elternart (siehe links), bleibt jedoch geringfügig kleiner.

HÖHE UND BREITE Bis 15 × 30 cm.

PFLEGE Siehe S. 268.

ECHEVERIA SETOSA

Durch ihre haarige Textur sehen die winzigen Blätter fast aus, als seien sie von Raureif überzogen. Mit den lebhaft roten, an der Spitze gelben Blüten ist im Sommer zu rechnen.

HÖHE UND BREITE Die Rosetten werden bis 5 cm hoch und 30 cm breit.

PFLEGE Siehe S. 268.

EUPHORBIA

Das Spektrum der riesigen, vielgestaltigen Gattung Wolfsmilch (*Euphorbia*) reicht von wüstenkakteenartigen Gewächsen bis hin zu laubigen, winterharten Stauden und baumartigen Riesen. Die als Zimmerpflanzen kultivierten Sukkulenten gehören in der Regel zur kakteenähnlichen Gruppe, die in Afrikas Wüsten entstanden ist und sich an dieselben heißen, trockenen Bedingungen angepasst hat wie ihre dornbewehrten amerikanischen Pendants. Euphorbia-Arten werden eher als Blattschmuckpflanzen denn wegen ihrer Blüten geschätzt, die oft klein und unscheinbar sind. Allerdings tragen manche farbenfrohe Hochblätter zur Schau. Allen Arten ist der giftige, latexartige Milchsaft eigen, der Augen und Haut reizt und zudem giftig ist.

TEMPERATUR 5–30 °C bei kälteempfindlichen Arten; manche als Zimmerpflanzen kultivierten *Euphorbia* brauchen 10 °C Mindesttemperatur.

LICHT Braucht volle Sonne. Im Sommer in leichten Schatten stellen.

WÄSSERN Im Frühjahr und Sommer wässert man, wenn die obersten 2 cm des Substrats ausgetrocknet sind. Im Herbst und Winter darf das Substrat fast völlig austrocknen.

DÜNGEN Vom späten Frühjahr bis zum Sommerende geben Sie monatlich einen Kakteendünger in halber Dosierung ins Gießwasser.

SUBSTRAT Kakteenerde oder ein 1:1-Mix aus tonhaltigem, torffreiem Substrat und Kies (4 mm Körnung).

BLÜTE Auch Zimmerpflanzen blühen ohne besondere Behandlung.

VERMEHRUNG Durch Aussaat oder Triebstecklinge.

HÄUFIGE PROBLEME In nassem Substrat faulen die Pflanzen. Möglich ist ferner ein Befall durch Schild- und Schmierläuse.

EUPHORBIA BUPLEURIFOLIA

syn. *Euphorbia proteifolia, Tithymalus bupleurifolius*

Die langen grünen Blätter dieser statuesken Art sitzen an kiefernzapfen- oder ananasartigen Gebilden. Dabei handelt es sich um modifizierte Stämme (Caudex), die Wasser speichern. Im Frühjahr erscheinen hübsche gelbgrüne Blüten zwischen grünen Hochblättern an schlanken Stängeln. Die Pflanze ist sommergrün, weshalb man sich nicht wundern muss, wenn die Blätter im Winter abfallen – sie treiben im Frühjahr neu aus.

HÖHE UND BREITE Bis 30 × 30 cm.

PFLEGE Siehe links; die Temperatur darf nicht unter 10 °C fallen. Verabreichen Sie dieser Art die reguläre Düngerdosis, nicht nur die halbe.

WARNUNG! Die Sukkulente am besten nur mit Kakteenhandschuhen anfassen. Der Milchsaft reizt Augen sowie Haut und ist zudem bei Verzehr giftig.

EUPHORBIA ENOPLA

Eher Schwertern als Nadeln gleichen die spitzen roten Dornen dieser Pflanze. In einer gemischten Sammlung setzt er ein unübersehbares Zeichen. Ältere Pflanzen entwickeln sich zu großen, verzweigten Sträuchern mit dicken, graugrünen, säulenförmigen, gerippten Stämmen, bleiben im Topf aber kleiner. Man platziert diese Wolfsmilch am besten dort, wo man sich nicht an den Dornen verletzen kann.

HÖHE UND BREITE Bis 90 × 60 cm.

PFLEGE Siehe links; im lichten Schatten entwickeln die Dornen ihre kräftigste Farbe.

WARNUNG! Nur mit Kakteenhandschuhen anfassen. Der Saft reizt Augen sowie Haut und ist bei Verzehr giftig.

EUPHORBIA HORRIDA

Die blaugrünen, gerippten Stämme dieser Wolfsmilch-Art mit dem passenden Namen *Euphorbia horrida* sind mit tückischen, langen, rötlich braunen Dornen besetzt und enthalten einen giftigen Milchsaft. Mit ihrer gefährlichen Bewehrung, der schönen Färbung und den kleinen gelben und grünen Blüten, die im Sommer erscheinen, ist die Pflanze ein Blickfang mit enormer Präsenz.

HÖHE UND BREITE Bis 75 × 90 cm.

PFLEGE Siehe S. 273.

WARNUNG! Nur mit Kakteenhandschuhen anfassen. Der Milchsaft reizt Haut und Augen und ist bei Verzehr giftig.

EUPHORBIA OBESA

Lebender Baseball, Baseball-Wolfsmilch

Diese kleine Schönheit bildet Horste aus ballförmigen, blau- oder braungrünen Stämmen, die karoartig gezeichnet sind. Mit zunehmender Größe wird der »Baseball« immer kegelförmiger, bildet aber auch Kindel neben der Elternpflanze, sodass interessante Gruppen entstehen. Die Blüten erscheinen am Scheitel der Stämme und reifen mit der Zeit zu feigenförmigen Samenständen heran, mit denen die an sich schon einzigartige Pflanze ein weiteres ungewöhnliches Merkmal bekommt.

HÖHE UND BREITE Bis 20 × 10 cm.

PFLEGE Siehe S. 273.

WARNUNG! Die Pflanze nur mit Kakteenhandschuhen anfassen. Der Milchsaft reizt Haut und Augen und ist giftig.

EUPHORBIA TIRUCALLI

syn. *Arthrothamnus tirucalli; Tirucalia tirucalli*
Latex-Wolfsmilch

In ihrer afrikanischen Heimat wächst diese Sukkulente zu baumartiger Größe heran. Als Topfpflanze hingegen erreicht sie nur etwa 1 m Höhe. Ihre ungewöhnliche, spröde Silhouette wird von einem Gewirr aus glatten, bleistiftdicken, zylindrischen Trieben dominiert. Bei jungen Exemplaren sitzen an den Trieben noch winzige Blätter, die jedoch mit der Zeit abfallen. Die Latex-Wolfsmilch trägt gelbliche Blüten, als Zimmerpflanze blüht sie allerdings nur selten.

HÖHE UND BREITE Bis 90 × 75 cm.

PFLEGE Siehe S. 273.

WARNUNG! Pflanze nur mit Kakteenhandschuhen anfassen. Der Milchsaft reizt Haut und Schleimhäute und ist zudem bei Verzehr toxisch.

EUPHORBIA TRIGONA

syn. *Euphorbia hermentiana*
Dreikantige Wolfsmilch

Die hohen, dunkelgrünen, verzweigten Triebe dieser Wolfsmilch sind durch 3–4 hervorstehende Rippen gekennzeichnet, an denen spitze Dornen und im Frühjahr und Sommer kleine spatelförmige Blätter sitzen. Die Pflanze ist sommergrün, wirft das Laub also im Herbst ab und treibt im Frühjahr neu aus. Als Zimmerpflanze blüht diese Wolfsmilch nicht.

HÖHE UND BREITE Bis 2 × 1 m.

PFLEGE Siehe S. 273.

WARNUNG! Pflanze nur mit Kakteenhandschuhen anfassen. Der Milchsaft ruft Haut- und Schleimhautreizungen hervor und ist bei Verzehr giftig.

FAUCARIA

Diese ungewöhnlichen Sukkulenten bilden Horste aus Rosetten. Diese bestehen aus grünen, gezähnten Blättern, die so angeordnet sind, dass sie wie ein offener Rachen aussehen. Die strahligen, meist gelben Blüten erscheinen über viele Wochen. Faucaria brauchen während des Wachstums im Frühjahr und Sommer mehr Wasser als viele andere Sukkulenten, sind ansonsten aber pflegeleicht und gut für Einsteiger geeignet.

TEMPERATUR 5–30 °C, in trockenem Substrat bis zu -5 °C.

LICHT Vom Herbst bis zum Frühjahr volle Sonne, im Sommer etwas beschatten.

WÄSSERN Im Frühjahr und Sommer wird gewässert, sobald sich die Substratoberfläche trocken anfühlt. Im Herbst und Winter wässert man gerade so viel, dass die Blätter nicht schrumpfen.

DÜNGEN Einmal jährlich im Frühjahr einen Flüssigdünger in halber Dosierung verabreichen.

SUBSTRAT In Kakteenerde oder einen 1:1-Mix aus tonhaltigem, torffreiem Substrat und Kies mit 4 mm Körnung setzen.

BLÜTE Bei angemessenem Wässern und Düngen (siehe oben) ist mit jährlicher Blüte zu rechnen.

VERMEHRUNG Durch Aussaat oder Stecklinge bzw. Kindel.

HÄUFIGE PROBLEME In nassem Substrat faulen die Pflanzen. Sie können von Schmierläusen befallen werden.

FAUCARIA TIGRINA

syn. *Mesembryanthemum tigrinum*
Tigerrachen

Der Tigerrachen ist ein hervorragendes Geschenk für Kinder, denn die kleinen Blätter sehen mit ihren spitzen, gebogenen Dornen wie geöffnete Tigermäuler aus, die »Zähne« aber sind weich und harmlos. Seine dreieckigen, hellgrünen Blätter mit weißen Flecken können sich in praller Sonne violett färben. Im Herbst trägt die Pflanze viele Wochen lang seidige, gelbe Strahlenblüten, die sich bei Sonne täglich nachmittags öffnen und sich am Abend wieder schließen.

HÖHE UND BREITE Bis 15 × 20 cm.

PFLEGE Siehe links.

FAUCARIA TUBERCULOSA

syn. *Faucaria felina* subsp. *tuberculosa*, *Mesembryanthemum tuberculosum*

Die Art ähnelt in vielerlei Hinsicht *Faucaria tigrina* (siehe links) und treibt Blätter mit weißen Warzen aus. Im Herbst erscheinen gelbe Blüten, die sich jedoch nur an sonnigen Nachmittagen öffnen.

HÖHE UND BREITE Bis 15 × 20 cm.

PFLEGE Siehe links.

FENESTRARIA

Zu dieser in Namibia beheimateten Gattung gehört nur eine einzige Art, *Fenestraria rhopalophylla*. Ihren deutschen Namen, Fensterblatt, hat sie von den durchscheinenden, fensterartigen Bereichen an der Spitze jedes stiellosen Blatts. In freier Natur wächst das Laub zum Schutz vor der Hitze im Sand, während die »Fenster« über die Oberfläche hinausragen, damit die Pflanze Fotosynthese betreiben kann und dadurch wachsen kann. Bei Zimmerkultur wächst das gesamte Blatt oberirdisch. Im Winter bilden sich goldgelbe Blüten. *Fenestraria* wird oft mit *Lithops* (siehe S. 288–289) verwechselt und ist genauso anspruchslos.

TEMPERATUR 5–30 °C; verträgt in trockenen Böden kurzzeitig bis -4 °C.

LICHT Braucht volle Sonne. Im Sommer leicht beschatten.

WÄSSERN Im Frühjahr und Herbst wird gewässert, wenn die obersten 2 cm des Substrats trocken sind. Im Sommer und Winter hält man die Erde fast trocken und wässert gerade so viel, dass die Blätter nicht schrumpfen. Wichtig ist gute Luftzirkulation.

DÜNGEN Einmal jährlich mit einem Flüssigdünger in halber Dosierung düngen.

SUBSTRAT Kakteenerde oder eine 1:1-Mischung aus tonhaltigem, torffreiem Substrat und Kies mit 4 mm Korngröße.

BLÜTE Blüht jährlich ohne besonderes Zutun.

VERMEHRUNG Durch Aussaat oder Stecklinge bzw. Kindel.

HÄUFIGE PROBLEME In nasser Erde faulen die Wurzeln und damit die Pflanze. Mögliche Schädlinge sind Schmierläuse.

FENESTRARIA RHOPALOPHYLLA subsp. AURANTIACA

Fensterblatt

Die ungestielten, blassgrünen Blätter dieser Art enden jeweils in einem transparenten Fenster. Im Topf bilden sie kleine Kolonien, die Babyzehen ähneln, weshalb man sie im Englischen »Baby Toes« nennt. Die relativ großen, goldgelben Strahlenblüten erscheinen im Winter und zeitigen Frühjahr an kurzen, dünnen Stielen.

HÖHE UND BREITE Bis 5 × 15 cm.

PFLEGE Siehe links.

× GASTERHAWORTHIA

Die ansehnliche, sehr unkomplizierte Sukkulente ist eine Hybride aus *Gasteria* (siehe gegenüber) und *Haworthia* (siehe S. 281. Sie bildet Rosetten aus dicken, dreieckigen Blättern, die oft gefleckt sind oder ein anderes Muster tragen. Im Frühjahr oder Sommer setzen die Pflanzen Büschel aus Röhrenblüten an langen Stängeln an. Zimmerpflanzen blühen jedoch nur selten.

TEMPERATUR 5–27 °C; verträgt in trockenem Substrat kurzzeitig sogar bis -1 °C.

LICHT Braucht einen hellen Platz ohne direkte Sonne.

WÄSSERN Im Frühjahr und Sommer wässern, wenn die obersten 2 cm des Substrats trocken sind. Im Herbst und Winter Substrat fast trocken halten und nur so viel wässern, dass die Blätter nicht vertrocknen.

DÜNGEN Einmal jährlich im späten Frühjahr einen Flüssigdünger in halber Dosierung ins Gießwasser geben.

SUBSTRAT In Kakteenerde oder einen 1:1-Mix aus tonhaltigem, torffreiem Substrat und Kies mit 4 mm Körnung setzen.

BLÜTE Zimmerpflanzen blühen selten.

VERMEHRUNG Durch Kindel oder Blattstecklinge.

HÄUFIGE PROBLEME In nassem Substrat faulen die Pflanzen. Sie können von Schmierläusen (Wollläusen) befallen werden.

x GASTERHAWORTHIA 'ROYAL HIGHNESS'

syn. x *Gasteraloe* 'Royal Highness'

Die Sorte 'Royal Highness' trägt dicke, dreieckige, dunkelgrüne Blätter, die sich in der Sonne rötlich färben. Beliebt geworden ist die Züchtung jedoch wegen der weißen Warzen. Sie bilden ein horizontales Streifenmuster, sodass sich ein auffälliges Zusammenspiel aus Textur und Farbe ergibt.

HÖHE UND BREITE Bis 15 × 15 cm.

PFLEGE Siehe links.

GASTERIA

Die kompakten, unkomplizierten Gasterien haben dicke band- oder zungenförmige Blätter, die in einer runden oder länglichen Rosette angeordnet sind und oftmals Warzen oder Flecken tragen. Die meist roten oder rosa Blüten sehen ein bisschen wie kleine Mägen aus, daher auch der lateinische Name *Gasteria*, auf Deutsch »Magen«. Trotz dieser nicht sonderlich appetitlichen Bezeichnung sind sie recht hübsch. Sie öffnen sich im Frühjahr zu mehreren an langen Stängeln.

TEMPERATUR 5–27 °C; verträgt in trockenem Substrat kurzzeitig sogar bis -1 °C.

LICHT Braucht einen hellen Platz ohne direkte Sonne.

WÄSSERN Im Frühjahr und Sommer wässern, wenn die obersten 2 cm des Substrats trocken sind. Im Herbst und Winter Substrat fast trocken halten und nur so viel wässern, dass die Blätter nicht vertrocknen. Für gute Luftzirkulation sorgen.

DÜNGEN Einmal jährlich im späten Frühjahr einen Flüssigdünger in halber Dosierung geben.

SUBSTRAT In Kakteenerde oder eine 1:1-Mischung aus tonhaltigem, torffreiem Substrat und Kies mit 4 mm Körnung setzen.

BLÜTE Ältere Pflanzen blühen, sofern man sie angemessen düngt und wässert.

VERMEHRUNG Durch Ableger oder Blattstecklinge.

HÄUFIGE PROBLEME Achten Sie auf Schmier- bzw. Wollläuse.

GASTERIA BICOLOR

syn. *Aloe bicolor; Aloe bowieana; Aloe dictyodes; Aloe lingua*

Die bandförmigen Blätter dieser Art sind grün und tragen fleckige weiße Streifen, wodurch sich ein ansprechender Zweifarbeneffekt ergibt.

HÖHE UND BREITE Bis 40 × 50 cm.

PFLEGE Siehe links.

GASTERIA BRACHYPHYLLA

syn. *Aloe brachyphylla*

Eine kompakte Art mit klobigen, bandförmigen Blättern. Sie sind wie bei vielen *Gasteria*-Arten linear angeordnet. Das glatte, glänzende, dunkelgrüne Laub trägt cremefarbene Flecken, die ein horizontales Band bilden. Mit den rosa Blüten ist im Frühjahr zu rechnen.

HÖHE UND BREITE Bis 20 × 20 cm.

PFLEGE Siehe links.

GASTERIA 'LITTLE WARTY'

syn. *Gasteria batesiana* 'Little Warty'

'Little Warty' trägt zungenförmige Blätter mit spitz zulaufenden Enden. Auf dem dunkelgrünen, olivgrün gerandeten Laub sind erhabene weiße Flecken oder Streifen zu sehen. Die rosa und grünen Blüten bilden sich im Frühjahr an älteren Pflanzen.

HÖHE UND BREITE Bis 20 × 20 cm.

PFLEGE Siehe S. 279.

GRAPTOPETALUM

Die Laubrosetten der eleganten, farbenfrohen Felsenrosen (*Graptopetalum*) sehen ein bisschen wie Seerosen aus, es gibt aber auch Vertreter mit rundem, kieselartigem Laub. Ihre Farbpalette reicht von blassem Lilagrau und Silber bis zu Lind- und Blaugrün – mitunter findet sich sogar panaschiertes Laub. Im Gegensatz zu den meisten anderen Sukkulenten schützt man Felsenrosen am besten ganzjährig vor praller Sonne, damit die Blatttönungen erhalten bleiben. Im Frühjahr und Sommer zeigen sich mehrere Wochen lang zarte Blüten an hohen Stängeln.

TEMPERATUR 5–27 °C. Im Winter an einen kühlen Platz stellen.

LICHT In die volle Sonne stellen.

WÄSSERN Im Frühjahr und Sommer wässern, wenn die obersten 2 cm des Substrats trocken sind. Im Herbst und Winter Substrat fast trocken halten und nur so viel wässern, dass die Blätter nicht vertrocknen.

DÜNGEN Einmal jährlich im Frühjahr einen Flüssigdünger in halber Dosierung geben.

SUBSTRAT Kakteenerde oder ein 1:1-Mix aus tonhaltigem, torffreiem Substrat und Kies mit 4 mm Körnung.

BLÜTE Damit die Art blüht, muss sie im Winter kühl stehen bei 5–15 °C.

VERMEHRUNG Durch Aussaat, Kindel oder Blattstecklinge.

HÄUFIGE PROBLEME In nassem Substrat faulen die Pflanzen. Sie können u. a. von Schmierläusen befallen werden.

GRAPTOPETALUM BELLUM

syn. *Tacitus bellus*

Kolibri-Felsenrose

Die kleinen Blattrosetten der Kolibri-Felsenrose sehen aus wie graugrüne Seerosen. Sie bilden rosa und rote Blüten an hohen Stängeln, die aus der Mitte der Rosette wachsen.

HÖHE UND BREITE Bis 8 × 10 cm.

PFLEGE: Siehe oben.

HAWORTHIA

Die Arten dieser großen, varianten-reichen Gattung zeichnen sich durch kleines, panaschiertes Laub aus, das gepunktet, gefleckt oder gestreift sein kann. Manche tragen glatte, dicke Blätter, andere wachsen strahlig und enden in einer dornigen Spitze. Die meist grünen, unscheinbaren Blüten sitzen im Sommer an langen Stängeln, werden aber nur von einigen der als Zimmerpflanzen kultivierten Arten gebildet.

TEMPERATUR 5–27 °C.

LICHT In die volle Sonne stellen, im Sommer aber für etwas Schatten sorgen.

WÄSSERN Im Frühjahr und Sommer wässern, wenn die obersten 2 cm des Substrats ganz trocken sind. Im Herbst und Winter Substrat trocken halten und nur so viel wässern, dass die Blätter nicht runzelig werden.

DÜNGEN Einmal jährlich im Frühjahr einen Flüssigdünger in halber Dosierung geben.

SUBSTRAT In Kakteenerde oder einen 1:1-Mix aus tonhaltigem, torffreiem Substrat und Kies mit 4 mm Körnung setzen.

BLÜTE Zimmerpflanzen blühen selten.

VERMEHRUNG Durch Kindel bzw. Ableger und Blattstecklinge.

HÄUFIGE PROBLEME Dauerhaft nasses Substrat lässt die Pflanzen faulen. Möglich ist ein Befall durch Schmierläuse.

HAWORTHIA ATTENUATA fo. CAESPITOSA

syn. *Aloe attenuata*
Zebra-Haworthie

Mit den strahligen, dunkelgrünen Rosetten aus Blättern, die dicht mit weißen, horizontal angeordneten Warzen besetzt sind, wird die Zebra-Haworthie ihrem Namen gerecht. Sie bildet bald kleine Horste aus Rosetten und blüht Sommer für Sommer verlässlich. Die winzigen grünen Blüten sitzen an langen Stängeln.

HÖHE UND BREITE Wird bis zu 15 cm hoch und 25 cm breit.

PFLEGE Siehe links.

WARNUNG! Beim Anfassen der Pflanze Kakteenhandschuhe tragen.

HAWORTHIA 'BIG BAND'

syn. *Haworthia fasciata* 'Big Band'
Zebra-Haworthie 'Big Band'

Diese Sorte ähnelt sehr stark *Haworthia attenuata* fo. *caespitosa* (siehe S. 281), hat jedoch ausgeprägtere, erhabene weiße Streifen, die vor dem dunkelgrünen Hintergrund der strahlig wachsenden Blätter ein auffälliges Muster bilden. Im Sommer erscheinen weiße Glockenblüten an hoch aufragenden Stängeln.

HÖHE UND BREITE Bis 15 × 25 cm.

PFLEGE Siehe S. 281.

HAWORTHIA CYMBIFORMIS 'GREY GHOST'

syn. *Haworthia fasciata* 'Grey Ghost'; *Haworthia retusa* 'Grey Ghost'

Für die Art kursieren etliche Synonyme, doch ihr unverwechselbares Laub lohnt die Suche im Namendschungel. Ihre kurzen, dicken, dreieckigen Blätter sind blassgrün mit zarter weißgrauer Zeichnung und sehen aus, als seien sie mit einem feinen Pinsel bemalt worden. Im Sommer trägt sie kleine weiße und grüne Röhrenblüten an langen Stängeln.

HÖHE UND BREITE Bis 15 × 25 cm.

PFLEGE Siehe S. 281.

HAWORTHIA TRUNCATA

Diese Haworthie mag nicht die schönste Art der Gattung sein, gehört aber mit Sicherheit zu den ungewöhnlichsten. Sie bildet zwei Reihen fleischiger, dunkelgrüner Blätter, die am oberen Ende aussehen, als hätte man sie radikal gekappt, sodass nur noch ein Stumpf vorhanden ist. Ihre kleinen Röhrenblüten sind grünlich weiß.

HÖHE UND BREITE Bis 10 × 20 cm.

PFLEGE Siehe S. 281.

HOYA

Diese asiatischen Kletterpflanzen bilden eine große, vielfältige Gattung. Sie stammen aus Tropenwäldern und beinhalten eine ganze Reihe von Arten mit fleischigem Laub. Bei vielen handelt es sich um Epiphyten, die auf Bäumen wachsen. Als Zimmerpflanzen gefragt sind besonders die Formen mit süß duftenden Blüten. Die meisten *Hoya*-Vertreter tragen ungewöhnliche Blütenstände aus wächsernen, sternförmigen Blüten, von denen nicht wenige ein süßes Aroma verströmen. Letztere sollte man in größere Räume wie etwa Eingangsbereiche stellen, wo man ihren schweren Duft beim Vorübergehen genießen kann, denn in kleinen Zimmern kann er aufdringlich werden.

TEMPERATUR 10–27 °C.

LICHT Die Pflanzen brauchen viel Licht, vertragen aber keine direkte Sonne sondern eher lichten Schatten.

WÄSSERN Vom Frühjahr bis zum Herbst regelmäßig wässern, Substrat dazwischen aber trocknen lassen. Vom Spätherbst bis Spätwinter weniger wässern, sodass das Substrat fast austrocknet. *Hoya* bevorzugen mäßig feuchte Luft. Pflanzen am besten auf einen mit Kieseln und Wasser gefüllten Untersetzer stellen, um die Luftfeuchtigkeit zu erhöhen.

DÜNGEN Vom Frühjahr bis zum Spätsommer monatlich Flüssigdünger in halber Dosis geben.

SUBSTRAT Kakteenerde mit etwas Feinkies.

BLÜTE Bekommen die Pflanzen Dünger, sollten sie blühen. Wenn man sie umstellt, werfen sie ihre Knospen ab.

VERMEHRUNG Durch Blatt- oder Triebstecklinge.

HÄUFIGE PROBLEME Fäulnis durch Staunässe, evtl. Schmierlausbefall.

HOYA CARNOSA 'TRICOLOR'

Porzellanblume

Die biegsamen Triebe dieser dekorativen Kletterpflanze kann man an einem Draht- oder Gittergerüst hochwachsen lassen. Sie sind das ganze Jahr schön anzusehen. Geschätzt werden vor allem die panaschierten grünen Blätter mit cremegelber und rosa Zeichnung. Die Sorte 'Tricolor' trägt zudem Büschel aus kleinen, sternförmigen, wächsernen weißen Blüten mit roter Mitte. Sie duften süß, wenn sie sich im Sommer öffnen, und produzieren sogar ein bisschen Nektar.

HÖHE UND BREITE Bis 1,8 × 0,6 m.

PFLEGE Siehe links.

KALANCHOE

Die auf Madagaskar und im tropischen Afrika beheimatete Gattung umfasst einige Arten, die als große Sträucher wachsen. Bei jenen, die man als Zimmerpflanzen zieht, handelt es sich in der Regel aber um kleine bis mittelgroße, immergrüne Stauden. Sie haben leuchtende, farbenfrohe Blüten, die sich gewöhnlich im Winter und Frühjahr oder – bei Zimmerpflanzen – auch zu anderen Jahreszeiten zeigen. Das Laub ist glänzend grün, bei einigen Arten auch weich behaart. Erhältlich sind ferner panaschierte Formen.

TEMPERATUR 10–27 °C.

LICHT Hell, ohne direkte Sonne.

WÄSSERN Im Frühjahr und Herbst wässern, wenn die obersten 2 cm des Substrats trocken sind. Im Sommer bereits gießen, wenn nur die Oberfläche trocken ist. Im Winter hält man die Erde lediglich leicht feucht, damit die Blätter nicht vertrocknen.

DÜNGEN Vom späten Frühjahr bis zum Frühherbst monatlich mit einem Flüssigdünger in halber Dosierung versorgen.

SUBSTRAT Kakteenerde oder eine 1:1-Mischung aus tonhaltigem, torffreiem Substrat und feinem Kies.

BLÜTE *Kalanchoe* brauchen eine deutliche Ruhephase, um zu blühen. Schneiden Sie Verblühtes nach der Blüte zurück, reduzieren Sie die Wassergaben und stellen Sie die Pflanzen 14 Stunden am Tag ins Dunkle. Im Winter ist das der natürliche Rhythmus, zu anderen Jahreszeiten stülpen Sie eine Kiste über die Pflanze. Nach 6 Wochen wieder ins Licht stellen und normal wässern.

VERMEHRUNG Durch Triebstecklinge.

HÄUFIGE PROBLEME Fäulnis durch staunasses Substrat und Schmier- sowie Blattläuse.

KALANCHOE BLOSSFELDIANA

syn. *Kalanchoe globulifera* var. *coccinea*

Flammendes Käthchen

Das dunkelgrüne, glänzende Laub mit gekerbtem Rand ist die perfekte Kulisse für die leuchtenden, sternförmigen Blüten, die wochen- und sogar monatelang Bestand haben. Sie öffnen sich im Spätwinter, Frühjahr und Sommer. Es gibt sie in den verschiedensten Farben von Rot, Orange und Rosa über Gelb bis hin zu Weiß. Bei den gefüllten Sorten dieser Art erinnern die Blüten ein bisschen an Rosenknospen und sind besonders schön anzusehen.

HÖHE UND BREITE Bis 30 × 30 cm.

PFLEGE Siehe links.

WARNUNG! Alle Teile sind bei Verzehr giftig.

KALANCHOE HUMILIS

syn. *Kalanchoe prasina*

Besonderes Kenzeichen dieser Art mit graugrünen, gewelltrandigen, eiförmigen Blättern ist die markante Zeichnung aus rotbraunen Flecken und Streifen. Ältere Blätter im unteren Teil fallen irgendwann ab, sodass der blaugrüne bis violette Trieb sichtbar wird. Im Sommer entfalten sich violette bis grüne Blüten, sie sind aber recht unscheinbar. Versuchen Sie die Sorte 'Desert Surprise' zu bekommen, deren Blattzeichnung noch kräftiger ist.

HÖHE UND BREITE Bis 60 × 60 cm.

PFLEGE Siehe links.

WARNUNG! Alle Pflanzenteile sind bei Verzehr giftig.

KALANCHOE LACINIATA

Der hohe, elegante Strauch trägt schmales, geteiltes Laub, das an die spitzen Nadeln von Koniferen erinnert. Im zeitigen Frühjahr gesellen sich Büschel aus kräftig gelben Röhrenblüten dazu.

HÖHE UND BREITE 90 × 60 cm.

PFLEGE Siehe gegenüber.

WARNUNG! Alle Teile sind bei Verzehr giftig.

KALANCHOE PUMILA

syn. *Kalanchoe brevicaulis; Kalanchoe multiceps*

Sie gehört zu den kleineren Vertretern der Gattung, begeistert aber mit elegant überhängenden Trieben. An ihnen sitzen silbrige Blätter, die aussehen, als seien sie mit einem weißen Pulver bepudert worden. Im Frühjahr zeigen sich an langen dünnen Stängeln über dem Laub winzige rosa Blüten in Büscheln.

HÖHE UND BREITE 20 × 20 cm.

PFLEGE Siehe gegenüber.

WARNUNG! Alle Teile sind bei Verzehr giftig.

KALANCHOE THYRSIFLORA

syn. *Kalanchoe tetraphylla*
Wüstenkohl

Im Gegensatz zu seinen Verwandten, die hohe, belaubte Triebe bilden, formt der Wüstenkohl eine grundständige Rosette aus ei- bis spatelförmigen, graugrünen und dunkelroten Blättern, durch die er in seiner Jugend einem farbenfrohen Kohl ähnelt. Nach dem Einwachsen treibt er hohe Stängel mit kleinen, duftenden, gelben Röhrenblüten aus, die viele Monate Bestand haben. Allerdings geht die Pflanze nach der Blüte ein.

HÖHE UND BREITE Die Pflanze wird bis zu 90 cm hoch und 60 cm breit.

PFLEGE Siehe S. 284.

WARNUNG! Alle Teile sind bei Verzehr giftig.

KALANCHOE SEXANGULARIS

syn. *Kalanchoe rogersii; Kawhoe rubinea*

An ungewöhnlich quadratischen oder gefurchten Trieben sitzen eiförmige, gekerbte, einnehmend grüne Blätter. Vor allem die Ränder älterer Blätter sind oftmals auch rot getönt. Im Frühjahr trägt die Pflanze leuchtend gelbe Blüten an hohen Stängeln.

HÖHE UND BREITE Die Pflanze wird bis zu 90 cm hoch und 60 cm breit.

PFLEGE Siehe S. 284.

WARNUNG! Alle Teile sind bei Verzehr giftig.

KALANCHOE TOMENTOSA

Katzenohr

Das Katzenohr zählt zu den beliebtesten *Kalanchoe*-Arten. Man schätzt es wegen seiner samtigen, eiförmigen Blätter. Sie sind graugrün gefärbt, am Rand oftmals braun gefleckt und silbrig behaart. Weniger attraktiv sind die kleinen, gelbgrünen Röhrenblüten, die bei Zimmerpflanzen allerdings selten erscheinen.

HÖHE UND BREITE Bis 90 × 60 cm.

PFLEGE Siehe S. 284.

WARNUNG! Alle Teile sind bei Verzehr giftig.

KLEINIA

Einige Arten dieser südafrikanischen Gattung erinnern mit ihren dornigen Trieben an Kakteen, während andere eher strauchig wachsen und bläulich grüne, fleischige Blätter tragen, die sommer- oder immergrün sein können. Ein paar Vertreter werden wegen ihrer roten oder weißen Prachtblüten geschätzt, die sich in der Regel im Hochsommer öffnen. Nur wenige Arten allerdings werden als Zimmerpflanzen kultiviert. Die gängigste ist *Kleinia stapeliiformis (siehe rechts).* Sie zeichnet sich durch reich strukturierte Triebe aus. Im Handel ist sie oft noch unter ihrer alten botanischen Bezeichnung *Senecio* zu finden, da sie viele Charakteristika dieser Gattung aufweist.

TEMPERATUR 10–30 °C.

LICHT In volle Sonne oder indirektes Licht stellen; im Sommer etwas beschatten.

WÄSSERN Vom Frühjahr bis zum Frühherbst wird immer dann gewässert, wenn sich die Oberfläche der Topferde trocken anfühlt. Im Herbst und Winter hält man das Substrat fast ganz trocken und gießt nur so viel, dass die Blätter nicht schrumpfen.

DÜNGEN Vom Frühjahr bis zum Spätsommer ist eine monatliche Düngergabe in halber Dosierung ratsam.

SUBSTRAT In Kakteenerde oder einen 1:1-Mix aus tonhaltigem, torffreiem Substrat und Kies mit 4 mm Körnung setzen.

BLÜTE Die meisten Pflanzen blühen ohne Sonderbehandlung.

VERMEHRUNG Durch Aussaat oder Stecklinge bzw. Kindel.

HÄUFIGE PROBLEME In nassem Substrat faulen die Wurzeln. Als Schädlinge kommen Schmierläuse in Betracht.

KLEINIA STAPELIIFORMIS

syn. *Senecio stapeliiformis*

Die Art kann man mit ihren bedornten, stiftartigen Trieben leicht mit einem Kaktus verwechseln. Sie sind bläulich grün und tragen eine violettgrüne Zeichnung. Bei älteren Pflanzen wachsen sie leichtbogig überhängend und sind daher auch für Blumenampeln geeignet, in denen besonders die distelartigen, leuchtend hellroten bis orangen Blütenstände im Sommer gut zur Geltung kommen.

HÖHE UND BREITE 25 × 20 cm.

PFLEGE Siehe links.

LITHOPS

Kinder lieben die Lebenden Steine, die ihren Namen der Ähnlichkeit mit kleinen Steinbrocken und Kieseln verdanken. Sie sind ausgesprochen unkomplizierte Pflanzen. Die Auswahl an Arten ist groß, aber viele haben winzige, dicke Paare aus stiellosen, am Ansatz verwachsenen Blättern. Sie sind im Allgemeinen cremegelb, grau oder braun gefärbt und manchmal gemustert oder gefleckt. Im Winter bilden sich neue Blätter. Sie drängen im Frühjahr zwischen den älteren Blättern hervor, die daraufhin absterben. Die körbchenartigen, bisweilen duftenden Blüten öffnen sich im Sommer oder Herbst.

TEMPERATUR 5–30 °C, in trockenem Substrat werden kurzzeitig auch bis zu -5 °C vertragen.

LICHT In die volle Sonne stellen, im Hochsommer aber etwas beschatten.

WÄSSERN Vom Frühjahr bis zum Frühherbst nach dem Vertrocknen der alten Blätter immer dann wässern, wenn sich die Oberfläche des Substrats trocken anfühlt. Nach der Blüte gar nicht mehr wässern, sodass die Erde vom Spätherbst bis zum Spätwinter ganz trocken bleibt.

DÜNGEN Im Frühjahr ein einziges Mal einen Kakteendünger in halber Dosierung geben.

SUBSTRAT Kakteenerde oder ein 1:1-Mix aus tonhaltigem, torffreiem Substrat und Kies mit 4 mm Körnung.

BLÜTE Die Blüte wird gefördert, wenn man nach dem Einziehen des alten Laubs mit dem Wässern beginnt und etwas düngt.

VERMEHRUNG Durch Aussaat.

HÄUFIGE PROBLEME In nasser Erde faulen die Pflanzen, zudem kann zu starkes Wässern dazu führen, dass die Blätter aufplatzen. Möglich ist ein Befall durch Schmier- und Blattläuse.

LITHOPS KARASMONTANA

Namibia ist die Heimat dieser Art mit blassbeigen bis bläulich grauen Blättern, deren braune Musterung an gesprungenes Glas erinnert. Im Spätsommer oder Frühherbst bilden sich seidig weiße Blüten.

HÖHE UND BREITE Bis 4 × 8 cm.

PFLEGE Siehe links.

LITHOPS MARMORATA

Die grauweißen oder blass graugrünen, mitunter violett überlaufenen Blätter dieser Art tragen eine weiße Marmorierung als Zeichnung. Im Spätsommer oder Herbst bilden sich zwischen den steinartigen Blättern weiße Blüten mit gelber Mitte, die ein bisschen wie Gänseblümchen aussehen.

HÖHE UND BREITE 4 × 8 cm.

PFLEGE Siehe links.

LITHOPS SALICOLA

Diese Art bildet olivgrüne Blätter mit olivbraunem, spitzenartigem Muster auf der Oberfläche. Bei manchen Exemplaren ist die Zeichnung beige gerandet, wodurch die olivgrünen Bereiche aussehen, als würden sie leuchten. Im Spätsommer öffnen sich gänseblümchenartige Blüten. Obwohl die Art auf salzigen Böden wächst, muss sie wie die anderen Vertreter der *Lithops*-Gattung mit Süßwasser gewässert werden.

HÖHE UND BREITE 4 × 8 cm.

PFLEGE Siehe gegenüber.

LITHOPS PSEUDOTRUNCATELLA

Blassgraue bis hellbraune Blätter und ein kompliziertes, spinnenartiges, olivbraunes Muster mit ebenso gefärbten Flecken auf der nach oben zeigenden Fläche sind das unverwechselbare Kennzeichen dieser Art. Im Sommer oder Herbst darf man mit gelben Blüten rechnen.

HÖHE UND BREITE 4 × 8 cm.

PFLEGE Siehe gegenüber.

ORBEA

Ungewöhnliche seesternartige Blüten sind das hervorstechendste Merkmal der *Orbea*-Arten. Ihre dicken, blattlosen Triebe tragen oft dornartige Warzen. Eine weitere Besonderheit ist der Duft der Blüten. Weil sie Fliegen als Bestäuber anlocken, verströmen sie einen dung- oder aasähnlichen Geruch. Deshalb stellen viele Leute sie während der Blütezeit im Sommer und Herbst nach draußen.

TEMPERATUR 5–30 °C.

LICHT In die volle Sonne stellen, aber im Sommer etwas beschatten.

WÄSSERN Vom Frühjahr bis zum Herbst regelmäßig wässern, die Oberfläche des Substrats muss jedoch zwischen den Wassergaben trocknen. Vom Spätherbst bis zum Spätwinter lässt man den Topfballen fast ganz austrocknen und gießt gerade so viel, dass die Blätter nicht schrumpfen. Für gute Luftzirkulation sorgen.

DÜNGEN Vom Frühjahr bis zum Spätsommer monatlich einen Kakteendünger in halber Dosierung verabreichen.

SUBSTRAT In Kakteenerde oder einen 1:1-Mix aus tonhaltigem, torffreiem Substrat und Kies mit 4 mm Körnung setzen.

BLÜTE Im Frühjahr mit dem Wässern beginnen. Angemessenes Düngen fördert die Blühwilligkeit.

VERMEHRUNG Durch Aussaat oder Triebstecklinge.

HÄUFIGE PROBLEME In nassem Substrat faulen die Pflanzen. Untersuchen Sie sie ab und an auf Schmierlausbefall.

ORBEA VARIEGATA

syn. *Caralluma variegata; Stapelia marmoratum*
Aasblume, Ordensstern

Eine der beliebtesten *Orbea*-Arten. Sie bildet lange, dünne Triebe, die auf ihrer ganzen Länge mit weichen, zahnartigen Warzen besetzt sind. Die Pflanze ist einen Großteil des Jahres relativ unscheinbar, hat im Sommer aber ihren großen Auftritt, wenn bis zu fünf große, sternförmige, weiße, violett gefleckte Blüten erscheinen. So spektakulär sie aussehen, so abstoßend duften sie.

HÖHE UND BREITE Bis 25 × 25 cm.

PFLEGE Siehe links.

WARNUNG! Die Pflanze ist bei Verzehr giftig. Man fasst sie am besten nur mit Kakteenhandschuhen an.

PACHYPHYTUM

Diese Gattung umfasst kleine, langsam wachsende, farbenfrohe Sukkulenten mit dicken Blättern. Sie eignen sich bestens für gemischte Arrangements auf Fensterbänken. Die Blätter bilden kleine Rosetten und können röhrenförmig oder rund wie Kiesel sein. Man sollte die Pflanzen nicht berühren, da auf der öligen bzw. perlmuttartigen Bereifung Abdrücke zurückbleiben. Das Laub ist wesentlich schöner anzusehen als die kleinen Glockenblüten, die sich im Frühjahr und Sommer öffnen und bei manchen Arten recht unscheinbar sind.

TEMPERATUR 5–30 °C, verträgt jedoch in trockener Erde kurzzeitig bis -5 °C.

LICHT Braucht volle Sonne, sollte aber im Sommer etwas beschattet werden.

WÄSSERN Vom Frühjahr bis zum Herbst regelmäßig wässern, die Oberfläche des Substrats aber zwischen den Wassergaben austrocknen lassen. Vom Spätherbst bis zum Spätwinter den Topfballen fast ganz austrocknen lassen und nur so viel wässern, dass die Blätter nicht schrumpfen.

DÜNGEN Einmal jährlich im Frühjahr einen Kakteendünger in halber Dosierung geben.

SUBSTRAT In Kakteenerde oder einen 1:1-Mix aus tonhaltigem, torffreiem Substrat und Kies mit 4 mm Körnung setzen.

BLÜTE Angemessenes Wässern während der Wachstumsphase fördert die Blühwilligkeit.

VERMEHRUNG Durch Aussaat oder Stecklinge bzw. Kindel.

HÄUFIGE PROBLEME In nassem Substrat faulen die Pflanzen bald. Man sollte sie außerdem regelmäßig nach Schmierläusen (Wollläusen) absuchen.

PACHYPHYTUM BRACTEOSUM

syn. *Echeveria bracteosa; Echeveria pachyphytum*

Lockere Rosetten aus silbrigen, kieselförmigen Blättern machen diese Art unverkennbar. Die Farbe und puderige Textur sind auf eine feine Bereifung zurückzuführen, die die Oberfläche bedeckt. Berührt man sie, bleiben Spuren zurück, weshalb man das nach Möglichkeit vermeiden sollte. Im Frühjahr erscheinen elegante, kräftig rote Blüten aus silbrigen Knospen, die denselben pulvrigen Überzug wie die Blätter tragen.

HÖHE UND BREITE Bis 12 × 10 cm.

PFLEGE Siehe gegenüber.

PACHYPHYTUM COMPACTUM

syn. *Pachyphytum compactum* var. *compactum*

Torpedoförmige, olivgrüne Blätter mit dunkelroter Spitze und zarter weißer Marmorierung kennzeichnen diese Art. Die hohen Stängel mit rosa-orangen, in der Mitte gelben Blüten erscheinen im Sommer.

HÖHE UND BREITE Bis 30 × 15 cm.

PFLEGE Siehe gegenüber.

PACHYPHYTUM HOOKERI

syn. *Echeveria hookeri*

Die zylindrischen, oliv- bis blaugrünen Blätter dieser Pflanze sehen aus wie kleine Finger. Mit ihrem pulverig weißen Überzug wirken sie, als hätte man sie in Puderzucker getaucht. Die unteren Blätter fallen mit der Zeit ab und geben den Blick auf den Trieb frei. Im Frühjahr oder Sommer öffnen sich an der Spitze hoher Stängel rosarote Blüten.

HÖHE UND BREITE Bis 30 × 15 cm.

PFLEGE Siehe S. 290.

PACHYPHYTUM OVIFERUM

Mondstein

Zu den beliebtesten *Pachyphytum*-Arten gehört zweifellos der Mondstein (Achtung, Verwechslungsgefahr: Es gibt noch weitere Arten mit diesem deutschen Namen). Die blaugrauen Blätter erinnern an Kiesel. Durch ihren kreideartigen Überzug wirken sie weich, doch sollte man sie nicht anfassen, da eine Berührung Spuren auf der Oberfläche hinterlässt. Am oberen Ende hoher Stängel öffnen sich im Frühjahr orangerote Blüten.

HÖHE UND BREITE 10 × 30 cm.

PFLEGE Siehe S. 290.

PORTULACARIA

In seiner südafrikanischen Heimat heißt der Speckbaum (*Portulacaria*) »Elefantenbusch«, weil Dickhäuter ihn als Leckerbissen schätzen. Zur Gattung zählen einige strauchige Arten, aber nur *Portulacaria afra* wird in kühleren Regionen als Zimmerpflanze gezogen. Seine grünen oder panaschierten Blätter sind klein und rund, die ebenfalls kleinen, im Sommer geöffneten Blüten meist rosa. Im Topf wächst die Pflanze zu einem Blickfang mit architektonischem Habitus heran und bevorzugt, im Gegensatz zu den meisten anderen Sukkulenten, etwas Schatten, sodass man sie auch etwas weiter entfernt vom Fenster platzieren kann.

TEMPERATUR 5–30 °C.

LICHT In lichten Schatten ohne direkte Sonne stellen.

WÄSSERN Vom Frühjahr bis zum Herbst regelmäßig wässern, die Oberfläche des Substrats aber zwischen den Wassergaben austrocknen lassen. Vom Spätherbst bis zum Spätwinter den Topfballen fast ganz trocken halten und nur so viel wässern, dass die Blätter nicht schrumpfen.

DÜNGEN Einmal jährlich im Frühjahr einen Kakteendünger in halber Dosierung geben.

SUBSTRAT In Kakteenerde oder einen 1:1-Mix aus tonhaltigem, torffreiem Substrat und Kies mit 4 mm Körnung setzen.

BLÜTE Blüht bereitwillig ohne Sonderbehandlung.

VERMEHRUNG Durch Triebstecklinge.

HÄUFIGE PROBLEME In nassem Substrat faulen die Pflanzen. Achten Sie auf Schmierläuse (Wollläuse).

PORTULACARIA AFRA 'VARIEGATA'

syn. *Portulacaria afra fo. foliis-variegatis; Crassula portulacaria*
Speckbaum, Strauchportulak

Die Art wird manchmal mit der eng verwandten *Crassula ovata* (siehe S. 263) verwechselt, trägt aber kleinere Blätter. Es gibt sie in reinem Grün (siehe Bild). Doch die Form 'Variegata' ist mit ihren hellen, silbrig grünen, breit cremefarben gerandeten Blättern, die einen schönen Kontrapunkt zu den dunkelroten, ausgreifenden Trieben setzen, ein noch größerer Blickfang. An der Spitze der Triebe öffnen sich im Sommer kleine, blassrosa Blüten in Gruppen.

HÖHE UND BREITE
Bis 60 × 90 cm.

PFLEGE Siehe gegenüber.

SANSEVIERIA

Wer sich eine Sammlung von Zimmerpflanzen anschaffen möchte, findet wenig dankbarere Gewächse als den Bogenhanf. Die Pflanzen, die aus Afrika und Südasien stammen, werden wegen ihrer speerförmigen bis zylindrischen grünen Blätter geschätzt, die bei den beliebtesten Sorten gelb und weiß gestreift bzw. gemustert sind. Viele Arten eignen sich auch als Schadstofffilter für Räume. Die grünlich weißen bis cremefarbenen Blüten sehen aus wie spinnenartige Lilien, sind bei Zimmerpflanzen aber selten.

TEMPERATUR 10–27 °C.

LICHT Hell und ohne direkte Sonne oder in den lichten Schatten stellen.

WÄSSERN Vom Frühjahr bis zum Herbst regelmäßig wässern, die Oberfläche des Substrats dazwischen aber austrocknen lassen. Vom Spätherbst bis zum Spätwinter den Topfballen fast ganz austrocknen lassen und nur gelegentlich wässern, sodass die Blätter nicht schrumpfen.

DÜNGEN Einmal jährlich im Frühjahr einen Kakteendünger in halber Dosierung geben.

SUBSTRAT In Kakteenerde oder einen 3:1-Mix aus tonhaltigem, torffreiem Substrat und Kies mit 4 mm Körnung setzen.

BLÜTE Zimmerpflanzen blühen selten.

VERMEHRUNG Durch Ausläufer oder Teilung.

HÄUFIGE PROBLEME In nassem Substrat faulen die Pflanzen. Achten Sie auf Schmierläuse (Wollläuse).

SANSEVIERIA CYLINDRICA

Die Art ist nicht so bekannt wie *Sansevieria trifasciata* (siehe rechts), kann sich aber mit ihren langen, spitzen, röhrenförmigen, dunkelgrünen Blättern mit helleren horizontalen Bändern ebenfalls sehen lassen.

HÖHE UND BREITE 75 × 30 cm.

PFLEGE Siehe links.

WARNUNG! Pflanze ist bei Verzehr giftig.

SANSEVIERIA TRIFASCIATA

Schwiegermutterzunge

Die hohen, schwertartigen Blätter der Schwiegermutterzunge sind dunkelgrün und bilden eine dichte Rosette. Legen Sie sich eine panaschierte Sorte wie 'Laurentii' zu, die durch dunkelgrünes, gelb gerandetes Laub und silbrig grüne horizontale Bänder besticht. Im Frühjahr oder Sommer öffnen sich bisweilen grünlich weiße Blüten.

HÖHE UND BREITE 75 × 30 cm.

PFLEGE Siehe links.

WARNUNG! Pflanze ist giftig.

SEDUM

Die Gattung *Sedum*, im Deutschen Fetthenne oder Mauerpfeffer genannt, umfasst eine riesige Zahl von Arten, darunter viele winterharte Gartengewächse und auch einige kälteempfindliche afrikanische und südamerikanische Vertreter, die man in gemäßigten Klimazonen am besten drinnen kultiviert. Sie alle tragen fleischige, sukkulente Blätter in vielerlei Farben und Formen. Als Zimmerpflanzen gezogen werden kriechende und kleine aufrechte Arten, die sich besonders gut für Arrangements auf Fensterbänken eignen. Obwohl die Blätter die eigentliche Attraktion sind, tragen Fetthennen im Sommer oder Frühherbst auch winzige, sternförmige Blüten.

TEMPERATUR 5–30 °C.

LICHT In die volle Sonne stellen, im Sommer aber leicht beschatten.

WÄSSERN Vom Frühjahr bis zum Frühherbst regelmäßig wässern, dazwischen das Substrat aber bis in 1 cm Tiefe komplett trocknen lassen. Vom Herbst bis zum Spätwinter den Topfballen fast ganz trocken halten und nur so viel wässern, dass die Blätter nicht vertrocknen.

DÜNGEN Im Frühjahr und Sommer alle sechs Wochen einen Kakteendünger in halber Dosierung verabreichen.

SUBSTRAT In Kakteenerde oder einen 1:1-Mix aus tonhaltigem, torffreiem Substrat und Kies mit 4 mm Körnung setzen.

BLÜTE Die Pflanzen blühen ohne besondere Pflege und Behandlung.

VERMEHRUNG Durch Ausläufer oder Trieb- und Blattstecklinge.

HÄUFIGE PROBLEME In nassem Substrat faulen die Pflanzen. Suchen Sie sie außerdem regelmäßig nach Schmierläusen (Wollläusen) ab.

SEDUM BURRITO

Die beliebte hängende Zimmerpflanze wertet Blumenampeln durch ihre ungewöhnliche Textur auf. Ihre biegsamen Triebe sind mit kleinen rundlichen, graugrünen Blättern besetzt, die sich überlappen. In praller Sonne kann das Laub auch eine violettrosa Färbung annehmen. Im Sommer öffnen sich an der Triebspitze kleine rosa Blüten, sodass die texturbetonte Pflanze um dezente Farbtupfer bereichert wird. Wird die Pflanze umgestellt, kann sie ihr Laub abwerfen, was ihr aber kaum schadet. Man kann die verlorenen Blätter als Stecklinge nutzen.

HÖHE UND BREITE 10 × 30 cm.

PFLEGE Siehe links.

SEDUM MORGANIANUM

Schlangen-Fetthenne

Diese Fetthenne lässt sich kaum von ihrer nahen Verwandten *Sedum burrito* unterscheiden, hat aber etwas schmalere tränenförmige, blaugrüne Blätter. Im Sommer erscheinen am Ende der Triebe ebenfalls kleine rosa bis rote Blüten.

HÖHE UND BREITE 10 × 30 cm.

PFLEGE Siehe links.

SEDUM PACHYPHYLLUM

Schnapsnase

Mit ihren breitwüchsigen Trieben, an denen hell- bis blaugrüne, zylindrische Blätter sitzen, füllt die Schnapsnase rasch Töpfe aus. Im Winter, mitunter auch ganzjährig, haben die Blattspitzen eine rötliche Färbung, die der Pflanze wohl ihren deutschen Namen beschert hat. Im Sommer erscheinen große Blütenstände aus sternförmigen, dottergelben Blüten.

HÖHE UND BREITE Bis 30 × 30 cm.

PFLEGE Siehe S. 295.

SEDUM × RUBROTINCTUM

Ampel-Fetthenne

Nicht ganz klar ist, ob die Ampel-Fetthenne ihren deutschen Namen der Dreifarbigkeit ihrer blaugrünen, bisweilen gelblichen Blätter mit roter Spitze verdankt oder den aufrechten, später leicht kriechenden bis hängenden Trieben, mit denen sie sich als Ampelpflanze anbietet. Wie andere Angehörige der Gattung *Sedum* sollte man sie aber möglichst in Ruhe lassen, da sie sonst ihre Blätter abwirft. Ihre kleinen, sternförmigen Blüten trägt sie im Sommer.

HÖHE UND BREITE Bis 10 × 20 cm.

PFLEGE Siehe S. 295.

SEMPERVIVUM

Die ausgefeilt gegliederten Blattrosetten der alpinen Dach- oder Hauswurz sehen wie kleine Blüten oder Kohlpflanzen aus. Dank ihres breiten Farbspektrums bieten sie für jeden Geschmack etwas. Manche Arten sind mit einem feinen wolligen Gespinst überzogen, andere tragen glattes, glänzendes Laub und einige wenige werden sogar von einem pulverigen Überzug geschützt. Im Sommer treibt aus älteren Rosetten ein kräftiger Stängel aus, an dessen Spitze sich sternförmige Blüten öffnen. Anschließend geht die Rosette ein – normalerweise aber nicht, ohne vorher schon einige Kindel gebildet zu haben, die ihren Platz einnehmen.

TEMPERATUR -15–30 °C.

WÄSSERN Vom Frühjahr bis zum Frühherbst regelmäßig wässern, dazwischen die Topferde aber bis in 1 cm Tiefe komplett trocknen lassen. Vom Herbst bis zum Spätwinter Substrat fast ganz trocken halten und nur so viel wässern, dass die Rosetten nicht schrumpelig werden.

DÜNGEN Im Frühjahr und Sommer monatlich einen Kakteendünger in halber Dosis geben.

SUBSTRAT In Kakteenerde oder einen 1:1-Mix aus tonhaltigem, torffreiem Substrat und Kies mit 4 mm Körnung setzen.

BLÜTE Die Pflanzen blühen ohne besondere Pflege.

VERMEHRUNG Durch Kindel.

HÄUFIGE PROBLEME In staunassem Substrat faulen die Pflanzen. Sie können von Schmierläusen und Dickmaulrüsslern befallen werden.

SEMPERVIVUM ARACHNOIDEUM

Spinnweben-Hauswurz

Das spinnwebenartige Wollkleid macht diese Art zu einer gefragten Sammlerpflanze. Sie lässt sich ebenso problemlos kultivieren wie die übrigen *Sempervivum*-Arten. Ihre Blätter sind grün bis rötlich grün, ihre sternförmigen Blüten rosa.

HÖHE UND BREITE Bis 10 × 10 cm.

PFLEGE Siehe links. Achten Sie beim Einpflanzen darauf, dass sich keine Erdreste zwischen den Wollfäden verfangen, denn sie lassen sich kaum mehr entfernen.

SEMPERVIVUM CALCAREUM 'GUILLAUMES'

Kalk-Hauswurz

Die Art kommt in den französischen und italienischen Alpen vor. Mit ihrer auffälligen Farbkombination sind die apfelgrünen, an der Spitze dunkel weinroten Blätter ein hübscher Blickfang. Dank der dekorativen Rosetten kann man auch über die blassgrünen Blüten hinwegsehen, die nicht so ansehnlich sind wie die einiger anderer Hauswurz-Arten.

HÖHE UND BREITE Bis 10 × 10 cm.

PFLEGE Siehe links.

SEMPERVIVUM 'OTHELLO'

Hauswurz 'Othello'

Die gefragte Züchtung verbreitet mit ihren dunkelroten Blattrosetten eine stimmungsvolle Atmosphäre. Im Sommer setzen die rosa Blüten an hohen Stängeln einen lebendigen Kontrapunkt dazu.

HÖHE UND BREITE Bis 10 × 10 cm.

PFLEGE Siehe S. 297.

SEMPERVIVUM TECTORUM

syn. *Sempervivum arvernense; Sempervivum densum*

Dach-Hauswurz, Gewöhnliche Hauswurz

Eine wüchsige Art, die rasch große Horste aus blaugrünen, am Rand rötlich violett überlaufenen Rosetten bildet. Die sternförmigen, violettrosa Blüten öffnen sich im Sommer an hohen Stängeln.

HÖHE UND BREITE Bis 10 × 20 cm.

PFLEGE Siehe S. 297.

SENECIO

Zur umfangreichen Gattung *Senecio* (Greiskraut) gehören einige nicht winterharte Arten, die sich in kühleren Ländern ausgezeichnet als Zimmerpflanzen eignen. Sie stammen aus allen Teilen der Welt, in denen mediterranes Klima herrscht. Viele zeichnen sich durch silbriges Laub aus. Mitunter ist es mit einer feinen Behaarung bedeckt, die als Schutz vor starker Sonne und Austrocknung dient. Die Körbchenblüten öffnen sich im Sommer. Sie sind meistens gelb, bei einigen kriechenden bzw. hängenden Vertretern auch weiß. Inzwischen wurden viele *Senecio*-Arten anderen Gattungen zugeordnet, sind im Handel aber oft noch unter ihrer alten botanischen Bezeichnung zu finden.

TEMPERATUR 5–30 °C; kurzzeitig werden in trockenen Böden auch bis -5 °C vertragen.

LICHT In die volle Sonne stellen, im Sommer aber etwas beschatten.

WÄSSERN Vom Frühjahr bis zum Frühherbst regelmäßig wässern, dazwischen die Topferde aber bis in 1 cm Tiefe austrocknen lassen. Vom Herbst bis zum Spätwinter Substrat fast ganz trocken halten und nur so viel gießen, dass die Rosetten nicht schrumpelig werden.

DÜNGEN Im Frühjahr und Sommer alle sechs Wochen einen Kakteendünger in halber Dosierung geben.

SUBSTRAT Kakteenerde oder ein 1:1-Mix aus tonhaltigem, torffreiem Substrat und Kies mit 4 mm Körnung.

BLÜTE Greiskräuter blühen auch ohne Sonderbehandlung.

VERMEHRUNG Durch Trieb- oder Blattstecklinge.

HÄUFIGE PROBLEME In dauerhaft nassem Substrat faulen die Pflanzen. Sie können von Schmier- und Blattläusen befallen werden.

SENECIO HERRIANUS

Erbsenpflanze

Diese Art wird oft mit *Curio rowleyanus* (siehe S. 267) verwechselt, da beide den gleichen deutschen Namen tragen. Man kann sie aber gut voneinander unterscheiden. Während die *Senecio*-Vertreterin drahtige, hängende Triebe mit tropfenförmigen Blättern bildet, trägt ihr Pendant aus der *Curio*-Gattung rundes, perlenartiges Laub. Man setzt die Erbsenpflanze am besten in eine Blumenampel, wo ihr zartes Laub und die kleinen weißen Blüten, die sich im Sommer öffnen und wie winzige Federbüschel aussehen, gut zu sehen sind.

HÖHE UND BREITE 5 × 60 cm.

PFLEGE Siehe gegenüber.

WARNUNG! Die Pflanze ist bei Verzehr giftig.

SENECIO RADICANS

syn. *Curio radicans*

Eine weitere *Senecio*-Art, die man auch unter der Gattungsbezeichnung *Curio* findet. Sie bildet bananenförmiges Laub und hängende Triebe, die recht wüchsig sind und über 60 cm lang werden können. Man sollte sie daher in eine Blumenampel setzen, was obendrein den Vorteil hat, dass die Blätter im Gegenlicht der Sonne durchscheinend wirken. Im Sommer setzt die Pflanze nach Zimt duftende Blüten an.

HÖHE UND BREITE Bis 10 × 90 cm.

PFLEGE Siehe gegenüber.

WARNUNG! Pflanze ist bei Verzehr giftig.

TILLANDSIEN

Diese winzigen Pflanzen leben buchstäblich von Luft und Liebe. Sie brauchen weder Erdreich noch Substrat, um zu gedeihen. Es gibt sie in allerlei Formen und Größen. Manche ähneln Seeigeln, andere sehen wie Bromelien aus (siehe S. 134–137), zu denen sie auch gehören. Ältere Exemplare verzaubern mit exotischem, farbenprächtigem Flor. Kaum eine Pflanzenkategorie ist leichter zu pflegen als Tillandsien. Einsteiger werden von ihnen nicht enttäuscht.

TEMPERATUR 15–24 °C
LICHT Gefilterte Sonne
LUFTFEUCHTIGKEIT Hoch
PFLEGE Leicht
HÖHE UND BREITE 10 x 45 cm

Das Laub dieser handtellergroßen Pflanzen kann silbrig und stachelig, eingerollt und spinnenartig aussehen. Die meisten Arten blühen jedes Jahr und trumpfen oft mit überraschend großem und farbenfrohem Flor auf. Nach der Blüte gehen die Pflanzen wie alle Bromelien ein, bilden aber Kindel (siehe S. 342–343).

WÄSSERN Einmal in der Woche 30 Min. in eine Schale mit lauwarmem Regenwasser oder destilliertem Wasser legen, dann abtropfen lassen (siehe S. 313). Die Blüten sollten aber trocken bleiben.

DÜNGEN Monatlich mit einem Spezialdünger für Tillandsien besprühen.

PFLANZUNG & PFLEGE Pflanzen in Glaskrügen oder Muscheln, auf Treibholz, Rindenstücken oder Dekoschalen kultivieren. Nicht ankleben. Für hohe Luftfeuchtigkeit sorgen, direkte Sonne vermeiden und nicht in die Nähe von Heizkörpern stellen.

Tillandsia aeranthos

Öffnet jedes Jahr verlässlich rosa und violette Blüten, die zwischen den steifen grünen Blättern erscheinen.

TILLANDSIEN

Tillandsia

Tillandsia argentea

Mit dem dünnen, stachelartigen Laub ähnelt diese winzige Art einem Seeigel. Ältere Pflanzen bilden einen langen, dünnen roten Blütenstand mit winzigen violetten Blüten, an denen man sich kaum sattsehen kann.

Tillandsia cyanea

Die Blaue Tillandsie ist eine der beliebtesten Vertreterinnen ihrer Gattung. Sie trägt dunkelgrüne, bandförmige Blätter, einen eiförmigen Blütenstand aus rosa Hochblättern (modifizierten Blättern) und kleine blauviolette Blüten.

Tillandsia tenuifolia

Sie bildet einen Horst aus spitzen grünen Blättern und verträgt sogar etwas Vernachlässigung, da sie sich nach dem Wässern rasch wieder erholt. Die rosa Blütenstände enden in einem Bündel violetter Röhrenblüten.

Tillandsia bulbosa

Das lange dünne Laub dieser ungewöhnlichen Tillandsie sieht aus wie eingerollte Spinnenbeine. Die Pflanze wächst aus einer zwiebelartigen Mitte, aus der im zeitigen Frühjahr auch rosa und violette Röhrenblüten entspringen.

Tillandsia juncea

Eine elegante kleine Tillandsie mit silbrig grasartigem Laub. Sie muss wöchentlich gewässert werden, weil sie leicht austrocknet. Die Blüten sehen aus wie Reihen winziger violetter und rosa Lippenstifte.

Tillandsia xerographica

Ein Muss für Tillandsienfreunde. Das silbrige Laub rollt sich ein und bildet einen dichten Horst. Da diese Art weniger Wasser braucht als viele andere Tillandsien, reicht es, sie regelmäßig zu besprühen. Nur ältere Pflanzen blühen.

PFLEGE UND KULTUR

DER KAUF EINER NEUEN ZIMMERPFLANZE

Pflanzen zu kaufen macht viel Spaß. Aber bevor Sie zur Kasse gehen, sollten Sie die folgenden Tipps beherzigen. Schließlich wollen Sie nur kräftige, gesunde Exemplare nach Hause bringen. Bei der Gelegenheit können Sie auch gleich das passende Werkzeug mitnehmen.

Kaktushandschuhe
Beim Anfassen von Kakteen und manchen Sukkulenten ist Vorsicht geboten. Tragen Sie Handschuhe oder wickeln Sie die Pflanzen in Luftpolsterfolie bzw. Zeitungen.

BEIM KAUF

Nehmen Sie zum Einkaufen eine Liste der Pflanzen mit, die Sie erwerben möchten, und halten Sie sich daran, wenn Sie durch die Gärtnerei oder das Gartencenter gehen. Falls Sie sich in ein Exemplar verlieben, das nicht auf Ihrer Liste steht, sehen Sie sich das Etikett gut an und fragen Sie das Personal, um sicher zu sein, dass Sie der Pflanze die passenden Bedingungen bieten können. Prüfen Sie die Auserwählte gründlich (siehe rechts) und schauen Sie nach, ob der Topf Abzugslöcher hat. Ansonsten muss zu Hause umgetopft werden, denn mangelnde Dränage führt zu Fäule und Pilzbefall.

GESUNDHEITS-CHECK

Jede Neuerwerbung muss geprüft werden. Wenn eine Pflanze Stressymptome zeigt oder beschädigt ist, lassen Sie die Finger davon (siehe S. 352–357).

1 Welkespuren deuten auf Wurzelschädlinge hin.

2 Achten Sie auf Flecken oder Streifen auf Laub, Trieben und Blüten. Sie könnten von Viren stammen.

3 Prüfen Sie die Unterseiten von Blättern und Trieben. Sind Schädlingsspuren bzw. Schäden zu erkennen?

4 Suchen Sie im Substrat nach Anzeichen von Schädlingsbefall oder sonstigen Schäden.

5 Holen Sie die Pflanze aus dem Topf, falls möglich. Ist der Ballen zu dicht durchwurzelt?

6 Sieht man gelben oder welken Wuchs? Er könnte auf Wasser- oder Nährstoffmangel hindeuten.

Hat der Topf Abzugslöcher?
Wasser muss gut ablaufen können, sonst fault das Wurzelwerk. Hat das Gefäß keine Löcher, muss es zu Hause umgetopft werden.

TRANSPORT

Im Winter muss man Exoten vor der Kälte schützen und in Folie einpacken. Sie vertragen keine Minustemperaturen, nicht einmal für kurze Zeit. Umgekehrt dürfen sie im Sommer aber auch nicht in einem Auto gelassen werden, auf das die Sonne brennt. Stecken Sie die Pflanzen in stabile Boxen, damit sie auf dem Nachhauseweg nicht leiden. Kommt es doch einmal zu Schäden an Blättern oder Blütentrieben, schneidet man sie bis auf gesunden Wuchs oder gleich bis zum Ansatz zurück, damit keine Krankheitserreger über die Wunden eindringen können.

ZU HAUSE

Packen Sie die Pflanze nach der Ankunft aus und suchen Sie sie nach Beschädigungen ab. Verletzte Blätter und Triebe werden ggf. abgeschnitten. Falls nötig, topft man die Pflanze um (siehe links), und stellt sie – noch immer im Plastiktopf – in einen Behälter oder eine Schale mit Wasser, damit sich der Ballen vollsaugt (siehe S. 312–315). Dann lässt man überschüssiges Wasser ablaufen. Zum Schluss schlägt man in den Pflanzenporträts (siehe S. 132–301) nach, was die Pflanze braucht, und stellt sie dorthin, wo optimale Licht- und Temperaturbedingungen herrschen.

Werkzeugkiste
Mit den hier vorgeschlagenen Werkzeugen und Materialien haben Sie die optimale Ausrüstung für die Pflege fast aller Zimmerpflanzen parat.

Kleine Gieß-kanne mit Brauseaufsatz
Dekorative wasserfeste Töpfe und Untersetzer
Pflanz-holz zum Stechen von Löchern für Saat-gut und Sämlinge
Kleine Pflanz-schaufel
Kiesel
Sprüh-flasche
Pflanz-schau-fel für grö-ßere Pflan-zen
Kleines scharfes Messer
Garten-schere
Kleine Handgabel
Weiches Tuch zum Abwischen von Laub
Bürste zum Entfernen von Erd-resten auf Kakteen und emp-findlichen Pflanzen

WACHSTUM UND WINTERRUHE

Viele Pflanzen haben Vegetationsphasen mit einer Wachstumsperiode, gefolgt von langsamerem Wachstum oder sogar einer Vegetationsruhe. Eine Rolle spielen dabei Licht- und Temperaturschwankungen sowie unterschiedliche Niederschlagsmengen. Bei der Zimmerkultur bleibt die Temperatur das ganze Jahr über relativ konstant. Deshalb zahlt es sich aus, die Bedürfnisse der einzelnen Arten zu kennen und ihnen gegebenenfalls kühlere Bedingungen zu bieten, die den Winter simulieren.

VEGETATIONSPERIODE

So nennt man die Zeit vom Frühjahr bis zum Frühherbst, in der viele Pflanzenarten aktiv wachsen. Die langen Tage und die höhere Lichtintensität schaffen zusammen mit den wärmeren Temperaturen ideale Bedingungen für das Ansetzen von neuem Wuchs und in manchen Fällen auch von Blüten.

BEDINGUNGEN AM TAG

Pflanzen brauchen im Frühjahr und Sommer viel Sonne und Wärme. Man stellt sie daher möglichst nah an ein helles Fenster. Stehen sie allerdings zu dicht am Glas in der prallen Sonne, können sie Sonnenbrand bekommen, vor allem im Hochsommer (siehe S. 350). Bei Temperaturen über 30 °C besteht die Gefahr einer Überhitzung, bei der viele Pflanzen leiden (siehe S. 351) und in eine Vegetationsruhe treten.

BEDINGUNGEN IN DER NACHT

Kakteen und Sukkulenten brauchen während der Vegetationsperiode wie in freier Natur gewisse Schwankungen zwischen Tag- und Nachttemperaturen. Arten aus der Wüste etwa sind es gewöhnt, dass die Temperaturen in der Nacht auf 13–19 °C sinken.

FARBSCHEMA

- Volle Sonne
- Lichter Schatten
- Gefilterte Sonne
- Vollschatten

ANDERE VEGETATIONSZYKLEN

Der Vegetationszyklus der meisten Pflanzen entspricht dem unten beschriebenen Wechsel aus Sommer und Winter. Einige aber haben andere Zyklen. Dazu zählen epiphytische Kakteen, also jene, die in tropischen Lebensräumen auf Bäumen wachsen. *Epiphyllum* (siehe S. 208), *Rhipsalis* (siehe S. 234–237) und *Schlumbergera* (siehe S. 238) etwa wachsen aktiv im Herbst und Frühjahr und blühen im Winter und Vorfrühling, wenn sie zwischen 10 und 15 °C gehalten werden. Im Sommer treten sie in eine Ruhephase. Um sicher zu sein, dass Sie Ihren Pflanzen optimale Bedingungen bieten, sollten Sie deren Bedürfnisse kennen.

Ein Zimmer, zwei Jahreszeiten
Die Illustrationen zeigen ein und denselben Raum zu unterschiedlichen Jahreszeiten. Auf der linken Seite sind die Lichtbedingungen im Sommer zu sehen. In der Nähe des Fensters bekommen Pflanzen volle Sonne, am entgegengesetzten Ende nur noch lichten Schatten. Rechts die Winterbedingungen: Das Licht vor dem Fenster ist nur noch gefiltert bzw. indirekt, während im hinteren Teil Vollschatten herrscht.

WINTERSONNE

Sedum* und *Echinocereus
Im Winter müssen beide Pflanzen möglichst nah am Fenster stehen, damit sie noch genügend Licht bekommen. Sie sollten aber nicht im Zug oder in der Nähe eines Heizkörpers platziert werden.

Schlumbergera
Rücken Sie beide Pflanzen im Winter näher ans Fenster, denn im Vollschatten ist es ihnen zu dunkel.

VEGETATIONSRUHE

Die kürzeren Tage und niedrigeren Temperaturen zwischen Herbstmitte und Winterende verursachen bei den meisten Kakteen und Sukkulenten einen Wachstumsstopp. Das ist eine wichtige evolutionäre Anpassung, die den Pflanzen in den natürlichen Lebensräumen hilft, zu überleben und Energie zu sparen, sodass sie für die nächste Wachstumssaison wieder gerüstet sind. Versuchen Sie, diesen Rhythmus auch bei Zimmerkultur aufrechtzuerhalten.

BEDINGUNGEN AM TAG

Stellen Sie die Pflanzen während der Vegetationsruhe kühler und wässern Sie entsprechend der Empfehlungen in den Pflanzenporträts (siehe S. 194–199) weniger oder gar nicht mehr. Dennoch brauchen Kakteen und Sukkulenten in dieser Zeit trotz kurzer Tage oft viel Licht, sodass man sie näher am Fenster platzieren muss. Sie dürfen aber weder im Zug noch in der Nähe eines Heizkörpers stehen (siehe S. 351). Das betrifft besonders Pflanzen auf Fensterbänken.

BEDINGUNGEN IN DER NACHT

Wie in der Vegetationsperiode brauchen Pflanzen auch während der Vegetationsruhe nachts niedrigere Temperaturen. Viele bevorzugen um die 10 °C, andere halten in trockenem Substrat sogar leichte Minusgrade aus. Vor allem in kalten Nächten sollte man sie bei schlecht isolierten Fenstern nicht hinter Vorhängen auf der Fensterbank stehen lassen.

DAS PASSENDE **LICHT**

Die geeignete Lichtdosis ist für die langfristige Gesundheit Ihrer Zimmerpflanzen entscheidend. Sonne liefert Energie: Zu wenig hemmt die Fähigkeit zu blühen, zu viel kann Blätter versengen oder welken lassen. Den idealen Standort für Ihre Pflanzen finden Sie nur, wenn Sie wissen, wie hell Ihre Wohnung ist.

DER PERFEKTE PLATZ

Ganz gleich, ob Sie in einem hellen Haus mit Fenstern zu allen Seiten oder einer kleinen Wohnung mit wenig direktem Sonnenlicht leben, es gibt für jeden Standort die passende Pflanze. Mit diesem Grundriss finden Sie heraus, welche Lichtdosis Ihre Wohnung an welchem Platz bietet. So können Sie für Ihre Zimmerpflanzen den optimalen Platz ausfindig machen. Berücksichtigen Sie dabei aber auch Nachbargebäude oder hohe Bäume, die zusätzlich im Lauf des Tages Schatten werfen können. Nicht vergessen darf man außerdem, dass sich die Lichtintensität abhängig von der Jahreszeit verändert.

Lichtintensität
Dieser Grundriss zeigt eine Wohnung mit Fenstern auf drei Seiten des Gebäudes. Jedes lässt unterschiedlich viel Licht in die Räume. Wie viel Licht eine Pflanze braucht, erfahren Sie in den Pflanzenporträts (siehe S. 132–301). Ein Raum kann bis zu drei Lichträume enthalten.

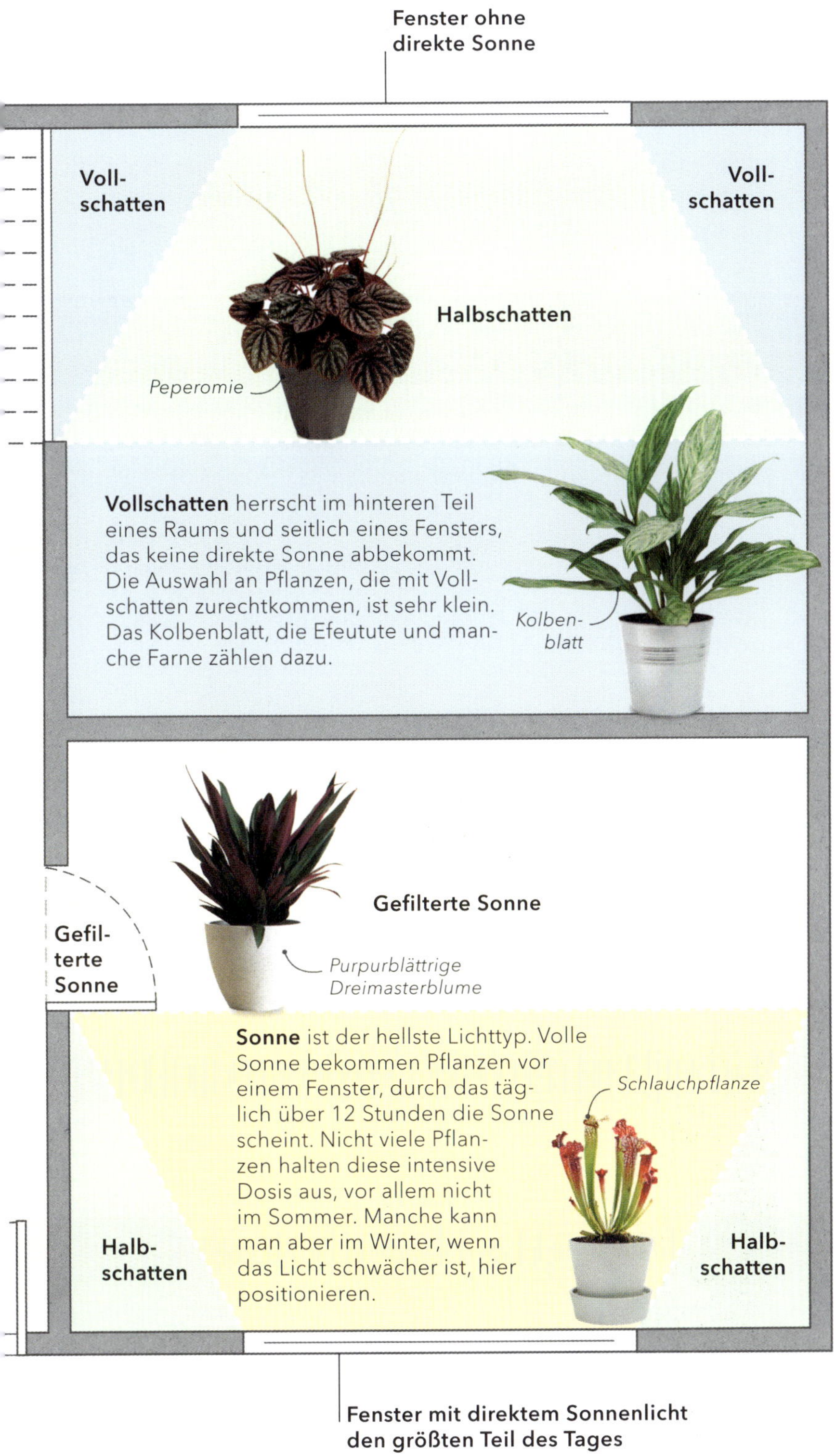

TIPPS ZUM ERHÖHEN DER LICHTMENGE

1 Säubern Sie Laub regelmäßig. So bekommt die Blattoberfläche mehr Licht. Wischen Sie die Blätter wöchentlich mit einem weichen, feuchten Tuch, ohne sie zu beschädigen.

2 Drehen Sie Ihre Pflanzen alle paar Tage um 90°. Dadurch erhält jede Seite genügend Licht und wächst gleichmäßig, ungeachtet der Lichtverhältnisse. Das Drehen verhindert ungleichmäßigen Wuchs (siehe S. 351).

3 Berücksichtigen Sie die wechselnde Lichtintensität zwischen den Jahreszeiten. In Ländern mit ausgeprägten Jahreszeiten ist die Sonne im Sommer stärker als im Winter, wenn zudem die Tage kürzer sind. Pflanzen, die gefilterte Sonne bevorzugen, müssen im Winter eventuell näher zum Fenster gerückt werden. Dabei achtet man aber darauf, dass sich nachts hinter Vorhängen nicht Kältefallen bilden, die der Pflanze schaden.

4 Erhöhen Sie die Lichtmenge in Ihrer Wohnung durch künstliches Licht (auch »Pflanzenlicht« genannt), das natürlichem Licht nachempfunden ist. Es gibt eine Reihe leicht zu installierender Leuchten für Heimgärtner. Lassen Sie sich beim Kauf aber beraten, denn manche Fabrikate strahlen intensiver als andere.

LEGENDE

- Sonne
- Gefilterte Sonne
- Halbschatten
- Vollschatten

FINDEN SIE DIE PASSENDE **TEMPERATUR**

Die meisten Zimmerpflanzen gedeihen zwar in unseren warmen Häusern prächtig, an sehr kalten oder heißen Plätzen aber können sie leiden. Schlagen Sie nach, welche Temperatur eine Pflanze bevorzugt (siehe S. 132–301), und finden Sie den passenden Standort.

»Tropenpflanzen gehören nicht neben Wärmequellen und in Zugluft.«

OPTIMALE TEMPERATUREN

Viele Zimmerpflanzen vertragen zwar ein gewisses Temperaturspektrum, doch sollte man die speziellen Wärmebedürfnisse immer in den Pflanzenporträts (siehe S. 132–301) nachschlagen. Da viele Arten aus tropischen Regionen stammen, halten sie nicht lange in der Kälte aus. Auch trocknen manche Pflanzen bei längeren Hitzeperioden schnell aus und welken. Wenn Sie partout nicht wissen, welche Temperaturen eine Pflanze bevorzugt, gehen Sie auf Nummer sicher: 12–24 °C vertragen die allermeisten.

Die passende Temperatur
Mit dieser Illustration finden Sie heraus, welche Bedingungen wo herrschen, und finden den optimalen Standort.

NORMALE TEMPERATURSCHWANKUNGEN

Jede Pflanze ist an gewisse Temperaturschwankungen angepasst, doch sollten sie ein Minimum und Maximum nicht unterschreiten bzw. übersteigen. Genaue Angaben finden Sie in den einzelnen Pflanzenporträts auf S. 132–301.

Tag-Nacht-Temperaturschwankungen von etwa 5–10 °C sind für die meisten Pflanzen nichts Ungewöhnliches, da sie solche Unterschiede auch in der freien Natur erleben. Manche blühen aber nur, wenn die Temperatur nachts um mehr als 10 °C sinkt, etwa die Kahnorchidee rechts (siehe auch S. 325).

Saisonale Temperaturschwankungen spüren die meisten Pflanzen, selbst in beheizten Wohnungen. Im Winter wachsen sie dann oft schwächer. Manche haben sich an kalte Klimata angepasst und treten im Winter in eine Ruhephase. Sie müssen in dieser Jahreszeit in einem unbeheizten Raum stehen.

Wärme steigt auf. Deshalb ist die Temperatur unter der Zimmerdecke höher als am Boden. Wässern und besprühen Sie Ampelpflanzen häufiger als Pflanzen, die weiter unten stehen.

Der ideale Platz für die meisten Zimmerpflanzen ist ein Standort in der Nähe eines sonnigen Fensters, aber weit weg von Heizkörpern.

Auf Fensterbänken können die Temperaturen beträchtlich schwanken, selbst hinter Isolierglasfenstern. Im Sommer wird es hier sehr warm, im Winter kühl. An heißen Tagen öffnet man die Fenster oder stellt die Klimaanlage an, damit das Zimmer kühler bleibt. Im Winter sperrt man Pflanzen nachts nicht zwischen zugezogene Vorhänge und Fenster, da es hier ziemlich kalt werden kann.

SO WÄSSERN SIE IHRE ZIMMERPFLANZEN

Bei den meisten Zimmerpflanzen ist das Wässern eine recht unkomplizierte Angelegenheit, sofern man ihre Bedürfnisse kennt. Wenn Sie ein paar simple Grundregeln beachten, bekommen Ihre Lieblinge genau die Dosis, die sie für gutes Gedeihen brauchen.

WIE WÄSSERN?

Damit Ihre Pflanzen in Topzustand bleiben, schlagen Sie in den Pflanzenporträts (siehe S. 132–301) nach, wie sie gewässert werden müssen. Welche unterschiedlichen Methoden der Versorgung es gibt, erfahren Sie unten.

DIE GOLDENEN REGELN DES WÄSSERNS

1 Verwenden Sie Gefäße mit Abzugslöchern und leeren Sie überschüssiges Wasser aus Übertöpfen oder Untersetzern, um Staunässe zu vermeiden.

2 Wässern Sie die meisten Pflanzen im Frühjahr/Sommer alle 2–4 Tage. Die Erde soll feucht, nicht staunass sein.

3 Gießen Sie Wüstenkakteen und Sukkulenten selten (und nur, wenn sich die Erde trocken anfühlt).

4 Wässern Sie weniger, wenn Pflanzen im Winter langsamer wachsen und die Temperaturen niedriger sind. Wüstenkakteen werden im Winter überhaupt nicht mehr gegossen.

5 Schlagen Sie in den Pflanzenporträts nach, ob eine Pflanze Regenwasser oder destilliertes Wasser braucht.

6 Heben Sie die Töpfe nach dem Wässern hoch. So bekommen Sie ein Gespür dafür, ob der Ballen feucht ist.

Kakteen wässern
Wüstenkakteen sollten im Winter fast trocken gehalten oder gar nicht mehr gewässert werden. Tropenpflanzen dagegen brauchen im Herbst und Winter, wenn sie blühen, mehr Wasser. Welche Art wie viel braucht, erfahren Sie in den Pflanzenporträts.

Wässern von oben
Von oben kann gewässert werden, wenn es der Pflanze nichts ausmacht, dass ihr Laub nass wird – die meisten Tropenpflanzen und Farne fallen in diese Kategorie. Allerdings muss das Substrat noch ausreichend Wasser bekommen.

Wässern von unten
Man stellt die Pflanze in eine Schale mit 2 cm hohem Wasser, lässt sie 20 Min. dort, nimmt sie wieder heraus und lässt das Wasser ablaufen. Diese Methode eignet sich für Gewächse, die kein nasses Laub vertragen oder deren Blätter die Erde bedecken.

WANN WÄSSERN?

Die meisten Zimmerpflanzen bevorzugen während des Wachstums im Frühjahr und Sommer feuchtes Substrat. Doch man darf auch nicht zu viel wässern, denn staunasse Erde kann zu Krankheiten führen und einer Pflanze den Garaus machen, während ein bisschen Wassermangel leicht zu beheben ist. Setzen Sie Ihre Pflanzen daher in Gefäße mit Abzugslöchern und gießen Sie überschüssiges Nass, das in Übertöpfen oder Untersetzern steht, eine Stunde nach dem Wässern aus.

ERKLÄRT: FEUCHTIGKEIT IN SUBSTRATEN

Fast trockenes Substrat sollte sich bis 2 cm unter der Oberfläche trocken anfühlen, darunter darf es leicht feucht sein. Die meisten Sukkulenten und Kakteen brauchen ein solches Milieu zwischen den Wassergaben.

Eine trockene Substratoberfläche bedeutet, dass die Erde sich trocken anfühlt. Bei vielen Pflanzen wartet man mit dem Wässern, bis das der Fall ist. Andere darf man nur im Winter so trocken werden lassen.

Feuchtes Substrat sollte sich bei Berührung feucht anfühlen, aber nicht feucht und glänzend aussehen. Das Pflanzgefäß muss Abzugslöcher haben. Angesammeltes Wasser wird etwa 1 Std. nach dem Wässern abgegossen.

Nasses Substrat ist durchweicht und hat eine nass glänzende Oberfläche. Zu den wenigen Pflanzen, die ein solches Milieu schätzen, gehören fleischfressende Pflanzen. Man setzt sie in einen Topf mit Abzugslöchern und stellt sie in eine wassergefüllte Schale.

FÄULNIS VERHINDERN

Kakteen und Sukkulenten aus Trockenzonen vertragen keine feuchten Blätter und Sprosse. Bedecken Sie die Erde daher mit Kies. Das sieht gut aus und hält die Oberfläche trocken. Ist wenig Platz zum Gießen, kann man das Wasser auch mit einer Spritze in die Erde »injizieren«.

Besprühen von Laub und Luftwurzeln
Manche Arten absorbieren Wasser über ihre Blätter und Luftwurzeln. Dazu zählen Orchideen, Fensterblatt und Goldfruchtpalmen. Besprühen Sie die Blätter regelmäßig, aber wässern Sie auch das Substrat, damit die Pflanze gesund bleibt.

Wässern von Bromelien
Die Blätter und Hochblätter der meisten Bromelien bilden ein trichterartiges Reservoir in der Pflanzenmitte. Man füllt es mit Regen- oder destilliertem Wasser und gießt alle paar Wochen nach. Aber auch das Substrat muss feucht gehalten werden.

Einweichen von Tillandsien
Tillandsien legt man am besten wöchentlich 1 Std. in eine wassergefüllte Schale mit Regen- oder destilliertem Wasser. Danach lässt man sie abtropfen und binnen 4 Std. trocknen. Sie können auch 2- bis 3-mal wöchentlich besprüht werden.

WÄSSERN BEI ABWESENHEIT

Die meisten Pflanzen überleben ein Wochenende ohne Wasser. Viele Kakteen und Sukkulenten kommen sogar wochenlang ohne Wassergaben aus, wenn man sie in einen kühlen, hellen Raum stellt und bei der Rückkehr sofort ordentlich wässert. Alle anderen müssen irgendwie versorgt werden. Wer keinen Nachbarn mit einem grünen Daumen oder einen Freund hat, der das Wässern übernimmt, solange man unterwegs ist, muss sich mit den hier gezeigten einfachen Tricks behelfen.

Wasserflasche
Den Boden einer Plastikwasserflasche abschneiden. Mit einem heißen Bratenspieß ein Loch in die Verschlusskappe drücken. Kappe auf die Flasche schrauben und mit dem Hals nach unten in die Erde stecken. Flasche mit Wasser füllen, das langsam durch das Loch in der Kappe in das Substrat sickert. Das Pflanzgefäß braucht Abzugslöcher, damit der Wurzelballen nicht im Wasser steht.

Dochtsystem
Eine Schüssel mit Wasser so auf einen umgedrehten Topf neben eine Pflanze stellen, dass sie etwas höher steht als das Substrat. Von Kapillarvlies (in Gartencentern erhältlich) einen Streifen abschneiden und in die Schüssel legen, dann das andere Ende in das Substrat drücken. Das Vlies wässert die Pflanze ganz langsam. Diese Methode eignet sich gut für Einzelpflanzen und große Gewächse, die man nicht mehr umstellen kann, weil sie zu schwer sind.

»Mit diesen cleveren Methoden versorgen Sie Ihre Pflanzen gut mit Wasser, solange Sie unterwegs sind.«

Spülbecken
Spülbecken in der Küche mit Wasser füllen und ein Kapillarvlies oder altes Geschirrtuch so auf die Ablagefläche legen, dass ein Ende in das Wasser hängt. Pflanzen aus ihren Übertöpfen nehmen und auf die feuchte Matte stellen. Das Wasser wird über die Abzugslöcher in die Töpfe gesogen.

ERHÖHEN DER LUFTFEUCHTIGKEIT

Die trockene Luft in vielen Wohnungen lässt das Laub mancher Pflanzen austrocknen und braun werden, was das Wachstum beeinträchtigt. Besonders empfindlich sind Zimmerpflanzen aus den Tropen, da sie an hohe Luftfeuchtigkeit angepasst sind. Versuchen Sie mit ein paar der hier beschriebenen Methoden die Luftfeuchtigkeit zu erhöhen.

Schale mit feuchten Kieseln
Ganz leicht lässt sich die Luftfeuchtigkeit mit einer kieselgefüllten Wasserschale erhöhen. Dazu Schale mit Steinen oder Blähton für die Hydrokultur füllen, Wasser hineingießen, sodass die Steinchen bzw. der Ton knapp bedeckt sind, und Pflanze daraufstellen. Das Wasser verdunstet langsam und sättigt dadurch in der Umgebung der Pflanze die Luft mit Wasser.

Besprühen
Auch durch Besprühen der Blätter und Luftwurzeln einer Pflanze alle 1–2 Tage kann man die Luftfeuchtigkeit in der unmittelbaren Umgebung erhöhen. Im Winter wird nur noch einmal in der Woche besprüht. Schlagen Sie immer die Empfehlungen in den Pflanzenporträts (siehe S. 132–301) nach, da manche Arten Regenwasser oder destilliertes Wasser brauchen.

Zusammenstellen
Alle Pflanzen sondern Wasser durch Transpiration ab – so wie wir Menschen durch Ausatmen und Schwitzen. Wenn man Pflanzen eng zusammenstellt, erzeugt man ein tropisches Mikroklima, in dem die Pflanzen von der ausgeschiedenen Feuchtigkeit ihrer Nachbarn profitieren.

ERKLÄRT: LUFTFEUCHTIGKEIT

Hohe Luftfeuchtigkeit bedeutet, dass die Luft mit Wasser gesättigt ist. In einer solchen Atmosphäre gedeihen Tropenpflanzen; sie haben deshalb in Wohnungen mit Zentralheizung und trockener Luft oft Schwierigkeiten. Wer diese anspruchsvollen Pflanzen nicht verlieren will, stellt sie in eine Küche bzw. ein Badezimmer oder installiert einen Luftbefeuchter.

Moderate Luftfeuchtigkeit ist für viele Zimmerpflanzen geeignet, etwa Orchideen, Farne, einige Palmen und etliche Blattschmuckpflanzen. Sie werden regelmäßig besprüht oder auf eine Schale gestellt, die mit Wasser und Kieseln gefüllt ist. Auch durch enges Zusammenstellen von Pflanzen erhöht man die Luftfeuchtigkeit.

Geringe Luftfeuchtigkeit, also trockene Luft, brauchen Pflanzen aus Regionen mit geringem Niederschlag, etwa Kakteen, Sukkulenten und Mittelmeerpflanzen. In Bädern oder feuchten Küchen sind sie fehl am Platz. Die meisten Räume mit Zentralheizung haben eine geringe Luftfeuchtigkeit.

DÜNGEN

VON ZIMMERPFLANZEN

Verwöhnen Sie Ihre Zimmerpflanzen mit den wesentlichen Nährstoffen, und Sie werden für Ihre Fürsorge mit gesunden Blüten und Blättern belohnt. Wie wir aber können auch Pflanzen leiden, wenn man sie zu sehr oder zu wenig »füttert«.

»Dünger liefern Zimmerpflanzen die Nährstoffe, die sie im Freiland aus dem Boden holen würden.«

NÄHRSTOFFZUFUHR

Die meisten Pflanzen im Freiland holen sich alle benötigten Nährstoffe aus dem Boden. Ihre Pendants in Töpfen hingegen hängen von der Versorgung durch Sie ab. Viele handelsüblichen Subs-trate sind bereits mit Nährstoffen angereichert, aber wenn sie verbraucht sind, muss man mit dem Düngen beginnen. Welchen Dünger man in welcher Dosierung verwendet, hängt von der Pflanze ab (siehe Pflanzenporträts S. 132–301).

Gut genährt
Eine gut versorgte Pflanze wächst kräftig und zeigt keine Spuren von Über- oder Unterernährung, etwa gelbes oder blasses Laub.

ERKLÄRT: PFLANZENNÄHRSTOFFE

Die Hauptnährstoffe sind Stickstoff (N), Phosphor (P) und Kalium (K). Volldünger enthalten alle drei Nährstoffe, ferner eine Reihe von Spurenelementen, die Pflanzen in kleinerer Menge brauchen. Der Nährstoffgehalt von Düngern ist oft als NPK-Verhältnis angegeben. Ein ausgewogenes Präparat etwa hat ein Verhältnis von 20:20:20. Die meisten Arten müssen nur während des Wachstums gedüngt werden, was meist zwischen Frühjahr und Herbst der Fall ist. Im Winter dagegen kommen sie ohne zusätzliche Gaben aus. Pflanzen nehmen Nährstoffe über die Wurzeln in in Wasser gelöster Form auf. Trockenes Substrat enthält ihnen also nicht nur Wasser vor, sondern hemmt auch ihre Aufnahmefähigkeit für Dünger.

Stickstoff (N) ist für das Laubwachstum unerlässlich und sorgt für kräftige, gesunde Blätter, was wiederum ein generell gutes Wachstum fördert, da Laub die gesamte Pflanze ernährt. Für Blattschmuckpflanzen ist Stickstoff daher besonders wichtig.

Phosphor (P) ist der Wurzelnährstoff und wird von allen Pflanzen benötigt. Wurzeln nehmen Wasser und Nährstoffe auf und sind daher entscheidend für kräftigen und gesunden Wuchs.

Kalium (K) fördert die Entwicklung von Blüten und Früchten. Dünger mit hohem Kaliumgehalt werden einer Pflanze oft einige Monate vor der Blüte verabreicht, damit sie möglichst viele Blütenknospen ansetzt.

WELCHER DÜNGER?

Pflanzen haben einen unterschiedlichen Nährstoffbedarf. Dosieren Sie die Düngergaben daher immer passend. Zu starkes Düngen kann ebenso schädlich – oder noch schlimmer – sein als Nährstoffmangel (siehe S. 351).

Flüssigvolldünger
Die meisten Zimmerpflanzen brauchen einen ausgewogenen Flüssigvolldünger. Man kann ihn als Pulver oder Flüssigpräparat kaufen und muss ihn entsprechend verdünnen. Volldünger wird während der Wachstumssaison in regelmäßigen Abständen verabreicht.

Kalireicher Dünger
Dieser Dünger enthält einen höheren Anteil von Kalium (siehe gegenüber). Er wird meist als Flüssigdünger verkauft, den man noch entsprechend verdünnen muss. Viel Kalium hat z. B. Tomatendünger, der deshalb auch für Blüten- oder Obstpflanzen verwendet werden kann, etwa den Korallenstrauch.

Langzeitdünger
Große, verholzende Pflanzen wie Bäume, Sträucher und mehrjährige Kletterer profitieren von Langzeitdüngern. Man gibt sie unverdünnt als Granulat oder in Stäbchen- bzw. Tablettenform (links) in das Substrat, meist im Frühjahr. Das Wasser löst beim Wässern nach und nach die Nährstoffe heraus.

Diese Flasche versorgt die Orchidee mit einer speziellen Nährstoffformel.

Spezialdünger
Es gibt Spezialdünger mit einer besonderen Nährstoffformel für bestimmte Pflanzenkategorien, etwa Orchideen, Kakteen und fleischfressende Pflanzen. Sie werden meist als Lösungen verkauft. Manche kann man als kleine Flaschen in das Substrat stecken, in das sie ihre Nährstoffe über einen längeren Zeitraum hinweg abgeben (siehe oben).

SUBSTRATE
FÜR IHRE PFLANZEN

Hier finden Sie das ideale Substrat für Ihre Pflanze und weitere Materialien, die Sie beim Eintopfen brauchen. Verwenden Sie stets frische Erde (siehe S. 320–321). Gebrauchtes Substrat sollte nicht wiederverwertet werden, da es zu wenig Nährstoffe hat und zudem Krankheitskeime oder Schädlinge enthalten kann.

WAS IST SUBSTRAT?

Substrat, auch »Kultursubstrat« oder einfach nur »Erde« genannt, ist das bodenähnliche Material, in das man Topfpflanzen kultiviert. Es gibt viele verschiedene Substrate. Sie bestehen aus Gartenerde, zersetzter organischer Substanz (ähnlich dem Kompost, den man im Komposter gewinnt), Zuschlagstoffen wie Sand und Kies sowie Düngern. Einige enthalten außerdem Torf, aber weil dessen Abbau Moore unwiderbringlich zerstört, sollte man sich immer für torffreie Alternativen entscheiden.

Universalerde
Auch Blumenerde genannt. Setzt sich aus natürlichen Materialien wie Kokosfasern, Rindenmulch und kompostierten Holzfasern zusammen. Die meisten Fabrikate enthalten Dünger für ein paar Wochen. Kaufen Sie nur torffreie Erden.
IDEAL FÜR jährlich blühende Zimmerpflanzen

Tonhaltiges Substrat
Es ist auch als Einheitserde vom Typ T im Handel und setzt sich aus sterilisierter Freilanderde sowie einigen natürlichen Materialien zusammen, die auch in Universalerden enthalten sind, ferner einer Reihe essenzieller Nährstoffe. Verwendet wird tonhaltiges Substrat meist für langlebige Pflanzen.
IDEAL FÜR Bäume, Sträucher und langlebige Kletterpflanzen

Zimmerpflanzenerde
Eignet sich für die meisten Zimmerpflanzen und ist gerade richtig für alle, die die speziellen Bedürfnisse ihrer Pflanzen nicht kennen. Sie ähnelt Universalerde, sollte torffrei sein und die wichtigsten Nährstoffe enthalten.
IDEAL FÜR die meisten Zimmerpflanzen außer solchen mit speziellen Bedürfnissen, etwa Orchideen oder Kakteen

Aussaat-, Pikier- und Stecklingserde
Sie ist, wie der Name schon sagt, die beste Erde für Aussaaten und Stecklinge. Weil sie stark durchlässig ist, verhindert sie Fäulnis. Dank ihrer feinkörnigen Struktur kommen selbst winzige Samen in Kontakt mit Erde, was die Keimung fördert.

IDEAL FÜR Aussaaten, Stecklinge und Sämlinge

Spezialerden
Sie werden speziell für bestimmte Pflanzengruppen wie Orchideen und Kakteen gemischt und ersparen einem das Zusammenstellen eigener Mischungen.

IDEAL FÜR Orchideen, Kakteen, Sukkulenten und fleischfressende Pflanzen

Moorbeeterde
Sie ähnelt Universalerde, ist jedoch für Pflanzen gedacht, die saure Böden bevorzugen, also etwa Azaleen und blaue Hortensien. Sind die Düngerstoffe in der Erde aufgebraucht, brauchen die Pflanzen einen Spezialdünger.

IDEAL FÜR Azaleen, blaue Hortensien und einige Farne

WEITERE MATERIALIEN

Die folgenden Zuschlagstoffe werden oft in Substrate gemischt, um sie leichter und luftiger zu machen oder die Durchlässigkeit zu verbessern. In den Pflanzenporträts (siehe S. 132–301) finden sich Hinweise zu Ihrer Verwendung und den benötigten Anteilen.

Vermiculit (Bild) und Perlit sind Mineralstoffe, die erhitzt wurden und dadurch eine schwammartige Konsistenz bekommen. Sie verbessern die Dränage und speichern Wasser, das nach und nach abgegeben wird. Oft mischt man sie in Substrat oder bedeckt damit Aussaaten, um sie feucht zu halten.

Kies verhindert staunasses Substrat. Gibt man grobkörnigen Kies auf den Boden eines Pflanzgefäßes, bildet er eine Art Wasserreservoir, in dem sich überschüssige Flüssigkeit sammeln kann. Feinkörniger Kies wiederum wird oft in das Substrat gemischt, um die Durchlässigkeit zu verbessern.

Sand wird oft mit Substraten gemischt, um eine hohe Durchlässigkeit zu erreichen, die Sukkulenten und andere trockenheitsliebende Pflanzen brauchen. Verwenden Sie gewaschenen, sterilisierten feinkörnigen Gartensand. Bausand enthält für die meisten Zimmerpflanzen zu viel Kalk.

Laubhumus ist eine feinkrümelige, braune Substanz aus zersetztem Laub. Er enthält eine Reihe wesentlicher Pflanzennährstoffe. Außerdem speichert er Wasser gut und ist damit eine gute Beimischung für Topferden von Pflanzen, die ein etwas feuchteres Substrat bevorzugen.

PFLANZEN UMTOPFEN

Durch Umtopfen gibt man Pflanzenwurzeln mehr Platz, damit sie sich ungehindert ausbreiten können. Zugleich verbessert frische Erde den Wasserabzug.

WANN WIRD UMGETOPFT?

Nasses Substrat kann darauf hindeuten, dass kein Wasser aus dem Topf ablaufen kann. In diesem Fall muss die Pflanze in ein neues Gefäß mit Abzugslöchern umgesetzt werden. Außerdem brauchen Pflanzen einen neuen Topf, wenn der alte zu klein wird. In der Regel ist das nach 2–3 Jahren der Fall. Je größer sie werden, desto voluminöser gerät der Wurzelballen. Irgendwann ist er so verdichtet, dass die einzelnen Wurzeln nicht mehr genug Wasser und Nährstoffe aufnehmen können. Bei zu starker Durchwurzelung (siehe unten) sollte man mit einem Umzug in ein größeres Quartier für Platz sorgen.

IST DER BALLEN ZU STARK DURCHWURZELT?

Die folgenden Anzeichen deuten darauf hin, dass Ihre Pflanze einen größeren Topf braucht:

- Wurzeln wachsen durch die Abzugslöcher im Topfboden.
- Zieht man die Pflanze aus dem Topf, wachsen die Wurzeln im Kreis und sitzen sehr dicht.
- Die Pflanze kümmert und hat gelbe Blätter.
- Das Substrat ist sehr trocken, da die Wurzeln alles verfügbare Wasser aufnehmen.

WIE MAN UMTOPFT

Mit der folgenden Schritt-für-Schritt-Anleitung topfen Sie Zimmerpflanzen kinderleicht um. Wichtig dabei ist, dass Sie sich vor den tückischen Spitzen korniger Arten schützen. Wenn Sie voluminöse Pflanzen haben, die nicht noch größer werden sollen, stutzen Sie den Wurzelballen leicht und ersetzen die oberste Substratschicht durch frische Erde mit etwas Dünger.

SIE BRAUCHEN

PFLANZE

- Pflanze mit stark durchwurzeltem Ballen

PFLANZGEFÄSSE

- Topf, der eine Nummer größer als der alte Topf ist und Abzugslöcher hat
- evt. dekorativen, wasserdichten Übertopf oder Untersetzer

WEITERE MATERIALIEN

- durchlässige Membran oder Stoff, um zu verhindern, dass Erde aus den Abzugslöchern dringt
- passendes Substrat (siehe Pflanzenporträts S. 132–301)

WERKZEUG

- Löffel oder Handschaufel
- Luftpolsterfolie oder Kaktushandschuhe (für dornige Arten)
- Schere
- Bürste mit weichen Borsten
- Gießkanne, evt. mit Brauseaufsatz

1 Kakteen zwei Tage, andere Pflanzen eine halbe Stunde vor dem Umtopfen wässern. Unkrautfolie oder ein ähnliches Gewebe so zurechtschneiden, dass es auf den Boden des neuen Topfs passt, und hineinlegen. Topf geneigt halten und ein paar Löffel Substrat einfüllen, dann beiseitestellen.

2 Mit Luftpolsterfolie oder Kakteenhandschuhen die Pflanze aus dem alten Topf ziehen und evtl. Mulch von der Oberfläche des Ballens entfernen. Verdichtete, spiralig wachsende Wurzeln lockern und aus dem Ballen zupfen. Am Rand altes Substrat mit den Fingern aus dem Ballen lösen.

3 Prüfen, ob die Wurzeln krank oder von Schädlingen befallen sind (siehe S. 350–357). Abgestorbene oder verletzte Wurzeln mit einer scharfen, sauberen Schere abschneiden. Schädlinge entfernen, die sich auf Wurzeln, Trieben und Blättern festgesetzt haben.

4 Den teilweise mit Erde gefüllten Topf nehmen und den Wurzelballen der Pflanze vorsichtig auf die Oberfläche des frischen Substrats setzen. Mit einem Löffel oder einer Handschaufel um den Ballen herum Substrat einfüllen. Dabei darauf achten, dass zwischen Substrat und Topfrand 1 cm Abstand bleibt. Leicht andrücken.

5 Die meisten Pflanzen können sofort gewässert werden. Nur Kakteen und Sukkulenten sollten sich vorher 1–2 Wochen eingewöhnen können. Die Substratoberfläche von Kakteen mit etwas Kies bedecken (siehe S. 319) – das trägt dazu bei, dass die Pflanzen trocken bleiben.

ZIMMERPFLANZEN IN FORM HALTEN

Wenn eine Pflanze ihre Form verloren hat und zu groß zu werden droht oder abgestorbene bzw. kranke Triebe hat, muss sie zurückgeschnitten werden. Ein regelmäßiger Schnitt regt die Blütenbildung an und sorgt für buschigeren Wuchs. Mit den hier empfohlenen Schnittmethoden bleiben Ihre Pflanzen formschön und gesund.

WARUM SCHNEIDEN?

1 Verringern Sie die Höhe der Pflanze, damit sie nicht zu riesig wird und auch weiter unten neue Triebe ansetzt.

2 Entfernen Sie abgestorbene oder verletzte Triebe, damit die Pflanze nicht krank wird.

3 Schneiden Sie frische Seitentriebe ab, die zur Mitte der Pflanze hin wachsen, wo sie zu wenig Platz oder Licht haben, um sich gut zu entwickeln.

4 Stutzen Sie überlange, dünne Triebe, damit die Pflanze kompakt bleibt und buschiger wächst. Schneiden Sie einfarbiges Laub aus panaschierten Exemplaren heraus.

5 Dünnen Sie zu dichten Wuchs aus, damit die Triebe nicht aneinander reiben und sich so verletzen, was Infektionen durch Krankheitserreger begünstigt.

6 Regen Sie die Pflanze durch Abschneiden von Verblühtem zum erneuten Ansatz von Blüten an. So kann sie ihre Energie nicht für die Samenbildung aufwenden.

VORHER

NACHHER

WIE UND WANN SCHNEIDEN?

Kranke Triebe kann man jederzeit entfernen, die meisten Pflanzen aber werden am besten im zeitigen Frühjahr geschnitten, bevor sie kräftig austreiben. Ein häufiger Schnitt regt Pflanzen zu starkem Wuchs an, wer ein größeres Exemplar hat, sollte das berücksichtigen.

SIE BRAUCHEN

PFLANZEN

- zu groß gewordene Pflanzen oder solche mit unschönem Wuchs

WERKZEUGE

- Tuch zum Säubern des Werkzeugs
- Spiritus
- Garten-/Haushaltsschere

1 Mit einem in Spiritus getränkten Tuch die Klingen des Schneidewerkzeugs vor Gebrauch sterilisieren. So verhindert man, dass die Pflanze mit Krankheitserregern infiziert wird.

2 Pflanze durchchecken: Wie gesund ist sie? Ist ihre Form zufriedenstellend? So finden Sie heraus, was und wo geschnitten werden muss. Die Schnitte knapp über einer Knospe oder einem Wachstumsknoten am Trieb ansetzen. Zwischen den Schnitten immer wieder innehalten und prüfen, ob die Form noch stimmt.

ALLGEMEINE PFLEGE

Wenn man Pflanzen sauber hält und pflegt, sehen sie immer gut aus und bleiben gesund, da sie zum einen viel Sonne bekommen, was für ihr Wachstum wichtig ist, und man zum anderen Probleme schon im Keim erstickt, bevor größere Schäden auftreten. Mit folgenden Maßnahmen sorgen Sie dafür, dass Ihnen Ihre Lieblinge viele Jahre lang Freude bereiten.

Prüfen
Untersuchen Sie Ihre Pflanzen alle 1–2 Wochen auf Kümmerwuchs, Schädlinge, Krankheiten und andere Probleme (siehe S. 350–357). Neben Blättern und Trieben sollten auch die Wurzeln in Augenschein genommen werden, falls die Pflanze krank aussieht.

Säubern
Wischen Sie glänzendes Laub (nicht aber bereifte Blätter!) mit einem weichen Tuch ab. Dornige und stachelige Exemplare werden mit einem Malerpinsel abgebürstet, um Staub und Schmutz zu entfernen, um besser auszusehen. Zudem nimmt Schmutz den Blättern lebensnotwendiges Licht.

Ausputzen
Verschrumpelte, abgestorbene und verletzte Blätter, Blüten und Früchte sehen nicht gut aus und sind eine Eintrittspforte für Fäulnis- und andere Krankheitserreger, wenn man sie nicht entfernt. Auch Pflanzenreste, die auf der Erde liegen, müssen weg, bevor sie faulen.

WIE MAN EINE ORCHIDEE WIEDER ZUM BLÜHEN BRINGT

Orchideen werden meist mit Blüten gekauft und können bei guter Pflege viele Wochen lang Flor tragen. Mit folgenden einfachen Maßnahmen erreicht man, dass sie nach einer Ruhephase erneut mit Blüten auftrumpfen.

DAS BLÜHENDE LEBEN

Die Maßnahmen, mit denen man eine neue Blüte erreicht, halten die Pflanze gleichzeitig gesund. Unter optimalen Bedingungen können die Tropenschönheiten damit Jahrzehnte alt werden und alle 8–12 Monate blühen.

SIE BRAUCHEN

PFLANZE

- ältere, verblühende Orchidee

WEITERE MATERIALIEN

- ggf. Topf (eine Nummer größer als der alte) mit Abzugslöchern
- passendes Substrat (siehe Pflanzenporträts S. 142–147)

WERKZEUGE

- Gartenschere
- weiches Tuch
- Gießkanne
- Sprühflasche oder Untersetzer mit Wasser und Kieseln
- geeigneter Dünger

1 Blütenstängel bis knapp über dem zweiten hellen Querband zurückschneiden. So kann die Pflanze ihre ganze Energie in die Bildung neuer Blätter statt Samen stecken und Kraft für den nächsten Blütenansatz sammeln.

2 Für optimale Lichtverhältnisse sorgen, denn zu wenig Licht hemmt die Blütenbildung. Im Winter Pflanze näher an das Fenster stellen. Blätter alle 1–2 Wochen entstauben, damit sie möglichst viel Licht absorbieren können. Im Sommer Orchidee aus der prallen Mittagssonne nehmen.

3 Pflanze umtopfen, falls der Ballen stark durchwurzelt ist (siehe S. 320–321). Der neue Topf sollte nur eine Nummer größer sein, da die meisten Orchideen eine Vorliebe für beengte Verhältnisse im Wurzelraum haben.

4 Pflanze optimal wässern. Im Winter Wassergaben reduzieren. Blätter und Luftwurzeln alle 1–2 Tage mit Regenwasser oder destilliertem Wasser besprühen oder auf eine Schale mit Kieseln und Wasser stellen (siehe S. 315).

5 Pflanze mit einem Orchideendünger oder einem Volldünger versorgen (siehe S. 316–317). Im Winter je nach den Bedürfnissen der Pflanze weniger oder gar nicht düngen.

6 Für optimale Temperatur sorgen und auch prüfen, ob die Pflanze nachts gern kühler steht. Nach 9–12 Monaten (je nach Art; siehe S. 142–147) in ein kühleres Zimmer bringen, damit sich Knospen bilden. Zum Blühen in den warmen Raum zurückstellen.

OPTIMALE BEDINGUNGEN

Zum Blühen und Gedeihen braucht jede Orchidee bestimmte Bedingungen – welche, erfahren Sie im Orchideenkapitel (siehe S. 142–147).

1 Berücksichtigen Sie saisonale Schwankungen. Manche Orchideen aus kühlen Wäldern mit hoher Luftfeuchtigkeit mögen durchaus etwas niedrigere Temperaturen, andere blühen bei Wärme besser, etwa die Schmetterlingsorchideen.

2 Halten Sie Ausschau nach Orchideen, die größere Tag-Nacht-Temperaturschwankungen brauchen, um zu blühen. Dazu gehören *Cattleya*, *Cymbidium*, *Dendrobium nobile* und *Vanda*.

3 Prüfen Sie, ob Ihre Pflanze einen kalireichen Dünger statt eines Orchideen-Spezialdüngers braucht.

4 Haben Sie Geduld. Schmetterlingsorchideen blühen nach einer Ruhephase von 8 Monaten wieder, die meisten anderen aber brauchen ein Jahr Zeit.

DIE BLÜHWILLIGKEIT VON KAKTEEN & SUKKULENTEN ANREGEN

Werden Kakteen und Sukkulenten das ganze Jahr über angemessen gepflegt, können sie durchaus auch drinnen blühen. Es gibt zwar keine Geheimformel, die eine Blüte garantiert, doch viele ältere Pflanzen tragen ihren Flor alljährlich auch in geschlossenen Räumen, sofern man sie bei guter Gesundheit hält.

BLÜHT MEINE PFLANZE?

Bevor Sie versuchen, Ihre Pflanze zur Blüte zu bringen, sollten Sie erst einmal herausfinden, ob das überhaupt möglich ist.

NICHT BLÜHENDE PFLANZEN

Manche Kakteen und Sukkulenten blühen selbst bei optimaler Pflege als Zimmerpflanzen nicht, da sich die natürlichen Bedingungen, die sie brauchen, beim besten Willen nicht drinnen nachempfinden lassen. Sehen Sie sich die Hinweise in den Pflanzenporträts (siehe S. 194–299) an, dann erfahren Sie, wie gut die Chancen stehen.

ZU JUNG

Eine ganze Reihe von Sukkulenten blüht erst ab einem gewissen Alter – bei langsam wachsenden Arten kann es ziemlich lange dauern, bis dieses Stadium erreicht ist. Es gibt eine todsichere Methode zu erfahren, ob eine Pflanze so weit ist: Man kauft sie, wenn sie gerade blüht. Behandelt man sie danach optimal, stehen die Chancen gut, dass sie auch im nächsten Jahr Flor trägt.

Echinocereus rigidissimus subsp. *rubispinus*

Mammillaria guelzowiana 'Robustior'

Notocactus ottonis

Gymnocalycium baldanium

SO BRINGT MAN PFLANZEN ZUM BLÜHEN

Die Blüte ist ein kräftezehrender Prozess, der schon lange vor der Bildung der ersten Knospen einsetzt. Wenn Kakteen und Sukkulenten blühen sollen, muss man dafür sorgen, dass sie genug Energie dafür haben.

VEGETATIONSRUHE

Viele Kakteen und Sukkulenten brauchen eine jährliche Vegetationsruhe. In dieser Zeit speichern sie Energie für die nächste Wachstumssaison, in die auch die Blütezeit fällt. Durch Anpassung von Lichtintensität, Temperatur und Wassergaben gemäß den Empfehlungen in den Pflanzenporträts verhelfen Sie Ihren Gewächsen zu einer dringend benötigten Ruhephase, bevor sie wieder wachsen und Blütenknospen bilden.

NÄHRSTOFFE

Obwohl Kakteen und Sukkulenten im Ruf stehen, selbst bei Vernachlässigung zu gedeihen, müssen die meisten während ihrer Wachstumsphase gedüngt werden, denn aus ihrer stark durchlässigen Topferde werden Nährstoffe rasch ausgewaschen. Eine Düngung ist nur in der Vegetationsperiode nötig, die bei den meisten in die Zeit zwischen Frühjahr und Frühherbst fällt. In der Regel reicht ein monatlicher Dünger in schwächerer Dosierung (siehe rechts). Manche Arten kommen auch mit weniger aus. Während der Vegetationsruhe wird weniger oder gar nicht mehr gedüngt. Keinesfalls dürfen Pflanzen überdüngt oder in der Ruhephase gedüngt werden. Das führt zu Problemen wie Kümmerwuchs oder umgekehrt zu starkem Ansatz von weichem, für Fäulnis anfälligem Wuchs (siehe S. 350–351) bzw. gelben Blättern und Trieben.

GOLDENE REGELN FÜR GESUNDE PFLANZEN

1 Schlagen Sie in den Pflanzenporträts (siehe S. 194–299) nach, welche Pflege die Pflanze braucht.

2 Verwenden Sie Pflanzgefäße mit Abzugslöchern und lassen Sie die Substratoberfläche zwischen den Wassergaben trocknen. Nie dürfen Pflanzen im Wasser stehen.

3 Stellen Sie die Pflanzen dort auf, wo optimale Temperaturen für sie herrschen, ob während des Wachstums oder in der Ruhephase. Wichtig ist gute Luftzirkulation und Abstand zu Heizkörpern.

4 Platzieren Sie die Pflanzen an einem hellen Standort. Im Sommer ggf. beschatten.

5 Düngen Sie angemessen mit einem Spezialdünger (siehe rechts).

6 Halten Sie Pflanzen staubfrei und entfernen Sie abgestorbene Blätter und welke Blüten, da sich Pilzkrankheiten darauf ansiedeln können.

7 Inspizieren Sie Ihre Pflanzen wöchentlich auf Schädlinge und Krankheiten und gehen Sie ggf. sofort dagegen vor (siehe S. 352–357).

Mammilaria magallanii

Astrophytum capricorne

Echinocereus viereckii subsp. *morricalii*

WIE MAN ZWIEBELN DRINNEN ZIEHT

Sollen Zwiebeln im Winter oder zeitigen Frühjahr eine Blütenshow veranstalten, setzt man sie schon im Herbst. In kühleren Ländern müssen nicht winterharte Arten wie Amaryllis drinnen kultiviert werden. Winterharte Freilandformen können drinnen »vorgetrieben« werden, indem man sie zunächst kühl stellt, um sie dann zum Blühen in einen warmen Raum zu bringen.

NICHT WINTERHARTE ZWIEBELN

Amaryllis-Zwiebeln sind vom Spätherbst bis in den Winter erhältlich. Sie erfrieren bei Frost draußen, können aber drinnen gepflanzt werden und wachsen dort zu ansehnlichen Zimmerpflanzen heran.

SIE BRAUCHEN

PFLANZEN

- Amaryllis-Zwiebel

WEITERE MATERIALIEN

- einen Topf mit Abzugslöchern, der etwas breiter und eineinhalbmal so hoch wie die Zwiebel ist
- Torffreie Zwiebelerde (Spezialsubstrat für die Zwiebelkultur) oder Universalerde

WERKZEUG

- Gießkanne

1 Zwiebel einige Stunden einweichen. Auf eine Lage Substrat legen, dann weiteres Substrat um sie herum einfüllen. Zwei Drittel der Zwiebel müssen noch aus der Erde herausragen.

2 Gut wässern und Wasser abziehen lassen. Topf an einen hellen, warmen Platz stellen. Bis zum Austrieb spärlich wässern, dann Erde konstant feucht halten.

3 Topf täglich drehen, damit die Triebe gleichmäßig wachsen. In einen kühlen Raum stellen, wo 6–8 Wochen nach dem Pflanzen die Blütenknospen erscheinen. Hohe Stängel ggf. stützen. Nach der Blüte wöchentlich mit Flüssigdünger versorgen, bis das Laub einzieht. An einen kühlen, hellen Platz stellen. In der Ruhephase vom Spätsommer bis zur Herbstmitte weder düngen noch wässern.

WINTERHARTE ZWIEBELN

Freilandzwiebeln werden oft vor ihrer Zeit, also noch bevor sie draußen austreiben würden, drinnen »vorgetrieben«. Dazu zählen duftende Hyazinthen (Bild) und Traubenhyazinthen. Narzissen und Maiglöckchen treibt man etwas anders vor (siehe unten). Manche Zwiebeln, etwa Hyazinthen und Weihnachts-Narzissen, werden als »präpariert« angeboten. Sie wurden bereits vorbehandelt und einer Kältephase ausgesetzt, die sie brauchen, um zur Blüte zu kommen. Sie blühen bereits im Winter und nicht erst im Frühjahr. Andere brauchen diese Sonderbehandlung nicht, blühen aber erst im Spätwinter.

SIE BRAUCHEN

PFLANZEN

- präparierte Hyazinthenzwiebeln oder nicht präparierte Traubenhyazinthen

WEITERE MATERIALIEN

- breiter Topf mit Abzugslöchern
- Zwiebelsubstrat oder Universalerde

WERKZEUGE

- Handschuhe
- schwarzer Plastiksack
- Gießkanne mit Brausemundstück

1 Eine Lage Zwiebeln in einen Topf legen. Substrat wässern und abtropfen lassen. Handschuhe tragen, da die Zwiebeln Hautreizungen verursachen können. Zwiebeln gleichmäßig mit dem spitzen Ende nach oben auf dem Substrat verteilen.

2 Topf so mit Substrat füllen, dass die Zwiebelspitzen gerade noch aus dem Substrat herausragen. Zwischen Topfrand und Substratoberfläche 1 cm Platz lassen. Topf in einen schwarzen Plastiksack wickeln und an einen kühlen, dunklen Platz stellen.

3 Topf wöchentlich überprüfen und leicht wässern, falls das Substrat trocken ist. Sobald die Triebe 5 cm hoch sind, was nach etwa 6–10 Wochen der Fall sein sollte, Plastiksack entfernen und Pflanzen in einen kühlen Raum ohne direkte Sonne stellen. Zum Blühen etwas wärmer stellen.

NARZISSEN UND MAIGLÖCKCHEN VORTREIBEN

Um Narzissen vorzutreiben, wie oben unter Schritt 1 und 2 beschrieben vorgehen, Zwiebeln aber mit einer dünnen Substratschicht bedecken. 6–10 Wochen lang an einen hellen Platz ohne direkte Sonne in einen kühlen Raum unter 10 °C stellen, dann zum Blühen in die Wärme bringen. Zum Vortreiben eignen sich vor allem Weihnachts-Narzissen.

Um Maiglöckchen aus Rhizomen vorzutreiben, die im Winter bereits bewurzelt angeboten werden, die Rhizome 2 Std. in Wasser legen, dann so in hohe Töpfe mit tonhaltigem Substrat pflanzen, dass sie gerade noch aus der Erde herausragen. Wässern und in einem kühlen Raum in den Halbschatten stellen. Nach 3–5 Wochen sollten die Blüten erscheinen.

WIE MAN PFLANZEN VERMEHRT

Die Wohnung mit Lieblingspflanzen zu füllen kann ganz schön ins Geld gehen. Zum Glück lassen sich zahlreiche Arten problemlos selbst vermehren, sodass sich die erste Anschaffung vielfach auszahlt. Welche Vermehrungsmethode sich für welche Pflanze eignet, erfahren Sie hier. Viele kann man leicht mit Stecklingen vermehren, andere durch Teilung, Ableger oder Aussaat. Das Veredeln ist etwas anspruchsvoller, doch wenn es klappt, ist ein Erfolgserlebnis sondergleichen garantiert.

VERMEHRUNG DURCH BLÄTTER

Das ist eine der einfachsten Methoden. Dabei können sich binnen weniger Wochen bewurzelte Minipflänzchen bilden. Verwenden Sie stets dicke, ausgewachsene Blätter, die weder krank noch verletzt sind. Die beste Jahreszeit, um Blattstecklinge abzunehmen, ist das Frühjahr, wenn die Temperaturen steigen, denn bei Kälte verlangsamt sich die Bewurzelung.

SIE BRAUCHEN

PFLANZEN
- Sukkulenten mit fleischigen Blättern, z.B. *Echeveria* (hier zu sehen), *Sedum*, *Crassula* oder *Kalanchoe*

WEITERE MATERIALIEN
- kleine Kunststofftöpfe mit Abzugslöchern
- Kakteenerde oder eine 1:1-Mischung aus tonhaltigem, torffreiem Substrat und Kies mit 4 mm Körnung

WERKZEUGE
- Küchentuch oder Teller
- Kunststoffbehälter
- evtl. Cocktailspießchen
- Gießkanne mit Brauseaufsatz

1 Ein dickes, reifes Blatt aus dem unteren Bereich des Triebs auswählen. Blatt kräftig hin und her wackeln, bis es sich abreißen lässt – es muss sich sauber vom Trieb lösen. So viele Blätter abnehmen, wie man neue Pflänzchen braucht.

2 Blätter an einem warmen Platz ohne direkte Sonneneinstrahlung auf ein Tablett oder ein Küchentuch legen. Ein paar Wochen liegen lassen, bis sich ein Kallus auf dem Blattansatz bildet. In dieser Zeit weder wässern noch besprühen. Aus dem Ansatz der Blätter sollten bald Wurzeln und Triebe wachsen.

3 Nach einigen Wochen Blätter eintopfen, selbst wenn sie noch nicht ausgetrieben haben. Dazu Töpfe mit Kakteenerde füllen und den Blattansatz vorsichtig in die Erde drücken. Sofern Wurzeln vorhanden sind, müssen sie mit Erde bedeckt werden. Blätter ggf. mit Cocktailspießchen stützen.

4 Häufig wässern, sodass die Erde feucht bleibt, ohne nass zu sein. Wenn sich eine neue Pflanze bildet, stirbt das alte Blatt ab und kann entfernt werden. Das neue Pflänzchen in einen größeren Topf setzen, sobald es etwas größer ist, und die Pflegeanleitung beachten (siehe S. 194–299).

VERMEHRUNG DURCH **BLATTSTECKLINGE**

Ein Blatt soll Wurzeln schlagen? Kaum zu glauben. Aber tatsächlich beherrschen viele Pflanzen diesen Trick. Begonien wie die hier gezeigte Königs-Begonie werden vor allem durch Blattstecklinge vermehrt. Man kann es auch bei der Drehfrucht, dem Bogenhanf und Sukkulenten wie *Kalanchoe* oder *Echeveria* versuchen. Die Methode bei ihnen ist jedoch eine etwas andere.

SIE BRAUCHEN

PFLANZE

- ältere Pflanze mit großen, gesunden Blättern

WEITERE MATERIALIEN

- Torffreie Aussaaterde
- Perlit

WERKZEUGE

- scharfes Messer oder Gartenschere
- Schneidebrett
- 12-cm-Plastiktopf oder kleine Saatschale
- durchsichtige (gebrauchte) Plastikbeutel und Gummibänder
- kleine Gießkanne mit Brauseaufsatz
- kleine Töpfe
- Löffel
- Torffreie Universalerde

1 Eine gesunde ältere Pflanze mit vielen großen Blättern auswählen. Etwa 30 Min. vor dem Abnehmen der Stecklinge gut wässern.

2 Ein großes Blatt auswählen und am Ansatz des Blattstiels abschneiden. Auf ein sauberes Schneidebrett legen.

3 Den Blattstiel rund herausschneiden und entsorgen. Das Blatt so in etwa 2 cm lange Abschnitte unterteilen, dass die Adern längs laufen (die Adern sind auf der Unterseite evtl. besser zu erkennen).

4 Einen kleinen Topf oder eine Saatschale mit Aussaaterde und einer Handvoll Perlit füllen. Leicht festdrücken, um Lufteinschlüsse herauszupressen. Blattstücke behutsam hineinschieben, sodass sie aufrecht stehen und die Adern Kontakt zum Substrat haben.

5 Mit der Gießkanne wässern, damit sich das Substrat um die Blattstücke herum setzt. Überschüssiges Wasser ablaufen lassen, sonst können die Stecklinge faulen.

6 Durchsichtige Plastiktüte über den Topf stülpen und mit Gummiband fixieren. Warm stellen, aber nicht in die volle Sonne. Nach etwa 6–8 Wochen sollten die Blattstücke austreiben. Sobald sich 2–4 Blätter gebildet haben, die Stecklinge mit einem Löffel herausnehmen und in Töpfe mit Universalerde umsiedeln. Gut wässern und warm ohne direkte Sonne stellen.

BLATTSTECKLINGE VON ANDEREN PFLANZEN

Drehfruchtblätter schneidet man zu beiden Seiten der Mittelrippe ab. Rippe wegwerfen, die Blattstücke mit der Schnittfläche nach unten in Aussaaterde stecken. Dann weiter wie in Schritt 4 und 5 verfahren.

Bogenhanf lässt sich vermehren, indem man ein junges, gesundes Blatt horizontal in 5-cm-Abschnitte zerteilt. Jeden Abschnitt mit dem unteren Ende in Aussaaterde stecken. Weiter mit Schritt 4 und 5.

Sukkulentenblätter lässt man ganz und legt sie 24–48 Std. lang beiseite, bis die Schnittflächen getrocknet sind. Mit den Schnittflächen nach unten in Töpfe mit einer 2:1-Mischung aus Kakteenerde und Sand stecken, dann das Substrat mit etwas feinem Kies bedecken, Stecklinge aber frei lassen. Sobald sich 2–4 neue Blätter gebildet haben, in kleine Töpfe mit Kakteenerde umsiedeln und leicht wässern.

VERMEHRUNG DURCH **TRIEBSTECKLINGE**

Die Stecklingsvermehrung ist einfach und eignet sich für die meisten Zimmerpflanzen mit weichen Trieben. Man schneidet dazu im Frühjahr oder Frühsommer, wenn die Pflanze kräftig wächst, junge, biegsame Triebe ab, denn ältere, holzigere wurzeln schwerer ein. Viele Pflanzen wie das Zebrakraut liefern durch Stecklinge binnen 6–8 Wochen verwertbaren Nachwuchs.

SIE BRAUCHEN

PFLANZEN

- Pflanzen mit gesunden frischen Trieben

WEITERE MATERIALIEN

- Bewurzelungspulver
- kleine Plastiktöpfe oder -schalen
- Torffreie Aussaaterde

WERKZEUGE

- Gartenschere oder Messer
- Pflanzholz
- kleine Gießkanne mit Brausemundstück
- gebrauchter Plastikbeutel und Gummiband oder Saatkasten

1 Im Frühjahr oder Frühsommer einen nicht blühenden Trieb auswählen. Ein 10–15 cm langes Triebstück knapp unterhalb einer Blattachsel abschneiden.

2 Die untersten 2–3 Blätter (bzw. Blattpaare, falls vorhanden) abzupfen. Mehrere Stecklinge auf diese Weise vorbereiten, aber noch genug Triebe an der Mutterpflanze lassen.

3 Das Ende jedes Triebstücks in Bewurzelungspulver tauchen, falls vorhanden. Die meisten Stecklinge schlagen auch ohne diese Behandlung Wurzeln, doch es dauert länger.

4 Kleinen Plastiktopf oder Saatschale mit Aussaaterde füllen. Mit einem Pflanzholz Löcher in das Substrat drücken. Steckling ins Loch stecken und festdrücken.

5 Bis zu 3 Stecklinge pro Topf oder 6 pro Saatschale einpflanzen. Mit einer Gießkanne mit Brauseaufsatz vorsichtig angießen, damit sich die Erde um die Stecklinge setzen kann.

VERMEHRUNG DURCH **KAKTUSTRIEBE**

Das ist eine sehr einfache Methode zur Vermehrung von Kakteen. Mit ihr lassen sich außerdem Stämme retten, die beschädigt sind oder an einer Krankheit leiden. Man schneidet sie einfach ab und topft den gesunden Abschnitt ein, während der Rest weggeworfen wird. Natürlich aber kann man auch einen gesunden Stamm bzw. Trieb nehmen und eine Pflanze damit vermehren. Säulenkakteen können überall gekappt werden, segmentierte Triebe wie von *Schlumbergera* und *Opuntia* nur dort, wo zwei Segmente zusammenhängen. Die beste Zeit zum Abnehmen von Stecklingen ist das zeitige Frühjahr.

SIE BRAUCHEN

PFLANZE

- Kaktus mit hohen oder hängenden Trieben, z.B. *Cleistocactus* (hier zu sehen), *Ferocactus*, *Opuntia* und *Schlumbergera*

WEITERE MATERIALIEN

- Plastiktöpfe mit Abzugslöchern im Boden
- torffreie Kakteenerde oder eine 1:1-Mischung aus tonhaltigem, torffreiem Substrat und Kies mit 4 mm Körnung

WERKZEUGE

- evtl. Luftpolsterfolie oder Kakteenhandschuhe
- saubere, scharfe Gartenschere
- Pflanzholz
- Holzstäbe
- Gießkanne mit schmaler Tülle

1 Den ausgewählten Stamm bzw. Trieb ggf. mit Luftpolsterfolie oder Kakteenhandschuhen halten und mit der Gartenschere so von der Pflanze schneiden, dass ein mindestens 10 cm langes gesundes Stück mit dabei ist. Ist der Trieb zum Teil krank oder beschädigt, den Schnitt mindestens 4 cm unterhalb des betroffenen Abschnitts ansetzen.

2 Das kranke oder verletzte Teilstück ggf. entfernen und wegwerfen. Steckling an einen warmen, trockenen, schattigen Platz legen, wo die Dornen keinen Schaden anrichten können. Etwa 2 Wochen liegen lassen, bis sich auf der Schnittwunde ein Kallus gebildet hat.

3 Nach vollständiger Kallusbildung einen Topf mit Kakteenerde füllen. Mit einem Pflanzholz ein Loch in die Erde drücken, in welches das untere Ende des Stecklings hineinpasst.

4 Steckling je nach Gesamtlänge 3–5 cm tief in das Loch stecken. Mit dem Pflanzholz die Erde um das Loch andrücken, bis der Steckling gut festsitzt.

5 Ggf. einige Holzstäbe so in die Erde drücken, dass sie den Steckling stützen und am Umfallen hindern. Erde wässern, dann Wasser ablaufen lassen. Topf im Haus an einen warmen, trockenen, leicht beschatteten Platz stellen. Nur noch wässern, wenn die Erde bis in eine Tiefe von 1 cm trocken ist. Sobald der Kaktus Wurzeln gebildet hat und zu wachsen beginnt, kann er wie in den Pflanzenporträts beschrieben (siehe S. 194–299) gepflegt und kultiviert werden.

VERMEHRUNG VON SUKKULENTEN UND KAKTEEN DURCH **ABLEGER**

Viele ältere Kakteen und Sukkulenten bilden Ableger bzw. Kindel. Man kann sie ganz leicht von der Mutterpflanze lösen und separat eintopfen. Die Vermehrung durch Ableger eignet sich daher hervorragend für Einsteiger, die ihre Kakteen- und Sukkulentensammlung ohne großen Aufwand erweitern möchten. Am größten sind die Erfolgschancen, wenn man Ableger im zeitigen Frühjahr abnimmt.

1 Ableger vorsichtig von der Mutterpflanze lösen. Kleine Ableger lassen sich mit der Hand (evtl. Kakteenhandschuhe tragen) oder einer Pinzette abzupfen. Größere muss man evtl. mit einem Messer abschneiden.

2 Ableger etwa zwei Wochen an einen warmen, trockenen, schattigen Platz legen, damit sich ein Kallus am Ansatz bildet. In dieser Zeit wachsen mitunter schon Wurzeln, die aber jetzt noch nicht unbedingt nötig sind.

SIE BRAUCHEN

PFLANZE

- Ableger bilden z. B. *Mammillaria* (hier zu sehen), *Echinocactus*, *Gymnocalycium*, *Matucana*, *Rebutia* und *Aloe*

WEITERE MATERIALIEN

- kleine Plastiktöpfe mit Abzugslöchern im Boden
- torffreie Kakteenerde oder eine 1:1-Mischung aus tonhaltigem, torffreiem Substrat und Kies mit 4 mm Körnung

WERKZEUGE

- evtl. Kakteenhandschuhe
- evtl. eine Pinzette oder ein scharfes, sauberes Messer
- Gießkanne mit Brauseaufsatz

3 Töpfe mit Kakteenerde füllen. In jeden Topf einen Ableger so setzen, dass er Kontakt mit der Erde hat. Vorsichtig von oben wässern. Töpfe an einen leicht beschatteten Platz stellen, damit sie einwurzeln können. Immer erst dann wässern, wenn das Substrat bis in 1 cm Tiefe trocken ist. Werden die Pflänzchen größer, kann man sie an einen sonnigeren Platz stellen und gemäß den Empfehlungen in den Pflanzenporträts (siehe S. 194–299) weiterpflegen.

VERMEHRUNG DURCH **SUKKULENTEN-TRIEBE**

Sukkulenten mit holzigen Trieben, etwa *Aeonium* und einige *Crassula*-Arten, eignen sich ausgezeichnet für die Vermehrung durch Triebstecklinge. Auch die fleischigeren Sprosse von *Sedum* und *Kalanchoe* kann man dafür hernehmen. Triebstecklinge wurzeln in der Regel rasch ein, sodass man im Nu eine neue Pflanze bekommt. Angenehmer Nebeneffekt beim Abnehmen solcher Stecklinge: Die Mutterpflanze wird dabei »zugeschnitten« (siehe S. 322–323), sodass sie an der Schnittstelle und darunter verstärkt wieder austreibt. Triebstecklinge werden im Frühjahr abgenommen.

SIE BRAUCHEN

PFLANZE

- Sukkulenten mit Trieben, etwa *Aeonium* (hier zu sehen), *Crassula*, *Kalanchoe* und *Sedum*

WEITERE MATERIALIEN

- Plastiktöpfe mit Abzugslöchern im Boden
- Kakteenerde oder eine 1:1-Mischung aus tonhaltigem, torffreiem Substrat und Kies mit 4 mm Körnung

WERKZEUG

- Garten- oder Haushaltsschere mit scharfen, sauberen Klingen
- Gießkanne mit Brauseaufsatz

1 Einen beblätterten, mindestens 7–10 cm langen Seitentrieb von der Mutterpflanze abschneiden. Von den unteren 2–3 cm des abgeschnittenen Triebs sämtliche Blätter entfernen. Weitere Stecklinge auf diese Weise abnehmen.

2 Stecklinge ein paar Wochen lang an einen warmen, trockenen Platz legen, bis sich ein Kallus auf der Wunde gebildet hat. Töpfe mit Erde füllen. In jeden Topf einen Steckling drücken, sodass die Blätter knapp über der Erdoberfläche sitzen.

3 Die Töpfe mit den Stecklingen in eine Schale stellen und wässern. Wasser ablaufen lassen. An einen warmen Platz ohne direkte Sonne stellen und immer dann wässern, wenn sich die Substratoberfläche trocken anfühlt.

4 Sobald die Stecklinge eingewurzelt sind und neue oberirdische Triebe bilden, werden sie gemäß den Empfehlungen in den Pflanzenporträts (siehe S. 194–299) weiter kultiviert und gepflegt.

VERMEHRUNG IM **WASSER**

Eine schnelle, leichte Vermehrungsmethode für Einsteiger. Sie macht besonders Kindern Spaß, weil sie zusehen können, wie die Wurzeln mit jedem Tag ein Stückchen wachsen. Viele Zimmerpflanzen lassen sich so vermehren, vor allem solche mit weichen, biegsamen Trieben, etwa das Usambaraveilchen (hier zu sehen), aber auch die Efeutute und einige *Peperomia*- sowie *Pilea*-Arten.

SIE BRAUCHEN

PFLANZE

- reife, gesunde Pflanze

WEITERE MATERIALIEN

- Torffreie Universalerde

WERKZEUGE

- Schere, Messer oder Gartenschere
- Glas
- kleiner Topf mit Abzugslöchern

1 Einen gesunden, nicht blühenden Trieb mit einem Messer, einer Schere oder einer Gartenschere am Ansatz abschneiden. Möglichst unterhalb eines Knotens abschneiden, falls vorhanden.

2 Das Triebstück braucht einen mindestens 5 cm langen unbeblätterten Abschnitt. Trägt der Trieb mehrere Blätter, die untersten Blätter entfernen.

3 Stecklinge in Wasser stellen, ohne dass das Blatt oder die Blätter mit dem Wasser in Berührung kommen. Blatt auf den Rand des Glases legen. Nach ein paar Wochen sollten sich Wurzeln bilden.

4 Hat sich ein ordentliches Wurzelsystem gebildet, jeden Steckling in einen kleinen Topf mit Universalerde pflanzen. An einem hellen Platz ohne direkte Sonne weiterkultivieren.

VERMEHRUNG DURCH **TEILUNG**

Manche Pflanzen bilden ein ganzes Netzwerk aus Faserwurzeln, aus denen sich neue Triebe neben der Hauptpflanze aus der Erde schieben. Sieht man solche frischen Triebe neben einer Elternpflanze wachsen, zerteilt man den Horst mit dieser Methode in mehrere unabhängige Pflanzen. Hier wurde ein Bogenhanf geteilt, doch auch Schusterpalmen, Spargelfarn, Schwertfarn, Scheidenblatt und die meisten *Goeppertia*-Arten eignen sich für diese Form der Vervielfältigung.

SIE BRAUCHEN

PFLANZE

- gesunde, ältere Pflanze mit Nebentrieben

WEITERE MATERIALIEN

- Torffreie Universalerde

WERKZEUGE

- Gießkanne
- scharfes, sauberes Messer
- Plastiktöpfe, in die der Wurzelballen passt

1 Pflanze etwa eine Stunde vor dem Teilen wässern. Dann aus dem Topf ziehen und mit den Fingern etwas Substrat aus dem Wurzelballen holen, damit besser zu sehen ist, wo die Seitentriebe am Wurzelballen sitzen.

2 Nach Möglichkeit die Seitentriebe so von der Mutterpflanze lösen, dass noch genug Wurzeln an beiden Teilen bleiben.

3 Ist der Wurzelballen sehr verdichtet, mit einem scharfen Messer teilen; alle Abschnitte müssen noch genügend Wurzeln haben (es macht nichts, wenn einige Wurzeln zerteilt werden).

4 Töpfe mit Universalerde füllen. In jeden Topf einen Abschnitt pflanzen, ohne die Wurzeln zu verletzen. Abschnitte genauso tief setzen wie zuvor; keine Triebe tiefer als zuvor einpflanzen. Wässern und an einen warmen, hellen Platz ohne direkte Sonne stellen.

VERMEHRUNG DURCH ABLEGER

Ableger, oft auch Kindel genannt, sind Jungpflanzen, die aus der Elternpflanze wachsen. Manche ersetzen diese direkt, wenn sie nach der Blüte abstirbt, etwa bei Bromelien (hier zu sehen) sowie einigen Kakteen und Sukkulenten. Ältere Grünlilien dagegen bilden Ableger an langen, hängenden Trieben, die man abschneiden und separat eintopfen kann (siehe gegenüber).

SIE BRAUCHEN

PFLANZE

- ältere, blühende Bromelie mit Ablegern am Ansatz

WEITERE MATERIALIEN

- Bewurzelungspulver
- torffreie Kakteenerde (oder eine Mischung aus 2 Teilen tonhaltigem, torffreiem Substrat und 1 Teil Sand)
- Perlit

WERKZEUGE

- scharfes, sauberes Messer
- weicher, sauberer Pinsel
- 10-cm-Plastiktopf
- kurzer Stützstab
- kleine Gießkanne mit Brauseaufsatz

1 Die Ableger am Ansatz der Pflanze sollten ein Drittel oder die Hälfte der Größe der Elternpflanze haben, wenn man sie abnimmt. Sie wurzeln besser ein als jüngere Ableger.

2 Pflanze sorgfältig aus dem Topf nehmen. Mit einem scharfen Messer Ableger nah an der Mutterpflanze abschneiden, ohne diese zu verletzen. Sie kann wieder eingetopft werden, sofern sie nicht abgestorben ist, und weitere Ableger bilden.

3 Trägt der Ableger am Ende ein papierartiges Blatt, dieses zurückziehen, um die Basis freizulegen und mit Bewurzelungspulver bestäuben. Es macht nichts, wenn der Ableger noch keine Wurzeln hat – sie sind nicht unbedingt erforderlich, da das Pulver das Wurzelwachstum anregt.

4 Einen 10 cm breiten Topf mit Kakteenerde und einer Handvoll Perlit füllen. Basis des Ablegers in das Substrat drücken, aber nicht zu tief, sonst kann er faulen. Leicht wässern, damit sich das Substrat um den Ableger herum setzt.

5 Ist der Ableger so kopflastig, dass er nicht allein steht, mit einem kurzen Stab stützen. Topf an einen hellen Platz ohne direkte Sonne setzen und Substrat feucht halten, aber Staunässe vermeiden. Nach einigen Wochen sollte er einwurzeln. Umtopfen, sobald sich neue Triebe bilden, dabei die Empfehlungen für Bromelien in den Pflanzenporträts beachten (siehe S. 134–137). Es kann 2–3 Jahre dauern, bis Ableger blühen.

EINTOPFEN VON GRÜNLILIEN-KINDELN

Grünlilien lassen sich leicht aus ihren Kindeln vermehren. Sie wachsen am Ende langer Triebe, die von der Mutterpflanze herabhängen.

1 Warten, bis die Pflanze am Ende von Ablegertrieben Ableger mit mehreren Blättern gebildet hat. Diese Kindel sollten gesund aussehen und viele Blätter tragen.

2 Einen Ableger mit winzigen Wurzeln am Ansatz auswählen. Einen kleinen Topf mit Aussaaterde füllen und Ableger hineindrücken. Nicht allzu tief in die Erde stecken.

3 Ableger noch nicht von der Mutterpflanze trennen. Substrat feucht halten und warten, bis sich weitere Blätter bilden – sie zeigen, dass das neue Pflänzchen bereits eigene Wurzeln gebildet hat und abgetrennt werden kann.

VERMEHRUNG DURCH AUSSAAT

Viele Zimmerpflanzen lassen sich erstaunlich leicht durch Aussaat vermehren. Für Einsteiger eignen sich vor allem Einjährige und Kakteen (hier im Bild zu sehen). Mit Saatgut kann man eine Sammlung ohne großen Aufwand erweitern. Je nach Art keimen die Samen entweder binnen weniger Wochen oder erst nach bis zu einem Jahr, sodass manchmal etwas Geduld nötig ist. Die beste Zeit für eine Aussaat ist der Spätwinter oder das zeitige Frühjahr, sofern man einen Anzuchtkasten hat, der für die nötige Wärme sorgt.

1 Töpfe oder Saatschale mit Erde füllen und leicht festdrücken. Samen gleichmäßig auf die Oberfläche streuen. Größere Samen evtl. mit gesiebter Erde oder Vermiculit bedecken (siehe Hinweise auf der Packung).

SIE BRAUCHEN

PFLANZEN

- Samenpäckchen

WEITERE MATERIALIEN

- Saatschale mit transparentem Deckel
- kleine Plastiktöpfe mit Abzugslöchern im Boden oder Topfplatten
- größere Töpfe
- torffreie Aussaat- und Stecklingserde oder Kakteenerde
- torffreie Universalerde
- Vermiculit

WERKZEUGE

- Große Schale zum Wässern
- evt. Erdsieb
- Pflanzetiketten
- Gießkanne
- Anzuchtkasten oder durchsichtiger Plastikbeutel mit Gummiband
- Sprühflasche
- Löffel oder kleine Handschaufel

2 Töpfe in eine große Schale stellen und Schale zum Teil mit Wasser füllen. Eine Stunde stehen lassen, bis die Oberfläche der Erde dunkel wird, was zeigt, dass sie durchfeuchtet ist. Dann Töpfe herausnehmen.

3 Töpfe mit dem Namen der Pflanzen und dem Aussaatdatum beschriften. In einen Anzuchtkasten stellen und Deckel schließen. Wer keinen Anzuchtkasten hat, deckt die Töpfe mit einem Plastikbeutel ab und befestigt ihn mit Gummiband. Topf oder Anzuchtkasten an einen hellen Platz ohne direkte Sonne stellen – die Samen brauchen Licht zum Keimen.

4 Samen ungestört keimen lassen. Abdeckung bzw. Plastikbeutel täglich kurz abnehmen und überschüssiges Kondenswasser abwischen. Substrat besprühen, falls es sich trocken anfühlt. Sobald die Sämlinge austreiben, Deckel oder Beutel entfernen. Während die Sämlinge wachsen, das Substrat weiterhin alle paar Tage besprühen – die Erde soll feucht, aber nicht nass sein.

5 Nach einigen Monaten sind die Sämlinge so groß, dass sie eingetopft werden können. Aus dem alten Topf nehmen und vorsichtig einzeln voneinander lösen, dabei darauf achten, dass der Trieb nicht von den Wurzeln gerissen wird.

6 Für jeden Sämling einen sauberen Topf mit frischer Erde füllen. Topf schräg halten und Sämling so auf die Erde legen, dass die Wurzeln nach innen ragen. Topf vorsichtig mit Erde füllen, bis die Wurzeln bedeckt sind und der Sämling sicher steht, aber nicht eingegraben ist.

7 Übrige Töpfe wie bei den Schritten 4–6 beschrieben füllen und an einen warmen, hellen Platz ohne direkte Sonne stellen. Alle 1–2 Tage drehen, damit die Pflänzchen gleichmäßig wachsen. Erde weiter alle paar Tage besprühen, aber dazwischen austrocknen lassen, für andere Pflanzen aber dauerhaft feucht halten. Sobald die Sämlinge größer sind, nach den Angaben in den Pflanzenporträts (siehe S. 194–299) pflegen.

KAKTEEN VEREDELN

Veredeln ist nichts für schwache Nerven, denn es handelt sich um eine Art »Pflanzenchirurgie«. Dabei wird ein Kaktus (die »Unterlage«) mit einem Teil eines weiteren Kaktus (dem »Edelreis«) verbunden. Das Ergebnis ist ein einmaliges Lebewesen, das bei erfolgreicher »Operation« viele Jahre lang gedeihen und sogar blühen kann. Mit der Methode beschleunigt man im Prinzip das Wachstum, denn ein langsam wachsender Kaktus wird auf einen schnell wachsenden aufgepfropft. Am einfachsten ist die Flachpfropfung. Sie eignet sich für säulenförmige und runde Kakteen mit ähnlichem Stammdurchmesser. Bei schlankeren Arten empfiehlt sich die Seitenpfropfung (siehe gegenüber). Für welche Methode Sie sich auch entscheiden: Sie brauchen zwei gesunde Kakteen ähnlicher Breite.

SIE BRAUCHEN

PFLANZEN

- säulenförmiger Kaktus als Unterlage
- rundlicher Kaktus als Edelreis

WERKZEUGE

- Kakteenhandschuhe
- scharfes, sauberes Messer
- elastisches Band
- Gießkanne mit schmaler Tülle

1 Mindestens 3 cm unterhalb des Scheitels den Stamm horizontal durchschneiden.

2 Kante durch Entfernen von 5 mm Außenhaut rundum abschrägen. Das sorgt dafür, dass das innere Fleisch wenn es trocknet, nicht bis unterhalb des Niveaus der äußeren Haut schrumpft, wodurch das Gewebe der Unterlage und des Reises nicht mehr richtig aufliegen würden.

3 Den Kaktus, von dem Sie das Edelreis nehmen, knapp oberhalb der Basis kappen. Wie bei der Unterlage die Kante rundum durch Abschneiden von 5 mm Haut abschrägen, damit die beiden Pflanzen gut miteinander verwachsen können.

4 Sowohl Unterlage als auch Edelreis haben in der Mitte einen Ring aus Leitungsbahnen, die Wasser und Nährstoffe transportieren. Die beiden Ringe von Unterlage und Reis müssen aufeinanderliegen, sonst stirbt das Edelreis ab.

5 Schnittflächen aufeinanderlegen. Edelreis drehen, um Lufteinschlüsse zu beseitigen und mit Bändern locker fixieren. An einen warmen Platz mit viel Luftfeuchtigkeit, aber ohne direkte Sonne stellen – die Luftfeuchtigkeit verhindert ein Schrumpfen des Fleisches. Sobald das Edelreis wächst, Bänder entfernen.

SEITENPFROPFUNG

Diese Variante der Basismethode eignet sich sehr gut für Kakteen mit schmalen Trieben, die oftmals einen dünnen Ring in der Mitte haben. Man schneidet beide Pflanzen schräg ab, wodurch die Schnittflächen größer ausfallen und sich Unterlage und Edelreis besser aufeinanderlegen lassen.

1 Die Unterlage mit einem sauberen Messer 3 cm unter dem Scheitel schräg durchtrennen, damit der Ring in der Mitte gut zu sehen ist. Den Rand rundum durch Abschneiden von 5 mm Haut abschrägen (siehe Schritt 2).

2 Das Edelreis knapp über dem Ansatz im selben Winkel abschneiden und Rand ebenfalls anschrägen.

3 Die Schnittflächen zusammendrücken, dabei Ringe so ausrichten, dass sie direkt übereinanderliegen, und Lufteinschlüsse beseitigen. Edelreis mit Gummibändern fixieren (siehe unten), dabei aber weder das Edelreis noch die Unterlage verletzen.

4 Die veredelte Pflanze ggf. mit einem Stab und einer Schnur stützen. Gummibänder entfernen, sobald das Edelreis zu wachsen beginnt, also nach etwa 4 Wochen.

WAS STIMMT MIT MEINER PFLANZE NICHT?

Wenn Ihre Pflanze etwas mitgenommen aussieht, hilft Ihnen diese Checkliste, die Ursache herauszufinden und nach Lösungen zu suchen. Oftmals kümmern Pflanzen, weil sie falsch oder unzureichend gepflegt werden. Das kann zu einer Reihe von Problemen führen, zugleich aber auch die Anfälligkeit für einen Schädlingsbefall erhöhen.

PROBLEMLÖSUNG

Sobald Sie die mutmaßliche Ursache herausgefunden haben, gehen Sie zu folgenden Seiten, um das Problem zu lösen:

Schlechte Pflege ist in den häufigsten Fällen die Ursache für darbende Pflanzen. **(siehe S. 350–351)**

Krankheiten können einer Pflanze ebenfalls zusetzen. Lernen Sie Warnzeichen früh zu erkennen und erfahren Sie, wie man Krankheiten bekämpft. **(siehe S. 356–357)**

Pflanzenschädlinge kommen ebenfalls infrage. Sie müssen umgehend entfernt werden. **(siehe S. 352–355)**

PROBLEM	URSACHE	LÖSUNG
BRAUNE BLATTSPITZEN	zu viel oder zu wenig Wasser	mehr oder weniger wässern (siehe S. 351)
	trockene Luft (falls die Pflanze feuchte Luft braucht)	Pflanze besprühen oder auf eine kieselgefüllte Wasserschale stellen (siehe S. 315)
	zu hohe Temperaturen/zu viel Sonne	kühler stellen und mehr wässern (siehe S. 351)
	zu viel Dünger	in empfohlener Dosierung und Häufigkeit düngen (siehe S. 351)

PROBLEM	URSACHE	LÖSUNG
GELBE ODER RÖTLICHE BLÄTTER	zu wenig Dünger	in empfohlener Dosierung und Häufigkeit düngen (siehe S. 351)
	zu viel oder zu wenig Wasser	mehr oder weniger wässern (siehe S. 351)
	kalte Zugluft	wärmer stellen (siehe S. 351)
	natürlicher Blattfall	Keine Maßnahme; alle Pflanzen bekommen von Zeit zu Zeit gelbe Blätter.
	Lichtmangel	Pflanze heller stellen

PROBLEM	URSACHE	LÖSUNG
LÖCHER IN DEN BLÄTTERN	Schäden durch Schädlinge	Blätter und Erde nach Schädlingen absuchen (siehe S. 352–355)
	Beschädigung durch Menschen oder Haustiere	an einen geschützteren Platz stellen

PROBLEM	URSACHE	LÖSUNG
EINGEROLLTE BLÄTTER	zu hohe Temperatur	kühler stellen und mehr wässern (siehe S. 351)
	Schädlingsbefall	Laub und Substrat nach Schädlingen absuchen (siehe S. 352–355)

PROBLEM	URSACHE	LÖSUNG
FLECKEN AUF DEM LAUB	dunkelbraune Flecken: zu viel Wasser	weniger wässern (siehe S. 351)
	trockene Flecken: zu wenig Wasser	mehr wässern (siehe S. 351)
	helle Flecken: Besprühen mit hartem Wasser	Regenwasser oder destilliertes Wasser zum Besprühen verwenden
	Krankheitsbefall	nach Anzeichen einer Infektion absuchen (siehe S. 352-357)

PROBLEM	URSACHE	LÖSUNG
PLÖTZLICHER LAUBFALL	veränderte Bedingungen durch Umtopfen oder neuen Standort	abwarten; Pflanze sollte sich wieder erholen
	Schäden durch Schädlinge	Wurzeln nach Schädlingen absuchen (siehe S. 352-355)

PROBLEM	URSACHE	LÖSUNG
KNOSPEN FALLEN AB	trockene Luft (falls die Pflanze feuchte Luft braucht)	Pflanze besprühen oder auf nasse Kiesel stellen (siehe S. 315)
	zu viel oder zu wenig Wasser	mehr oder weniger wässern (siehe S. 351)
	zu warm oder zu kalt	optimale Temperatur herausfinden und umsiedeln (siehe S. 351)
	Schädlingsbefall	Knospen, Triebe, Blätter und Erde nach Schädlingen absuchen (siehe S. 352-355)

PROBLEM	URSACHE	LÖSUNG
BLÄTTER UND TRIEBE WELKEN, KÜMMERWUCHS	zu viel oder zu wenig Wasser	weniger oder mehr wässern (siehe S. 351
	verdichteter Wurzelballen	Pflanze in einen größeren Topf umsetzen, um die Wasseraufnahme zu erleichtern
	kranke Wurzeln	Ursache finden (siehe S. 356-357), Problem beheben
	zu warm/zu viel Sonne	kühler stellen und mehr wässern (siehe S. 351)
	Schädlingsbefall	Blätter und Wurzeln auf Schädlinge absuchen (siehe S. 352-355)

PROBLEM	URSACHE	LÖSUNG
PELZIGER BELAG AUF BLÄTTERN UND TRIEBEN	Pilzbefall	Pilz bestimmen (siehe S. 356-357) und bekämpfen

PROBLEM	URSACHE	LÖSUNG
KEINE BLÜTEN	zu wenig Licht	sonniger stellen (siehe S. 350)
	zu viel oder zu wenig Dünger	in empfohlener Dosierung und Häufigkeit düngen (siehe S. 351)
	trockene Luft oder Erde	Besprühen, falls Pflanze viel Luftfeuchtigkeit braucht. Prüfen, ob Substrat zu trocken oder Temperatur zu hoch ist
	Topf zu groß	In kleineren Topf setzen; manche Pflanzen blühen nur im engen Topf
	zu junge Pflanze	Pflanze älter werden lassen (siehe S. 326-327)

BEHEBUNG VON **PFLEGEFEHLERN**

Wenn Zimmerpflanzen falsch gepflegt werden oder unter ungünstigen Bedingungen wachsen, werden sie irgendwann kränkeln. Hat man herausgefunden, woran es liegt, lässt sich in der Regel leicht Abhilfe schaffen. Mit dieser Übersicht finden Sie rasch das Problem und können die Pflege Ihrer Pflanze entsprechend anpassen. Sollte nach einigen Tagen keine Besserung eintreten, schlagen Sie auf S. 352–357 nach, um zu sehen, ob nicht andere Ursachen infrage kommen, etwa eine Krankheit.

ZU WARM

PROBLEM Selbst im Frühjahr und Sommer stellen die meisten Pflanzen bei mehr 30 °C das Wachstum ein und können einen Sonnenbrand bekommen (siehe gegenüber). Hitze lässt das Substrat schneller austrocknen, was Wassermangel begünstigt (siehe rechts), und senkt oft auch die Luftfeuchtigkeit. Das kann zu braunen Blattspitzen, eingerollten Blättern, Welke, Blütenknospenfall oder ausbleibender Blüte führen.

LÖSUNG Senken Sie die Temperaturen, indem Sie im Sommer Gardinen vor die Pflanzen ziehen oder sie aus der prallen Sonne nehmen und gut lüften. Pflanzen sollten nicht zu nah an Heizkörpern und anderen Wärmequellen stehen. Wässern Sie bei Hitze häufiger, damit das Substrat feucht bleibt (allzu nass darf es aber nicht sein – siehe rechts).

ZU KALT

PROBLEM Geringe Zimmertemperaturen verlangsamen das Wachstum. Temperaturschwankungen infolge kalten Luftzugs oder weil die Pflanzen nachts in der Kältefalle zwischen Fenster und geschlossenen Vorhängen stehen, können braune Flecken auf Trieben und Laub verursachen, zum Abfallen von Knospen führen oder – in staunasser Erde – die Wurzeln faulen lassen.

LÖSUNG Man schützt die Pflanzen vor Zugluft und nimmt sie im Winter nachts von der Fensterbank. Die in den Porträts angegebenen Mindesttemperaturen dürfen nicht unterschritten werden. Wässern Sie bei kühlen Temperaturen entsprechend weniger oder gar nicht.

Brandwunden sind oft die Folge von zu starker Sonne.

ZU WENIG LICHT

PROBLEM Manche Pflanzen gedeihen in der vollen Sonne. Stehen sie zu sehr im Schatten, dann wachsen sie zum Licht hin und vergeilen, werden also langtriebig und dünn, färben sich gelb oder werden bleich. Kommt das Licht lediglich aus einer einzigen Richtung, etwa auf einer Fensterbank, können sie auch schief wachsen.

LÖSUNG Pflanzen brauchen die für sie optimale Lichtdosis (beachten Sie dazu die Pflanzenporträts). Stellen Sie vergeilte, bleiche Exemplare heller. Töpfe auf Fensterbänken sollten alle paar Tage gedreht werden, damit sie gerade wachsen.

Bekommt eine Pflanze zu wenig Licht, wächst sie schief, da die Triebe sich zum Licht strecken.

ZU VIEL LICHT

PROBLEM Viele Pflanzen brauchen zwar volle Sonne, doch bekommen sogar Kakteen und Sukkulenten mitunter Sonnenbrand. Umso mehr leiden Arten aus schattigeren Lebensräumen. An einem heißen, sonnigen Spätfrühlings- oder Hochsommertag können sie buchstäblich versengen, erkennbar an braunen korkigen, erhöhten Stellen oder weißen, papierartigen Flecken, die sich braun färben.

LÖSUNG Schützen Sie im Sommer und auch im späten Frühjahr, wenn der frische Wuchs an den Pflanzen nach der Winterruhe noch weich und empfindlich ist, die Pflanzen mit einer Gardine, die zwischen ihnen und dem Fenster hängt. Schattenpflanzen brauchen diffuseres Licht. Auch gutes Lüften senkt das Risiko eines Sonnenbrands.

ZU VIEL DÜNGER

PROBLEM Werden Pflanzen zu stark gedüngt, wachsen sie zu schnell. Das klingt zunächst gar nicht schlecht, doch ist das dabei gebildete weiche, schwache Gewebe anfällig für Fäulnis bzw. Pilzkrankheiten und blüht oft schlecht. Überdüngung führt zudem zu Umkehrosmose. Das bedeutet, dass die Nährstoffe aus der Pflanze in das Substrat wandern, was Symptome von Nährstoffmangel hervorrufen kann (siehe unten).

LÖSUNG Düngen Sie bedarfsgerecht (siehe Pflanzenporträts). Für manche Pflanzengruppen brauchen Sie einen Spezialdünger.

Bekommen Kakteen und Sukkulenten zu wenig Wasser, vertrocknen sie.

ZU WENIG DÜNGER

PROBLEM Ist eine Pflanze blass oder gelblich, wächst kaum und blüht nicht, leidet sie womöglich unter Nährstoffmangel, weil sie zu wenig gedüngt wurde.

LÖSUNG Wichtig ist angemessenes Wässern, denn Wurzeln können aus trockenem Substrat keine Nährstoffe aufnehmen. Düngen Sie wie empfohlen (siehe Pflanzenporträts). Auch Überdüngung schadet (siehe oben).

Gelbe Triebe und Blätter deuten auf zu wenig Nährstoffe hin.

ZU WENIG WASSER

PROBLEM Alle Pflanzen können an Wassermangel leiden, selbst Kakteen und Sukkulenten, die eigentlich bestens an trockene Umweltbedingungen angepasst sind. Typische Symptome sind braune Blattspitzen, gelbe, rote oder eingerollte Blätter, schwaches oder ganz ausbleibendes Wachstum und abfallende oder völlig fehlende Blütenknospen.

LÖSUNG Achten Sie darauf, dass der Wurzelballen nicht verdichtet ist (siehe S. 320) und topfen Sie bei Bedarf um. Wässern Sie zurückhaltend von unten, indem Sie die Töpfe in Wasser stellen und wieder herausnehmen, wenn die Oberfläche des Substrats feucht zu glänzen beginnt. Dadurch wird sehr trockene Erde durchfeuchtet, aber nicht staunass. Die Pflanzen erholen sich rasch wieder, aber verlorene Knospen werden nicht ersetzt.

ZU VIEL WASSER

PROBLEM Wassermangel (oben) schlägt sich in ähnlichen Symptomen nieder wie zu starkes Wässern, denn die Wurzeln beginnen in staunassem Substrat zu faulen, sodass sie kein Wasser mehr aufnehmen können. Zudem führt zu viel Wasser zu Pilzbefall (siehe S. 356–357) und Blattflecken, da wassergefüllte Stellen aufplatzen und korkig werden.

LÖSUNG Gießen Sie stehendes Wasser im Übertopf oder Untersetzer ab. Hat das Pflanzgefäß keine Abzugslöcher, muss umgetopft werden. Lassen Sie die Pflanze anschließend auf einer Abtropffläche oder einer mit trockenem Kies gefüllten Schale trocknen.

Korkige Flecken auf den Blättern deuten mitunter darauf hin, dass zu viel gewässert wurde.

BEKÄMPFUNG UNGEBETENER GÄSTE

Schädlinge mögen klein sein, können Pflanzen aber trotzdem leiden und eingehen lassen. Sie gelangen über Türen, Fenster und als blinde Passagiere auf neu gekauften Gewächsen in die Wohnung. Die beste Vorbeugung ist Aufmerksamkeit: Machen Sie sich mit den Schadbildern vertraut, die die Tiere hinterlassen, und suchen Sie Triebe, Blätter und Wurzeln von Neuerwerbungen auf Befallsspuren ab, bevor Sie sie zu den übrigen Gewächsen stellen. Ratsam ist es ferner, alle Pflanzen wöchentlich unter die Lupe zu nehmen, um sofort Gegenmaßnahmen ergreifen zu können.

Zwergzikaden verursachen Blattflecken.

ZWERGZIKADEN

PROBLEM Die kleinen, hellgrünen, etwa 3 mm langen Insekten springen von Blatt zu Blatt oder fliegen auch kurze Strecken, wenn sie gestört werden. Ihre cremeweißen, ungeflügelten Nymphen entdeckt man wegen ihrer Färbung leichter als die adulten Tiere. Beide verursachen Blattverfärbungen, doch ist der Schaden nicht allzu groß.

LÖSUNG Man kann die Tiere gewähren lassen, da sie selten Schlimmes anrichten.

BLATTLÄUSE

PROBLEM Diese saugenden Insekten werden je nach Art bis zu 7 mm lang. Sie können Kümmerwuchs, gekräuselte Blätter, deformierte Blüten und generell Wachstumsstörungen verursachen. Zudem sondern sie Honigtau ab, auf dem sich wiederum Schwärzepilze ansiedeln (siehe S. 357).

LÖSUNG Suchen Sie Knospen, Triebe (unten) und Blattunterseiten nach den Tieren ab. Tragen Sie Plastik- oder Gummihandschuhe und zerdrücken Sie sie zwischen den Fingern, um sie anschließend wegzuwischen. Auch eine biologische Bekämpfung kann manchmal Wirkung zeigen.

THRIPSE

PROBLEM Diese Insekten, auch Blasenfüße genannt, sind nur 2 mm groß. Man erkennt sie erst, wenn sie auffliegen. Nymphen (Jungtiere) haben keine Flügel. Die Blätter werden stumpf grün, bekommen eine silbrige Verfärbung und winzige schwarze Flecken auf der Oberfläche. Triebe und Blütenknospen kümmern, während Blüten weiße Flecken entwickeln und ihre Farbe verlieren. Manchmal öffnen sich die Knospen überhaupt nicht mehr.

LÖSUNG Mit Klebfallen kann man die Insekten dezimieren. Erhältlich sind zudem Bio-Pestizide auf Seifenbasis.

Die winzigen Fluginsekten (hier vergrößert dargestellt) verursachen Blattverfärbungen.

OHRWÜRMER

PROBLEM Die nachtaktiven, braunen, bis 15 mm langen Insekten tragen auffällige Zangen am Hinterleib. Sie fressen Blüten und Blätter an und können sie bis auf ein Skelett aus Adern reduzieren. Sie kommen zwar auf Zimmerpflanzen selten vor, können aber einige Blütenpflanzen attackieren.

LÖSUNG Suchen Sie die Pflanzen nachts ab und entfernen Sie die Tiere. Sie verstecken sich tagsüber auch in Übertöpfen oder anderen Gefäßen in der Nähe.

An ihren langen Fühlern und Zangen sind Ohrwürmer leicht zu erkennen.

STÄNGELÄLCHEN

PROBLEM Diese mikroskopisch kleinen Fadenwürmer bzw. Nematoden sind mit bloßem Auge nicht zu erkennen, können aber trotzdem schwere Schäden anrichten. Sie ernähren sich von Pflanzensäften und verursachen deformierte Blätter, oft mit gelben Flecken. Triebspitzen und Knospen können sich schwarz färben und absterben. Sie befallen auch Zwiebeln und rufen dort ähnliche Laubsymptome sowie gelbe Verdickungen und Flecken an den Blattunterseiten hervor.

LÖSUNG Befallene Pflanzen werden sofort vernichtet. Kaufen Sie feste, gesunde Zwiebeln von renommierten Anbietern. Eine chemische Bekämpfung ist nicht möglich.

Stängelälchen sind nicht sichtbar, aber deformierte gelbe Blätter verraten sie.

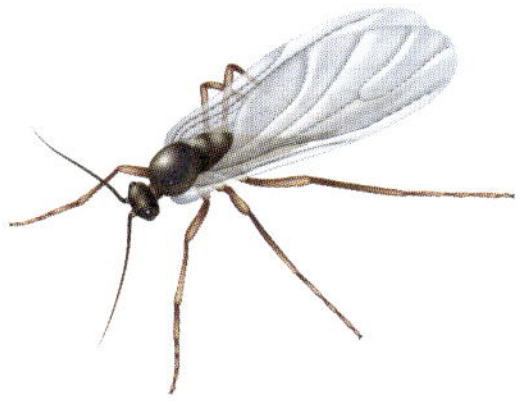

TRAUERMÜCKEN

PROBLEM Die graubraunen Insekten werden bis 4 mm lang. Sie sind lästig, schädigen Pflanzen aber nicht, sondern fliegen nur um sie herum und laufen in Saatschalen über feuchtes Substrat. Ihre weißen Larven mit schwarzem Kopf sind etwas größer als die adulten Insekten und ernähren sich von verrottenden Blättern und Wurzeln, gelegentlich auch von Sämlingswurzeln, selten aber älteren Pflanzen.

LÖSUNG Achten Sie darauf, dass das Substrat nicht zu feucht ist. Gelbfallen dezimieren die Mücken. Mit der Nematode *Steinernema feltiae* kann man ihre Larven bekämpfen.

WURZELLÄUSE
bei Kakteen und anderen Sukkulenten

Problem Stellt ein Kaktus das Wachstum ein und sieht bleich und kränklich aus, holt man ihn aus dem Topf und sucht den Ballen nach wolligen weißen Klumpen aus kleinen, asselartigen Sauginsekten ab, die Schmierläusen ähneln.

Lösung Man kann das Befallsrisiko senken, indem man sich den Ballen von Pflanzen vor dem Kauf ansieht und die Wurzeln zu Hause regelmäßig kontrolliert. Entfernt werden die Insekten, indem man möglichst viel Substrat von den Wurzeln wäscht und die Pflanze in frische Erde sowie ein sauberes Gefäß umtopft. Starker Befall lässt sich nicht behandeln, da es kein Mittel gegen Wurzelläuse gibt.

»Suchen Sie Ihre Pflanzen wöchentlich ab und sammeln Sie alle Insekten auf.«

WOLLLÄUSE

PROBLEM Diese saugenden Schädlinge sehen aus wie winzige weiße Asseln. Sie verursachen Deformierungen. Zunächst bemerkt man nur eine wollige Substanz zwischen Blättern und Trieben oder unter dem Laub – die Tiere und ihre orangerosa Eier liegen darunter verborgen. Sie sondern zudem Honigtau ab, auf dem sich Schwärzepilze ansiedeln (siehe S. 357). Ein paar Arten befallen sogar Wurzeln.

LÖSUNG Sie werden oft mit neuen Pflanzen eingeschleppt. Suchen Sie diese daher vor dem Kauf gründlich ab. Als biologische Bekämpfung lässt sich der im Handel erhältliche Australische Marienkäfer (*Cryptolaemus montrouzieri*) einsetzen. Mit Pheromonfallen kann man adulte Männchen fangen und den Vermehrungszyklus so unterbrechen. Stark befallene Pflanzen entsorgt man.

Die Tiere und ihre Eier sind unter einer weißen Wolle versteckt.

WURZELLÄUSE

PROBLEM Sie ähneln Blattläusen und saugen wie sie Saft aus Pflanzenwurzeln. Weil sie aber nicht sichtbar sind, bemerkt man die Symptome – verkrüppelte, welke und gelbe Blätter sowie Kümmerwuchs, verursacht durch Wurzelschäden – oft noch vor den Insekten selbst.

LÖSUNG Wenn man eine welkende Pflanze nicht durch Wässern wiederbeleben kann, steckt oft die Wurzellaus dahinter. Man kann versuchen, im Freien das Erdreich zu entfernen, die Wurzeln abzuduschen und die Tiere dabei abzuwaschen. Dann topft man die Pflanze in frisches Substrat ein.

Wurzelläuse saugen Saft aus den Wurzeln, die daraufhin absterben.

SCHILDLÄUSE

PROBLEM Auf Trieben oder unter Blättern erkennt man bis zu 1 cm hohe Beulen. Es gibt viele Arten. Manche hinterlassen weiße, wächserne Gelege. Die saugenden Insekten verursachen Deformierungen und Kümmerwuchs. Sie sondern zudem Honigtau ab, auf dem sich Schwärzepilze festsetzen können (siehe S. 357).

LÖSUNG Befallene Pflanzenteile werden entfernt. Stark befallene Gewächse müssen durch nicht befallene Exemplare ersetzt werden.

SPINNMILBEN

PROBLEM Diese winzigen Sauginsekten verursachen Blattflecken. Das Laub verliert seine Farbe und fällt schließlich ab. Starker Befall lässt Pflanzen eingehen. Die Tiere verraten sich durch ihre seidigen Gespinste.

LÖSUNG Befallene Teile sofort entfernen und entsorgen. Stark befallene Pflanzen müssen ersetzt werden, um eine Ausbreitung zu verhindern. Ein regelmäßiges Besprühen der Pflanzen senkt die Vermehrungsrate. Im Handel sind natürliche Feinde wie Raubmilben zur biologischen Bekämpfung erhältlich.

Spinnmilben sind zu klein, doch verfärbte Blätter verraten ihre Anwesenheit.

SCHNECKEN

PROBLEM Die schleimigen Tiere sind fast allgegenwärtig. Sie fressen Löcher in Blätter und Triebe. Zwar kommen sie meistens im Freiland vor, schmuggeln sich auf Neuerwerbungen oder über offene Fenster auch ins Haus.

LÖSUNG Normalerweise sind sie unübersehbar, sodass man sie ablesen und entsorgen kann.

»Manche Schädlinge sind mit bloßem Auge nicht zu erkennen. Sie verraten sich durch Befallsspuren.«

»*Suchen Sie nach Maden und Nymphen – sie sind oft mindestens so schädlich wie die adulten Tiere.*«

RAUPEN

PROBLEM Von diesen Schädlingen sind nicht viele Zimmerpflanzen betroffen. Am häufigsten treten drinnen noch Wickler auf (siehe Bild unten). Sie spinnen Blätter in ein feines Geflecht ein, sodass es vertrocknet, braun wird und abfällt. Andere Raupen fressen Löcher in Blätter. Sie sitzen meist auf der Blattunterseite.

LÖSUNG Meistens reicht es aus, die Tiere abzusammeln und zu entfernen. Befallene Blätter zerdrückt man mitsamt den Tieren und Raupen oder Puppen. In den meisten Fällen sitzt nur eine Handvoll Raupen auf einer Pflanze, sodass sie problemlos von Hand entfernt werden können.

Die Larven des Dickmaulrüsslers verursachen mehr Schäden als die erwachsenen Käfer.

DICKMAULRÜSSLER

PROBLEM Die adulten Käfer werden etwa 9 mm lang und sind leicht zu erkennen. Sie fressen Kerben in Blattränder, richten ansonsten aber wenig Schaden an. Ein größeres Problem sind die weißen, gekrümmten, beinlosen Larven mit braunen Kopfkapseln, denn sie fressen die Wurzeln an und können Pflanzen zum Umfallen und Absterben bringen.

LÖSUNG Erwachsene Tiere kann man von den Pflanzen schütteln oder mit Klebefallen fangen. Man sollte sie entfernen, bevor sie im Frühjahr und Sommer ihre Eier legen. Haben Sie eine Larve entdeckt, waschen Sie die Wurzeln gründlich und topfen Sie die Pflanze in frisches Substrat um oder bringen Sie im Herbst die Nematode *Steinernema kraussei* aus.

WEISSE FLIEGEN

PROBLEM Schwer sind die weißen, geflügelten Sauginsekten nicht zu erkennen, obwohl sie kaum 2 mm lang werden. Werden sie gestört, fliegen sie auf, sodass man gezielt nach ihnen suchen und auch die weißen, schuppenartigen Nymphen auf der Blattunterseite entdecken kann. Weiße Fliegen verursachen Blatt- und Knospendeformationen sowie Kümmerwuchs. Adulte Tiere und Nymphen sondern Honigtau ab, auf dem sich Schwärzepilze ansiedeln (siehe S. 357).

LÖSUNG Die erwachsenen Tiere fängt man mit Klebefallen. Zur biologischen Bekämpfung sind Raubwespen erhältlich. Außerdem kann man sie durch Besprühen der Pflanze mit Seifenlösung dezimieren. Oder Sie stellen befallene Pflanzen im Sommer nach draußen, wo die Fliegen von Nützlingen vertilgt werden.

PROBLEME MIT KRANKHEITEN

Wenn es um Pflanzenkrankheiten geht, ist Vorbeugung wesentlich besser als Heilung. Schlechte Bedingungen, wie Staunässe oder unzureichende Luftzirkulation, fördern die Ausbreitung von Pilzkrankheiten. Gesunde Pflanzen sind besser gegen Krankheitserreger gewappnet, wenngleich keine völlig immun ist. Gute Hygiene ist stets die beste Medizin, insbesondere bei Grauschimmel. Entfernen Sie daher abgestorbene und verletzte Teile immer sofort. Sind an einer Pflanze Anzeichen einer Infektion zu erkennen, trennt man das Exemplar sofort von anderen Gewächsen, damit sich die Krankheitserreger nicht ausbreiten. Dann wird das Exemplar in frisches Substrat umgetopft und wie rechts beschrieben behandelt.

UMFALLKRANKHEIT

PROBLEM Sämlinge (siehe S. 344–345) entwickeln rasch braune, faulige Stellen am Ansatz. Sie fallen um und gehen ein. Auf dem Substrat breitet sich weißer Pilzrasen aus.

LÖSUNG Säen Sie dünn aus, sorgen Sie für guten Wasserablauf und nehmen Sie die Abdeckung von der Schale, damit Luft zirkulieren kann. Eine Bekämpfung oder Heilung ist nicht möglich.

VERKORKUNG

Problem Auf der Oberfläche von Kakteen bilden sich hellbraune Flecken, die sich mit der Zeit erheben und eine Art Schorf entwickeln. Sie schädigen zwar die Pflanze nicht weiter, sind aber auch nicht schön anzusehen. Hohe Luftfeuchtigkeit, schlechte Luftzirkulation, zu starkes Wässern und möglicherweise Überdüngung begünstigen die Entstehung.

Lösung Man verbessert die Luftzirkulation, um die Luftfeuchtigkeit zu senken, wässert und düngt weniger und sorgt für optimale Lichtverhältnisse.

Verkorkung macht einer Pflanze zwar nicht den Garaus, verunstaltet sie aber.

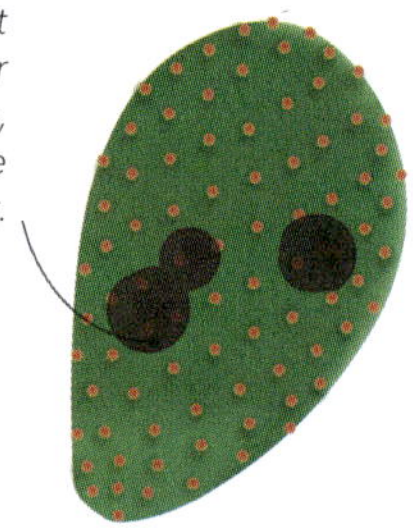

ECHTER MEHLTAU

PROBLEM Es bildet sich ein weißer, pulveriger Überzug auf Blättern, Trieben und Blüten. Oft sind Wassermangel und schlechte Durchlüftung die Ursache.

LÖSUNG Wasserstress und unregelmäßiges Gießen erhöhen das Infektionsrisiko, wässern Sie daher angemessen. Schneiden Sie befallene Teile heraus und sorgen Sie für guten Luftaustausch.

FALSCHER MEHLTAU

PROBLEM Es bilden sich grüne, gelbe, violette oder braune Blattflecken. Auf der Blattunterseite setzt sich Schimmel fest. Die Blätter werden gelb und fallen ab.

LÖSUNG Entfernen Sie erkrankte Bereiche. Stark infizierte Exemplare müssen in einen Beutel gepackt und entsorgt werden. Gießen Sie nicht auf die Blätter, da dies einen Befall begünstigen kann. Es gibt kein Mittel gegen diesen Pilz.

BLATTFLECKENKRANKHEIT

PROBLEM Dunkelbraune oder schwarze Flecken auf Blättern. Das Laub kann abfallen, sodass Narben zurückbleiben.

LÖSUNG Entfernen Sie erkranktes Laub umgehend, aber auch Blätter, die auf das Substrat gefallen sind. Verbessern Sie die Luftzirkulation um die Pflanze und wässern Sie von unten, damit sie nicht nass wird. Stark befallene Exemplare wirft man am besten weg.

GRAUSCHIMMEL

PROBLEM Als Erstes bildet sich meist ein graubrauner Schimmel auf Trieben und Blättern. Bald geht die Pflanze ein.

LÖSUNG Schneiden Sie befallene Teile sofort heraus und verbessern Sie die Luftzufuhr. Wässern Sie die Pflanzen von unten, damit sich die Pilzsporen nicht ausbreiten können. Stark befallene Exemplare müssen entsorgt werden. Chemische Fungizide stehen nicht zur Verfügung.

SCHWÄRZEPILZE

PROBLEM Vor allem auf den Blättern erscheint ein schwarzer oder dunkelbrauner Pilzbelag. Es handelt sich um einen Pilz, der auf den Ausscheidungen von Sauginsekten wie Blattläusen, dem sogenannten Honigtau, wächst.

LÖSUNG Die Schädlinge werden bekämpft (siehe S. 352–355). Den Pilz wischt man mit warmem Wasser ab. Eine chemische Bekämpfung ist nicht möglich.

TRIEB- UND STOCKFÄULE

PROBLEM Am Ansatz der Pflanze bilden sich braune, nass wirkende Flecken und mitunter ein übler Geruch. Die Pflanze welkt und geht ein.

LÖSUNG Weil die Fäule sich am Ansatz bildet und befallene Stellen daher nicht entfernt werden können, ohne die Pflanze zu vernichten, ist sie in der Regel verloren. Chemische Bekämpfungsmittel stehen nicht zur Verfügung. Werfen Sie befallene Exemplare weg und halten Sie die neuen Pflanzen trockener.

WURZELFÄULE

PROBLEM Die Fäule bleibt oft unentdeckt, bis die Pflanzen welken und sich auch nach dem Wässern nicht mehr erholen. Ursache ist schlechte Drainage oder Überwässerung. Die Wurzeln färben sich dunkel und faulen.

LÖSUNG Wird das Problem früh erkannt, entfernt man die dunklen, fauligen Wurzeln und topft die Pflanze in frisches Substrat mit guter Drainage um. Sind alle Wurzeln befallen, wirft man sie weg.

ROST

PROBLEM Die rostfarbenen Pusteln treten vor allem auf den Unterseiten der Blätter auf, die schließlich gelb werden und absterben. Befallen werden vor allem Gartenpflanzen, aber auch Zimmerpelargonien.

LÖSUNG Zu starkes Düngen erhöht das Infektionsrisiko. Entfernen Sie befallenes Laub umgehend. Es gibt kein Gegenmittel.

VIREN

PROBLEM Auf den Blättern erscheinen grüne oder gelbe Flecken, Mosaikmuster oder Ringe. Das Wachstum ist mitunter beeinträchtigt, es kommt zu Deformierungen. Auch die Blüten können weiße oder helle Streifen entwickeln.

LÖSUNG Infizierte Pflanzen müssen sofort in Plastiksäcke gepackt und entsorgt werden, um eine Ausbreitung zu verhindern. Es gibt kein Gegenmittel.

REGISTER

E

F

DANK

Alles über Zimmerpflanzen

DANK DER AUTORINNEN

Fran Bailey dankt herzlich Amy Slack und Philippa Nash von DK für ihren Ansporn und ihre Unterstützung, Nigel Wright und Rob Streeter, die das Projekt durch ihren Weitblick und ihr Know-how möglich gemacht haben, und Katie Mitchell (@bymekatie) für ihre Makramee-Kunst.

Zia Allaway dankt dem DK-Team für seine Unterstützung bei der Umsetzung dieses Buchs. Ein besonderer Dank geht an Redakteurin Amy Slack für ihre textliche Unterstützung und ihre unendliche Geduld, ferner an Christine Keilty, Mandy Earey und Philippa Nash für ihre schöne Gestaltung. Ein Dank auch an Rob Streeter sowie die Gestalter Nigel Wright und Janice Browne von XAB Design für ihre tollen Bilder, an Chefredakteurin Stephanie Farrow für ihre Arbeit, die Durchsicht jeder Seite und ihre hohen qualitativen Ansprüche, bei denen sie keine Abstriche gemacht hat. Ein weiterer Dank geht an Christopher Young von der Royal Horticultural Society für sein Lektorat und die Recherche. Zu guter Letzt dankt Zia ihrem Mann Brian North und ihrem Sohn Callum Allaway North für ihre Geduld und Unterstützung beim Verfassen des Buchs.

DANK DES VERLAGS

DK dankt Julie Aylett, Kathy Sanger, Sue Unwin und Irene Morris von Aylett Nurseries für ihren unermüdlichen Rat und ihre Unterstützung beim Auftreiben von Pflanzen, Jamie Song, John Bassam und Jo, weil sie ihre Wohnungen zur Verfügung gestellt haben, Jan Browne von XAB Design für die Hilfe hinter den Kulissen und die Koordinierung der Fotoshootings, Rosamund Cox und Emma Pinckard für ihre redaktionelle Unterstützung und Vanessa Bird für das Register.

Alles über Kakteen und andere Sukkulenten

DANK DER AUTORINNEN

Fran Bailey dankt allen bei DK, insbesondere Stephanie Farrow, weil sie es ihr ermöglicht hat, an diesem Buch mitzuarbeiten, sowie Amy Slack für ihre unermüdliche Unterstützung und Souveränität im Umgang mit Wörtern. Ein Dank geht auch an Rob Streeter, Ruth Jenkinson und Nigel Wright für ihr Geschick und Know-how bei der Umsetzung des Buchs. Zu guter Letzt dankt sie dem Team von Forest and Fresh Flower, weil es das Schiff während ihrer Abwesenheit auf Kurs gehalten hat.

Zia Allaway dankt dem gesamten Team von DK für seine Unterstützung bei der Umsetzung dieses großartigen Buchs, vor allem Redakteurin Amy Slack, weil sie das Projekt so souverän gemanagt und alle Wörter genau unter die Lupe genommen hat, sowie Christine Keilty und Sara Robin für das schöne Design. Ein Dank geht an den Fotografen Rob Streeter sowie an Nigel Wright und Janice Browne vom XAB Design für die schönen Bilder, ferner an Stephanie Farrow für den Auftrag zu diesem Buch. Danke Daniel Jackson von Ottershaw Cacti für Hilfe und Rat sowie für die Erlaubnis, die erstaunlichen Pflanzen zu fotografieren. Ein weiteres Dankeschön verdient Christopher Young von der Royal Horticultural Society für seine redaktionelle Hilfe und Durchsicht. Zia dankt zudem ihrem Mann Brian North für seine Geduld und Unterstützung während ihrer Arbeit an diesem Buch.

DANK DES VERLAGS

DK dankt allen, die dieses Buch möglich gemacht haben: Daniel Jackson von Ottershaw Cacti, weil er uns in seiner Gärtnerei herzlich empfangen und unsere Fragen beantwortet hat, Jan Browne von XAB Design für ihre hervorragende Unterstützung hinter den Kulissen bei der Koordinierung der Fotoshootings und beim Auftreiben der Pflanzen im ganzen Land, dem Team von DK in Delhi für seine unermüdliche Retusche, Philippa Nash für ihre Illustrationen, Anne Fisher, Mandy Earey und Jade Wheaton für die Unterstützung beim Design, Poppy Blakiston Houston und Oreolu Grillo für die redaktionelle Unterstützung und Vanessa Bird für die Erstellung des Registers.

ÜBER DIE AUTORINNEN

Fran Bailey ist in einer Schnittblumengärtnerei bei York aufgewachsen. Ihr niederländischer Vater Jacob Verhoef förderte ihr Interesse für alles Gärtnerische nach Kräften. Nach ihrem Studium am Welsh College Of Horticulture zog sie nach London und arbeitete dort als selbstständige Floristin. 2006 eröffnete sie ihren ersten Blumenladen, *The Fresh Flower Company,* in South London. 2013 erweiterte sie ihr Betätigungsfeld mit der Gründung eines weiteren Geschäfts namens *Forest,* das sie inzwischen gemeinsam mit ihren Töchtern führt und in dem sie Zimmerpflanzen anbietet.

Zia Allaway hat ein Gartenbau-Diplom und arbeitet als Autorin und Journalistin. Sie hat für die RHS und DK mehrere Gartenbücher verfasst und redaktionell betreut, darunter *Mein Nutzgarten für zu Hause* und *Ideen und Projekte für jeden Garten*. Zudem schreibt sie für das britische Magazin *Homes and Gardens* eine monatliche Kolumne und arbeitet am Garden Design Journal mit, das ebenfalls in Großbritannien erscheint. Sie betreibt in ihrem Haus in Hertfordshire einen Beratungsdienst und veranstaltet Einführungskurse für Hobbygärtner.

ÜBER DIESES BUCH

Das Buch ist eine Zusammenfassung der Bücher *Alles über Zimmerpflanzen* und *Alles über Kakteen und andere Sukkulenten,* die beide von Fran Bailey und Zia Allaway verfasst wurden und bei DK erschienen sind.

Die Royal Horticultural Society ist die führende britische Gartenorganisation und widmet sich ganz der Förderung der Gartenkultur. Ihre gemeinnützige Arbeit umfasst Beratungs- und Informationsarbeit in gedruckter Form, online und im Rahmen ihrer fünf großen Gartenschauen. Darüber hinaus bildet sie Gärtner aller Altersstufen aus, bietet Kindern die Möglichkeit, Pflanzen selbst anzubauen, und veröffentlicht wissenschaftliche Studien über Pflanzen, Schädlinge und Umweltthemen.

Mehr unter www.rhs.org.uk oder +44 (0)20 3176 5800.

BILDNACHWEIS

DK dankt folgenden Personen und Institutionen für ihre freundliche Genehmigung zur Verwendung der Abbildungen (Abkürzungen: o = oben, u = unten, m = Mitte, l = links, r = rechts, g = ganz):

13 GAP Photos: Friedrich Strauss (gr, ul). 15 Fran Bailey: (gr, mr). 17 GAP Photos: Friedrich Strauss (gol, ol). 21 Fran Bailey: (ml, gol). GAP Photos: (gom); Juliette Wade (gor); Friedrich Strauss (ul). 22 GAP Photos: Howard Rice (ur). 3 GAP Photos: Friedrich Strauss (ul). 27 Fran Bailey: (gor). 31 Fran Bailey: (mru, um). GAP Photos: Dianna Jazwinski (ur). 355 Dreamstime.com: Sarah2 (mo)

Verwenden Sie möglichst Moos aus nachhaltigen Quellen. Beziehen Sie es am besten von renommierten Anbietern oder sammeln Sie es selbst, etwa in Rasenflächen befreundeter Personen mit deren Einverständnis. Vorsicht ist bei Torfmoos geboten, da es aus nicht nachhaltiger Quelle stammen kann. Nachhaltig angebautes Moos ist immer leichter im Handel erhältlich.

Autorinnen Fran Bailey, Zia Allaway

DK London

Lektorat
Katie Cowan, Amy Slack, Ankita Gupta,
Chitra Subramanyam, Ruth O'Rourke, Alice McKeever

Gestaltung und Bildredaktion
Maxine Pedliham, Neha Ahuja Chowdhry, Nidhi Mehra,
Pushpak Tyagi, Manish Upreti, Malavika Talukder

Umschlaggestaltung
Jasmin Lennie, Abi Gain

Herstellung
Balwant Singh, David Almond, Rebecca Parton

Fotos Rob Streeter, Ruth Jenkinson, Nigel Wright

Royal Horticultural Society
Christopher Young, Simon Maughan,
Rae Spencer-Jones, Helen Griffin

Für die deutsche Ausgabe:
Verlagsleitung Monika Schlitzer
Programmleitung Heike Faßbender
Redaktionsleitung Dr. Kerstin Schlieker
Projektbetreuung Manuela Stern
Herstellungsleitung Dorothee Whittaker
Herstellungskoordination Katharina Schäfer
Herstellung Inga Reinke

Titel der englischen Originalausgabe:
House plant

Das Buch basiert auf den Inhalten von
Alles über Zimmerpflanzen (© DK 2018) und
Alles über Kakteen und andere Sukkulenten (© DK 2019)

Übersetzung Reinhard Ferstl
Lektorat Christine Ritter, Corina Steffl, Dr. Ruthild Kropp
Satz Roman Bold & Black, Köln

ISBN 978-3-8310-4926-4

Druck und Bindung
Foshan Nanhai Xingfa Printing Co. Ltd, China

MIX
Papier | Fördert gute Waldnutzung
FSC® C018179

www.dk-verlag.de

Hinweis
Die Informationen und Ratschläge in diesem Buch sind von den Autorinnen und vom Verlag sorgfältig erwogen und geprüft, dennoch kann eine Garantie nicht übernommen werden.
Eine Haftung der Autorinnen bzw. des Verlags und seiner Beauftragten für Personen-, Sach- und Vermögensschäden ist ausgeschlossen.

Noch mehr Wissen und Lesefreude

ISBN 978-3-8310-4740-6

ISBN 978-3-8310-4781-9

ISBN 978-3-8310-4592-1

ISBN 978-3-8310-4541-9

DK

www.dk-verlag.de